职业技能等级认定学练丛书

电力机车钳工

中国铁路呼和浩特局集团有限公司　编

中国铁道出版社有限公司

2024年·北　京

内 容 简 介

本书为“职业技能等级认定学练丛书”之一，适用于电力机车钳工岗位初级工、中级工、高级工、技师、高级技师五个等级日常培训和考试，每一等级包含问答题和实操题。本书内容具有理论性和实践性，现场实用性强，对电力机车钳工岗位各等级认定具有指导意义。

本书可作为电力机车钳工岗位培训用书，也可供相关专业人员学习参考。

图书在版编目(CIP)数据

电力机车钳工/中国铁路呼和浩特局集团有限公司编. —北京：中国铁道出版社有限公司，2024.3
(职业技能等级认定学练丛书)
ISBN 978-7-113-31056-1

Ⅰ.①电… Ⅱ.①中… Ⅲ.①电力机车-钳工-岗位培训-自学参考资料 Ⅳ.①U269.6

中国国家版本馆 CIP 数据核字(2024)第 047555 号

书　　名：电力机车钳工
作　　者：中国铁路呼和浩特局集团有限公司

责任编辑：王晓阳　　**编辑部电话：**(010)51873421　　**电子邮箱：**jiche@tdpress.com
编辑助理：刘奕珉
封面设计：刘　莎
责任校对：苗　丹
责任印制：樊启鹏

出版发行：中国铁道出版社有限公司(100054，北京市西城区右安门西街 8 号)
网　　址：http://www.tdpress.com
印　　刷：北京联兴盛业印刷股份有限公司
版　　次：2024 年 3 月第 1 版　2024 年 3 月第 1 次印刷
开　　本：787 mm×1 092 mm 1/16　**印张：**19.75　**字数：**456 千
书　　号：ISBN 978-7-113-31056-1
定　　价：120.00 元

编 委 会

前　言

为进一步提高铁路职工教育培训的针对性和实效性，大力促进全局职工队伍岗位技能达标，2015 年劳动和卫生部组织专业技术人员编写了“铁路特有工种操作技能鉴定学练丛书”。该丛书为同期职业技能鉴定培训提供了有力的支撑，在铁路高技能人才培养选拔、落实全员持证上岗制度和确保运输生产安全稳定发展方面发挥了重大的作用。

随着我国铁路建设的持续发展，新技术、新设备不断更新应用，铁道行业标准、《铁路技术管理规程》等规章标准相应提升变化，丛书的范围和内容已经不能适应新时代铁路职工职业技能等级认定培训学习需求，急需进行修订完善和扩充拓展。

党的二十大报告要求，深入实施人才强国战略。为落实二十大精神，集团公司在技能人才队伍培养方面推出了一系列的新举措。其中，丛书修订完善作为一项重要工作进行落实，在对 62 个铁路特有工种进行修订完善的基础上，将丛书拓展为 90 个铁路特有工种和 8 个通用工种，并更名为“职业技能等级认定学练丛书”。

“职业技能等级认定学练丛书”在编写内容上力求体现以“优化职业活动为导向，以提升职业技能为核心”为指导思想，以“国家职业标准”“铁路特有工种技能培训规范”“高速铁路岗位培训规范”等为标准，以客观评价职工操作技能水平为目标，力求知识的系统性、连贯性和精炼性，突出针对性、典型性和适用性。

“职业技能等级认定学练丛书”是铁路职工职业等级认定操作技能考试前培训和自学教材，对职工各类在职教育和考试也有重要的参考价值。

“职业技能等级认定学练丛书”的编写是一项系统性、全面性的工作，工作难度比较大。在丛书的编写和审定过程中得到了集团公司职培部、各业务部及有关单位的大力支持和帮助，在此表示感谢！由于编写水平有限，加之时间仓促，恳请读者提出宝贵意见和建议。

中国铁路呼和浩特局集团有限公司

2023 年 9 月

目　　录

第一部分　初　级　工

第二部分　中　级　工

第三部分 高 级 工

第四部分　技　　师

第五部分　高级技师

第一部分　初　级　工

1. 怎样使用卷尺?

答:使用卷尺时,保持卷尺的平直是测量准确的关键,应尽可能减少中间凸起或弯曲。

2. 怎样使用量具?

答:量具在使用过程中,不应和工具、刀具(如锉刀、车刀和钻头等)堆放在一起,以免碰伤量具。

3. 怎样使用锉刀?

答:使用锉刀时要两手端平,用力均匀,锉刀前进锉削时,应稍弯曲膝部,使重量加于锉刀上。锉刀回行时,膝部伸直,锉刀上压力消失,便于往复锉削,两腿叉开度以各人身高方便而定,腰腿要配合双手灵活动作。

4. 怎样拆卸电力机车电机轴上的小齿轮?

答:在与齿轮配合的电枢轴颈上旋有油槽,此油槽与轴端的一个螺孔相通,当拆卸小齿轮时,将专用油泵的接头旋入螺孔内,压动油泵即可将小齿轮退下。

5. 怎样用冷压法校直长丝杆?

答:加压或锤击通常不是在弯曲变形的突出部位进行,而是在螺纹的丝底面进行;只有这样,才能减少校直时产生的误差,真正达到校直的目的。

6. 对于不同材料的工件应如何选择锯条?

答:粗齿锯条适用于软材料和较大尺寸工件锯割;细齿锯条适用于硬材料和小尺寸工件以及薄壁钢管的锯割。

7. 进入高压室或变压器室处理故障应做到哪些?

答:需要进入高压室或变压器室处理故障时,必须确认受电弓降下,主断路器已断开方可进入。

8. 如何调整 DSA200 型受电弓升降弓时间?

答:降弓时间偏大,则右旋阀盘右侧的节流阀;偏小,则反之。升弓时间偏小,则右旋阀盘左侧的节流阀;偏大,则反之。

9. 如何使用电压表和电流表测量直流电阻?

答:将电压表并接在被测电阻两端,同时将电流表串接在电阻回路,然后分别读取电压 U 和电流 I 的数值,依照欧姆定律 $R=U/I$,就可以求出电阻的数值。

10. C1 修时如何检查 HXD_2 型机车轴箱拉杆?

答:检查轴箱拉杆无裂损,安装牢固,方轴与安装座间无间隙。如工作需要拆解轴箱拉杆时,安装螺母不得再次使用,螺母紧固力矩 499 N·m。

11. C1 修时如何检查 HXD_1 型机车缓冲装置?

答:外观检查缓冲器箱体及钩尾框可见部分不许有裂纹;胶泥不许有泄漏;前磨耗板不许有裂纹、变形;变形吸能单元端板不许有翘曲、变形和倾斜。

12. 如何更换受电弓的绝缘供风软管?

答:(1)松开左侧连接器与上臂上风管间的紧固螺母,拆下风管。(2)安装新风管,紧固安装螺母。

13. 如何对 SS_{4G} 型机车端子柜进行检查?

答:检查各插座,应无烧损、绝缘破坏、接触不良现象。检查接线端子排所有导线接头,应压接牢靠;接线端子排安装螺栓紧固良好。

14. 如何对直流电压传感器及电流传感器进行检修?

答:外观检查其外壳不许有破损;接线端子、插头应完好。在直流电压、电流传感器试验台上进行准确度测试。

15. C1 修时如何检查 HXD_{3C} 型机车控制风缸?

答:检查所有接头、连接紧固件不漏风。检查排水阀密封良好,风缸排水。检查安全阀铅封齐全,检查安全阀作用。风缸不得有油漆脱落及锈蚀现象,发现上述问题应进行除锈、补漆处理。

16. 如何对 SS_{4G} 型机车固态润滑装置进行检查?

答:(1)固态润滑装置安装座焊接牢固、无裂纹。(2)各连接螺栓无松动,润滑棒正对轮缘根部,角度正确。(3)筒体端部距轮缘根部距离为 22 mm,距轮缘 40～50 mm。

17. 如何对 SS_{4G} 型机车受电弓瓷瓶进行检查?

答:检查瓷瓶表面应光洁,不许有裂纹,安装牢固;如表面缺损应进行绝缘处理,缺损面积大于 3 cm^2时，必须经 75 kV 耐电压试验；缺损面积大于 30 cm^2时应更新。

18. C1 修时如何检查 HXD_1 型机车齿轮箱？

答：齿轮箱无变形、裂纹、漏油；油位显示正常；润滑油无浑浊；油标标识清晰，观察玻璃无裂损。清洁齿轮箱底部磁性螺栓。

19. C1 修时如何检查 HXD_{3C} 型机车端子柜？

答：检查端子柜内部清洁，无杂物；检查导线应可靠插入连接端子、插头及插座中；导线及端子排无过热烧损及严重老化现象；检查插头插接紧固，锁扣完好。

20. C1 修时如何检查 HXD_2 型机车变压器散热器？

答：外观检查散热器箱体无变形、漏油；用高压风吹扫散热片及滤网，确保滤网、散热片畅通无异物。

21. 怎样使用钢直尺？

答：使用钢直尺时，应尽量减少尺端头与其他物体的摩擦。不能与其他工具堆放在一起，以免因磨损变形而影响量具的准确性；不能用它当工具使用。

22. 如何对使用后的量具进行保养？

答：量具使用后，应及时擦干净。除不锈钢量具或有保护镀层者外，金属表面应涂上一层防锈油。将量具放在专用的盒子里，保存在干燥的地方，以免生锈。

23. C1 修时如何检查 HXD_2 型机车电机吊杆？

答：检查电机吊杆无变形、裂损，安装牢固；电机吊杆橡胶垫无老化、开裂；电机吊杆座安装牢固，无变形、裂损；电机吊杆穿销良好；电机防脱吊座安装牢固，无变形、裂损。

24. 如何对 SS_4 型机车车顶瓷瓶进行检查？

答：擦拭车顶各瓷瓶及绝缘子，表面应光洁无污垢，无裂纹及放电痕迹。瓷瓶表面缺损面积小于 3 cm^2时，可涂快干绝缘漆处理，否则更换。导电杆、导电板、闸刀及各软连线应完好，紧固可靠，无过热现象，折损面积不大于 10%。

25. C1 修时如何检查 HXD_2 型机车受电弓滑板？

答：检查弓头、滑板不得变形、破损、松动。

滑板厚度不小于限度规定标准：两滑板的厚度差应小于 3 mm，滑板总高度＞22 mm；滑板紧固螺栓紧固无松动。

有下列现象时，更换滑板：出现切口或缺口；由于电弧发生变形或缺损；出现贯通性裂纹、漏气。

26. 怎样进行双头螺栓的装配?

答:(1)保证拧紧力配合牢固、装拆螺母时螺栓不能松动。(2)保证螺栓轴线与机体表面垂直。(3)拧入时要用润滑油、防止内外螺纹“咬住”。

27. 如何对 SS_{4G} 型机车风管路进行检查?

答:(1)各风管折角塞门位置正确,无松漏。(2)风管安装牢固,无老化、龟裂,卡子紧余量大于 2 mm。(3)水压试验不超过 6 个月。(4)制动软管与机车中心线夹角 45°。(5)连接器无缺陷,胶圈完好。

28. 如何对 HXD_2 型机车一系圆簧进行检查?

答:(1)目视弹簧表面,状态应良好,无折断、裂纹、簧圈接触等。(2)目视检查弹簧的工作状态是否正常。不得倾斜、扭曲。(3)检查弹簧横向自由偏移的方向,首个有效圈上固定的指示牌,是否背向轴箱体。

29. 如何对 SS_4 型机车接地装置进行检查?

答:(1)接地杆及连线完好,导线面积不小于 25 mm^2,中间不许有接头,折损面积不超过原形的 1/10,接地杆紧固可靠。(2)中修时,接地杆必须进行 75 kV 耐电压试验。(3)机车各部接地线电连接线紧固、可靠,折损面积不超过原形的 1/10。

30. C1 修时如何检查 HXD_1 型机车撒砂装置?

答:外观检查砂箱无破损、裂纹;砂箱盖齐全完整,作用良好;撒砂装置无破损、变形,位置正确。撒砂功能良好,砂管距轨面高度为 25～30 mm,距踏面距离 15～30 mm。

31. C1 修时如何检查 HXD_1 型机车轮缘润滑装置?

答:外观检查各部件无变形、裂纹及松动,油脂罐安装牢固。喷嘴位置、距离符合要求。油脂罐油脂储量不少于 3/4,喷嘴距轮缘距离 40～50 mm,并对准轮缘根部。

32. 如何对高压电器柜内的电气线路进行检查?

答:插头不许有裂损、烧痕、过热现象,防尘圈须完好。插针不许歪斜、烧损、退针,压接良好;导线绝缘不许有老化、破损;防磨胶皮不老化,绑扎带完好,布线规范、美观。

33. 如何调整 SS_4 型机车受电弓弓头的水平度?

答:(1)升弓时间测量完毕后,用手将升起的受电弓拉到距车顶 1 600 mm 处,并用特制的工具将受电弓固定在此处。(2)将水平仪分别放在两条碳滑板和受电弓底座上,检查两者是否相对水平。(3)如果不平,则通过弓头导杆两端的调整螺母进行调整。

34. 如何调整 SS_4 型机车受电弓最大升弓高度?

答:(1)将受电弓升到最高处,放好 0～3 000 mm 的高度尺。(2)用高度尺测量受电弓的最大高度是否为(3 000±150) mm。(3)如不符合标准,则通过调整传动线绳的两个调整螺母进行调节。如果高度偏低,则缩短线绳;如果高度偏高,则伸长线绳。

35. 如何对 SS_4 型机车辅助机组进行外观检查?

答:(1)电机机座、端盖不得裂损、变形。(2)各紧固螺栓不得松动,油管、油堵齐全良好。(3)定子绕组及连线可见部分绝缘良好,无过热、变色。

36. C1 修时如何检查 HXD_{3C} 型机车高压隔离开关?

答:检查安装座良好,绝缘子无裂损;检查闸刀簧片接触可靠、油润良好;检查下方机械动作部分各配件齐全,螺栓紧固良好;风缸管路无泄漏,电磁阀及其电连接状态良好;绝缘子表面清洁无破损;试验高压隔离开关动作灵活,开闭到位。

37. C1 修时如何检查 HXD_{3C} 型机车踏面?

答:检查踏面无摩擦伤痕、磨损、扁平变形、剥离热裂纹等;踏面磨耗不得大于 6.5 mm。踏面在 75 mm 以上的伤痕数不得超过 1 条;在 50～75 mm 的长度不得超过 2 条;轮缘厚度不小于 24 mm。

38. C1 修时如何检查 HXD_{3C} 型机车受电弓滑板?

答:检查滑板不得有拉槽、局部缺损沿宽度方向不得超过 1/2;检查滑板无松动、变形或其他缺陷;滑板条总体厚度>25 mm;滑板安装牢固,接缝处应平整、密贴;滑板托架及弓角无裂损、变形;两根滑条的厚度差不大于 3 mm;单根滑条厚度差不超过 10 mm。

39. C1 修时如何检查 HXD_2 型机车变压器油散热器?

答:外观检查油散热器无泄漏,散热片无变形;防护罩无破损,安装牢固。接地线齐全,连接法兰无泄漏;用高压风管从车底变压器油散热器向上部吹扫进行除尘。打开油散热器外罩,用大功率吸尘器吸尘,保证散热器无堵塞。

40. C1 修时如何检查 HXD_2 型机车轮对?

答:对轮对白边损坏的油漆表面进行修补;检查注油孔螺栓齐全,不得松动;轮对踏面上擦伤深度不大于 0.7 mm;剥离深度不大于 1 mm,长度不大于 40 mm;轮对踏面磨耗不大于 6 mm;轮缘厚度不小于 25 mm;车轮滚动圆直径不小于 1 160 mm。

41. 如何使用台虎钳?

答:(1)夹紧工件时松紧要适当,只能用手力拧紧手柄,而不能借助手工具加力。(2)作业时力的方向应垂直钳口。(3)不能在钳身平面上敲击作业。(4)对丝杆、螺母等活动表面应经常清洁,润滑,以防止生锈。

42. 使用砂轮机磨削作业时应做到哪些?

答:磨削时,必须确认砂轮机运转正常。操作者应站在砂轮机的侧面和斜侧面位置,尽量不要站在砂轮机的正面。磨削时不要让工件对砂轮施加过大的压力,防止砂轮破碎飞出伤人。砂轮机的防护罩与砂轮间的距离,一般应保持在 3 mm 的距离。

43. 怎样握扁铲?

答:(1)正握法:用左手的中指、无名指、小指将铲子握住,中指用力,拇指和食指自然接触,腕部自然伸直;握持的部位使铲子头部露出手外约 15 mm,这样既能把铲子握住,误击时又不易伤手。(2)反握法:手掌向上,用拇指、食指和中指握铲,铲刃向前,使用于侧面铲削和剔毛刺等。(3)立握法:用拇指、食指握铲,其余三指轻扶,铲身直立,用于铁砧上切断材料。

44. 如何进行钻孔?

答:(1)钻孔时工件一定要压紧,防止工件跟着转动而发生事故。(2)钻孔时不准戴手套和手拿棉丝。(3)钻透孔时,工件下必须垫上垫块或把钻头对正工作台空挡,以免损坏工作台。停钻未停稳前,不准去捏钻头夹。松紧钻头夹必须用钥匙,不准用锤敲打,钻头从锥套中退出时一定要用斜铁敲出。

45. 钳工作业应做到哪些?

答:(1)钳工台两侧同时有人操作时,中间应用铁丝网隔开。(2)不得擅自使用不熟悉的机器与工具。(3)不从后面靠近操作者,要随时进行必要的呼唤应答。(4)开始工作前,必须按规定穿戴好防护用品。

46. 如何使用四氯化碳灭火器扑灭电器火灾?

答:四氯化碳灭火器适用于扑灭高压电器火灾。但这种灭火器的药液蒸气有毒,使用时,严禁射入对面消防人员眼内。因此,消防人员应相隔 3 m 以上,以防药液伤人。灭火后要及时通风,以防窒息。

47. 如何对电力机车齿轮箱加油?

答:加入齿轮油应能使油位浸至大齿轮轮齿 1/3 的高度。加入齿轮油并非越多越好,加油过多则:(1)产生的阻力很大,阻碍齿轮传动。(2)齿轮箱内散热慢。(3)转动产生高压油雾,不利于齿轮箱密封,出现渗漏现象。

48. 电机轴端小齿轮套装后如何检查?

答:(1)用深度尺测量小齿轮套入深度(与热套前测量深度差)。(2)大小齿轮齿顶间隙不小于 2.5 mm。(3)大小齿轮轴向错位不大于 4 mm。(4)左、右二对齿轮相对应之齿隙差(即反齿隙)不大于 0.15 mm。

49. 如何检查车钩的"三态"?

答:(1)开锁状态:轻轻提起提钩杆,使锁铁脚支在锁铁座上,放下提钩杆,锁铁仍未落下,钩舌也未移动。此时,将钩舌向外推,钩舌能立即伸开。(2)全开状态:将提钩杆用力提起,同时带动钩锁铁一起上升,钩锁铁推动钩舌,使钩舌推铁绕着其背面与钩体内壁接触处为支点而转动,同时钩舌推铁的下脚推动钩舌尾部的背面,使钩舌绕钩舌销转开成全开状态,钩舌完全伸开,车钩全开状态开度为 220～245 mm。(3)锁闭状态:向内推入钩头,此时钩锁铁底部坐在钩头内表面上,使钩舌在钩头内不能绕钩舌销转动,车钩锁闭状态开度为 110～127 mm。

50. 如何检查处理带压力部件?

答:处理带压力部件的泄漏时,必须先切断压力源,并排出余压力后方可进行。部件在保有压力的状态下,严禁带压进行修理,更不得用敲打、紧固或捻钻等方法进行施修。部件有风压时,禁止拧下管堵、塞门、阀、风动器具和拆卸其他风动装置。在吹扫制动软管时,应用手握住软管端头,以防软管甩动伤人。

51. HXD3C 型机车如何进行排水?

答:(1)排水部位:机械室内总风缸排水阀 A12(2 个),停放风缸排水阀 A14,升弓风缸排水阀 U88(2 个),总风过滤器排水阀,轮缘过滤器排水阀(2 个),微油过滤器排水阀(2 个)。(2)HXD3C 型机车总风缸排水阀 A12、停放风缸排水阀 A14、升弓风缸排水阀 U88、总风过滤器排水阀、微油过滤器排水阀、轮缘过滤器排水阀排水方法:打开下部排水阀,将水排放干净后关好开关。

52. 如何保养千分尺?

答:千分尺不允许测量带有研磨剂的表面、粗糙表面和带毛刺的边缘表面。更不允许测量运动着的工件。测量后应擦净千分尺,并将其放在专用木盒内保存。为了保证千分尺的精度,必须进行定期检定。

53. 机车受电弓如何进行给油?

答:(1)下导杆两端的关节轴承以及升弓装置销轴处的润滑:用油枪向润滑油杯内注润滑脂。(2)平衡杆上的滚动轴承的润滑:拆下平衡杆,平衡杆两端轴承衬套内注润滑油。(3)传动钢丝绳及弓头弹簧盒处的润滑:用油枪向弹簧及钢丝绳表面均匀涂抹润滑油。

54. 如何对侧向摩擦限制器进行检查?

答:(1)铰链球安装牢固,无裂损,橡胶件不得周向裂通。(2)定位板安装牢固,摩擦杆无弯曲、变形、开焊和油污。(3)摩擦片无松动、破损,厚度不小于 3 mm。(4)三角棒及导框无裂纹,弹簧外罩安装牢固,弹簧完好。

55. 如何对电力机车车顶导电杆进行检查?

答:检查车顶导电杆不许有腐蚀、裂纹,连接紧固状态良好,接触良好,车顶软连线清洁、连接紧固,接触良好,表面不许有过热、变色、烧损,断股不大于 5%;对车顶导电杆接头状态进行检查,发现导电杆(包括接头)锈蚀应在锈蚀处所喷涂防锈漆。

56. 电力机车受电弓升起时禁止哪些作业?

答:机车受电弓升起时禁止进入高压室、变压器室;禁止开启防护高压用的护板、外罩和电机整流子孔盖;禁止检查、修理电力机车车体下面的电器设备、机械装置、通风装置。

57. 如何对 SS_{4G} 型机车真空断路器进行检查?

答:真空断路器瓷瓶安装牢固,无裂纹、缺损、放电痕迹;防污闪涂料良好,瓷瓶端盖密封橡胶完好,无脱落、裂损;连接线、插座等部件及安装螺栓无松动、破损,安装牢固;空气管路无漏风现象;电器部件动作正常;按时清除油水分离器积水。

58. C1 修时如何检查 HXD_{3C} 型机车车钩?

答:检查车钩各零部件不得有裂纹;检查车钩"三态"作用良好;车钩闭锁位为 110～127 mm,车钩开启位为 220～245 mm。检查车钩复原装置,均衡梁与吊杆不得有裂纹、弯曲;车钩扁销防脱装置良好;各零件摩擦面必须涂润滑油;车钩水平中心线至轨面距离符合要求,左右摆动灵活;检查车钩防跳装置作用正常,各部安装牢固;检查钩尾销止挡螺栓是否变形、过量磨耗及其紧固状态;检查车钩提杆装置是否变形、卡劲并适量给油。

59. C1 修时如何检查 HXD_2 型机车变压器油?

答:变压器油样符合要求;对主变压器油样进行耐压试验及理化分析,闪点、酸值、介质损耗因数、击穿电压、水溶性酸或碱(pH)及水分须满足 GB/T 7595—2017 的质量标准。对变压器油进行色谱分析,须满足相关的质量标准。对油样超标者,要进行滤油。

60. C1 修时如何检查 HXD_2 型机车机械间通风机?

答:检查电机机壳、地脚、端盖、机座、风筒无裂损、开焊、变形;各紧固螺栓、螺母、防缓垫应齐全、无松动;电机安装牢固,输电线无破损;机组外部清洁无尘土污垢。风道无开焊、裂纹、变形,紧固螺栓螺母应齐全,紧固状态良好。电机转向正确,轴承转动轻快无阻滞、异声。引接线、线鼻子固定良好,无过热痕迹,线号标志清晰、准确;接线板无灼痕,接线柱无松动、滑扣和歪斜，接线板接线柱间及对地绝缘电阻值大于 50 MΩ（用 500 V 兆欧表），引接线绝缘良好。绕组对地绝缘电阻值不小于 10 MΩ。

61. 如何使用电流互感器？

答：(1)电流互感器在运行中二次侧不得开路，不能加装熔断器。(2)电流互感器二次绕组的一端与铁芯要可靠接地。(3)安装接线时，要注意一次侧和二次侧的极性不能接错。(4)电流互感器的负载大小影响测量的准确性，电流互感器准确度等级要符合使用要求。(5)高压电流互感器的测量级线圈应连接电流表，不允许把电流表接在保护级的线圈上。

62. 如何使用内外卡尺？

答：(1)调整卡尺时，应当敲卡尺的卡腿，不能敲卡尺的测量面，要保护测量面的正常形状。(2)要细心调整内卡在孔内的松紧程度，使内卡在孔内有 1～2 mm 的自由摆动（孔径较大时，可适当放大），切勿过松或过紧。(3)内卡在外径百分尺上读取尺寸时，一定要使内卡与百分尺的两测量面之间成垂直接触。(4)用外卡在钢尺上取下尺寸时，应将一个卡尺脚的测量面靠在钢尺的端头面上，另一个卡脚的测量面对准所需尺寸刻线的线中间，而且两个测量面的连线应与钢尺平行，人的视线要垂直于钢尺。

63. 如何套螺纹？

答：每次套螺纹前应将板牙排屑槽内及螺纹内的切屑清除干净；套螺纹前要检查圆杆直径大小和端部倒角；套螺纹时切削扭矩很大，易损坏圆杆的已加工面，所以应使用硬木制的 V 形槽衬垫或用厚铜板作保护片来夹持工件。工件伸出钳口的长度在不影响螺纹要求长度的前提下应尽量短。套螺纹时，板牙端面应与圆杆垂直，操作时用力要均匀。开始转动板牙时，要稍加压力，套入 3～4 牙后，可只转动而不加压，并经常反转，以便断屑。在钢制圆杆上套螺纹时，要加机油润滑。

64. 如何防止螺栓发生松动脱落？

答：(1)为防止螺栓脱落，需将螺栓紧固后，使用开口销对准螺栓尾部的开口销孔，穿进粗细适当的开口销。(2)为防止螺栓松动，需将成对或成组的螺钉、螺栓的螺母或螺栓帽用铁丝连接捆绑在一起。(3)使用防缓垫圈、弹簧垫圈与螺栓的螺母一起紧固，防止其松动。(4)用主、副双螺母，在主螺母紧固后，再将副螺母紧固，防止其松缓。(5)用定位止动螺钉来制止螺栓、螺钉松动。

65. 如何拆卸锈死的螺纹连接？

答：(1)可将锈死的螺栓向拧紧方向拧动一下，再旋松，如此反复，逐步拧出；(2)用手锤敲击螺钉头、螺母及其周围，震松锈层，然后拧出；(3)用煤油浸透、软化锈层再拧出；(4)条件允许时，可用迅速加热外螺纹的方法，使锈层变软；(5)用錾、锯、钻等方法，破坏拆卸。

66. 如何使用外径千分尺?

答:(1)测量时,不许使劲拧千分尺的微分筒。(2)不许把千分尺当卡板用。(3)不要拧松后盖,否则0位变了,如果后盖松动了,就要重新校对0位。(4)不许拿着千分尺来旋转晃动,以防止丝杆磨损或测量面互相撞击。(5)不准在千分尺的固定套筒和微分筒之间加进煤油、柴油、凡士林和普通机油,也不准浸泡在上述油液中,如千分尺浸泡了上述油液,应用汽油冲洗干净。

67. 怎样读游标卡尺?

答:(1)读整数:看游标卡尺上0线左边主尺上第一条刻线的整数值。(2)读小数:看游标卡尺上0线右边,数一数游标卡尺上第n条刻线与主尺上的刻线对齐,读出毫米小数x,$x=n\times$卡尺精度。(3)把两次读数相加就是游标卡尺上表示的尺寸。

68. 如何使用游标卡尺?

答:(1)要以游标卡尺的“0”线作基准,千万不要以量爪的边线作基准。(2)主尺上标的数码表示厘米数,不要直接读成毫米。(3)读数时要看准,如果游标卡尺上没有一条刻线与主尺上的刻线完全对齐,应找出对得比较齐的那条刻线来算出游标卡尺的读数。(4)读数时,要平视卡尺,在明亮环境下,眼睛垂直地看所读的刻数,防止偏视造成读数误差。

69. 如何对铜铝导线进行连接?

答:由于铜铝两种金属的化学性质不同,在接触处容易造成电化学腐蚀,随时间会引起接触不良、导电率差或接头断裂,因此铜铝导线的连接应使用铜铝接头或铜铝压接管,铜铝母线连接时,可将铜母线镀锡再与铝母线连接。

70. 更换电机电刷时应做到哪些?

答:(1)在同一台电机上不要混用不同牌号的电刷。(2)电刷与刷盒的间隙及电刷弹簧压力应符合规定。(3)电刷不应有裂纹、掉角,刷辫不应松脱破损,刷辫紧固螺栓不应松动。(4)电刷与换向器表面须经常保持干净、清洁。(5)新电刷与换向器的接触面应在80%以上。

71. 怎样使用电压表和电流表?

答:电压表用来测量任意两点的电压大小,使用时,将电压表和测量电路并联接入。电流表用来测量电路中通过的电流大小,使用时,将电流表串联接入测量电路中。在使用电压表和电流表时,要注意选择表的量程。

72. 使用双臂电桥时应做到哪些?

答:(1)根据被测电阻的大小选择相应的倍率。(2)电池电压不足及时更换,否则会影响电桥灵敏度。(3)在测量具有电感的电阻时,应先接通电源再接通检流计,断开时相反。(4)电桥不用时将检流计锁住。(5)接线:将被测电阻的一对电压端(P)接在一对电流端(C)的内侧,即$C_1P_1-P_2C_2$。

73. 如何调整百分尺的间隙?

答:百分尺在使用过程中,由于磨损等原因,会使精密螺纹的配合间隙增大,从而使示值误差超差,必须及时进行调整,以便保持百分尺的精度。

要调整精密螺纹的配合间隙,应先用制动器把测微螺杆锁住,再用专用扳手把测力装置松开,拉出微分筒后再进行调整。在螺纹轴套上,接近精密螺纹一段的壁厚比较薄,且连同螺纹部分一起开有轴向直槽,使螺纹部分具有一定的胀缩弹性。同时,螺纹轴套的圆锥外螺纹上旋着调节螺母。当调节螺母往里旋入时,因螺母直径保持不变,会迫使外圆锥螺纹的直径缩小,于是精密螺纹的配合间隙就减小了。然后,松开制动器进行试转,看螺纹间隙是否合适。间隙过小会使测微螺杆活动不灵活,可把调节螺母松出一点,间隙过大则使测微螺杆有松动,可把调节螺母再旋进一点。直至间隙调整好后,再把微分筒装上,对准零位后把测力装置旋紧。

74. 如何对弹簧管式压力表进行外观检查?

答:(1)用棉丝将外壳擦干净,用毛刷及汽油清洗表接头油垢。(2)目视检查表玻璃、表壳不许有裂损,玻璃与表壳密封良好。(3)用手轻轻摇动连接嘴,检查表壳与连接嘴不许有松动。(4)外观检查表针不松动,不许有不回零现象,油漆完好;表盘刻度清晰,油漆不许有脱落。

75. 如何对琴键开关进行组装与检查?

答:(1)将经过检修试验合格的琴键开关按解体的反序安装到位。(2)组装后用万用表测量各触点导通良好,分合关系正确。(3)要求各紧固件齐全可靠,接线紧固正确。(4)各开关动作灵活,位置正确,自复、定位及联锁机构作用良好,通断作用可靠。(5)检查各触指接线正确,布线整齐,线号齐全、清晰,接线环焊接牢固。电线无烧损、老化,断股不大于原形的1/10,否则应更换。

76. 机车电机发生哪些情况应断电检查?

答:遇有下列情况之一时,应断电对电机进行检查,通电后,电动机冒烟、起火,电动机未起动,闻到异味或有"嗡嗡"声出现,电动机联轴器损坏或负载装置发生故障。电动机轴承异声或损坏。电机温升过高。电机机身振动剧烈。转速不稳定,忽高忽低。

77. C1修时如何检查HXD_2型机车牵引杆?

答:牵引杆、牵引支座接触面无锈蚀、拉伤及明显磨损。牵引杆与牵引支座接触面积不小于70%,装入量符合技术规定。牵引杆、牵引支座、托盘磁粉探伤检查,不许有裂损。更新牵引支座安装螺母。组装后,检查各紧固件的紧固状态。

78. C1 修时如何检查 HXD3D 型机车基础制动装置?

答:(1)制动单元制动夹钳单元各部件不许有裂纹、变形、腐蚀及严重的污垢,制动闸片的最小厚度不小于 16 mm。(2)制动盘摩擦面不许有从内径贯穿到外径以及贯穿到散热筋片的穿透裂纹。整块摩擦片的任意位置允许出现散射状细微龟裂。(3)制动盘摩擦面凹陷磨损不大于 1 mm,划痕深度不大于 1 mm,裂纹不允许超过相关规定。(4)制动闸片更换时,同一制动夹钳单元闸片厚度差不大于 3 mm。(5)制动缓解时,制动单元闸片与制动盘间隙两侧之和不大于 2～4 mm。

79. C1 修时如何检查 HXD2 型机车齿轮箱?

答:检查各螺栓紧固,防缓标记清晰、正确;齿轮箱箱体无变形、开焊或裂纹,无漏油现象;齿轮箱表面无脱漆现象;注油孔盖安装座防松铅丝无断裂;齿轮箱油位应介于油位视窗上下标准线之间;放油磁堵放油时检查磁堵铁屑状态,并清洁磁堵,更新铜油封;安装磁堵后,使用安全锁线将磁堵重新锁定在齿轮箱上;齿轮箱注油后,检查注油孔盖盖封,不良者更新并将锁定销安置在加油孔盖内;重新加装注油孔盖防松铅丝。

80. C1 修时如何检查 HXD2 型机车牵引变压器油泵?

答:检查油泵各件应完好,各螺栓、螺母、防缓垫应齐全紧固。排气孔排气时以刚排出油为准。油泵体及各接头部分不得有渗漏油现象。引接线、线鼻子固定牢靠、无过热痕迹、线号标志清晰、准确,接线板无灼痕;接线柱无松动、滑扣和歪斜,引接线绝缘良好;接线板、接线柱间及对地绝缘电阻值大于 50 MΩ(用 500 V 兆欧表);接板、接线柱、接线盒无渗油密封良好;绕组对地绝缘电阻值不小于 10 MΩ。油泵启动运转正常,轴承平稳轻快,声音均匀,转向符合标志方向。

81. 使用锤类时应做到哪些?

答:使用大锤、手锤时,禁止戴手套或使用垫布。挥锤前须注意周围情况,防止伤人。不得以手锤当垫铁使用。锤头松动时,严禁临时顿紧勉强使用。锤击时,姿势要正确,脚要站稳,地面不得有油垢,防止滑跌。锤把不得有油,手上有汗应及时擦干净。

82. 使用锉刀时应做到哪些?

答:不准用无柄或破柄锉刀进行锉削。尽量不用新锉刀锉硬金属。锉刀应先用一面,用钝后再用另一面。锉刀严禁沾油、沾水。锉刀不能叠放,不能与其他金属、硬物碰撞,以免损坏锉齿。锉刀用完要用锉刷清理切屑。不能用锉刀当手锤或撬杠使用。

83. 使用铲子时应做到哪些?

答:铲削时,铲子的后刃面与铲削面之间的夹角叫后角,铲子的中心线与铲削面之间的角叫倾斜角。倾斜角过大,铲子就会朝下扎入工件;倾斜角太小,铲子就会向上滑,使切削层逐渐变薄。为了得到平整的切削面，在铲削中，必须使倾斜角适当、准确。铲削层的厚薄是确定后角大小的主要因素。铲削层越厚，后角越小，后角加上 1/2 的斜度就是倾斜角。

84. 怎样使用手锯？

答：用手锯进行锯割工作，在起锯时，应从工件的前边开始，使锯条与工件的表面倾斜 10°左右。倾斜的角度不要过大，否则易使锯条崩断。锯割时，锯弓前后摆动是为使锯缝平直，使锯条提高锯割效率。但锯割窄薄料时应不使其摆动，以免崩掉锯齿。锯割速度的掌握，在锯割较软材料时，每分钟可往返 30～40 次；锯硬材料时，为了减少锯齿的磨损，有效的进行锯割，锯割速度可以慢一些。在锯割过程中，要使锯条的 2/3～3/4 进入工作，以提高锯割效率，防止中间磨损快，被锯割工件卡住折断锯条。

85. 怎样使用和保养塞尺？

答：塞尺又叫厚薄规或间隙规，用来检测两个结合面之间的间隙大小。塞尺是把一端钉在一起的一组薄钢片式的量具，每片有两个平行的测量面，钢片的厚度即为其工作尺寸，在钢片上有其本身厚度的标记。钢片具有较高的弹性。塞尺的长度一般制成 50 mm、100 mm 和 200 mm三种，厚度一般为 0.02～1.00 mm，精度等级为 1、2 级。

使用塞尺时，根据间隙的大小，可用一片或数片重叠在一起插入间隙内。塞尺很薄，易折断。测量时应细心，并且不要用力太大。用完以后，要擦干净，并及时合进夹板里面去。

86. 分解和组装配件时应做到哪些？

答：开始工作前，必须按规定穿戴好防护用品；工作地点和走道上不准堆放材料和杂物，要及时清除油污和积水；应先检查机器设备运转良好和吊装机具无裂损、断股；吊运配件时，应二人作业，要随时进行必要的呼唤应答；翻转配件时，必须保证自身的安全及被翻转配件和作业区其他工件不被碰坏；分解和组装配件时，注意不要碰伤其他附件；严禁把配件吊起后，在其下部进行作业。

87. 如何对弹簧管式压力表进行误差校验？

答：(1)将表安装在标准压力计上。(2)缓慢施加压力，观察指针。要求指针不得有细微跳动和迟滞现象。(3)逐渐增压，观察指针。要求指针在整个刻度范围内不得有跳动和迟滞现象。(4)压力降为零，指针应回零。(5)在整个刻度范围内，选定几个校验点，往复增压或减压，观察指针。要求每次在各校验点的误差率和两次在同一校验点的差值率均应小于 1.5%，并记录。(6)轻敲表壳，观察指针产生的位移(差值)。要求：指针产生的位移小于基本误差绝对值的一半，并记录。

88. 耐压试验时发现哪些情况立即停止试验？

答：在升压或保压过程中，如发现以下现象时，应立即拉开电源，停止试验：(1)电压表指针摆动大。(2)发现绝缘烧焦或冒烟现象。(3)被测物有不正常的响声。

89. 如何在电力机车车顶进行作业？

答：进行车顶检查、清洁、维修作业时，必须按规定佩戴好安全带，站稳抓牢，执行由内向外的检查制度，不得靠边缘或在边缘行走，不得倒行，不得手触接触网，不准打闹玩笑和向下乱扔东西，雨雪天气、寒冷季节应注意滑倒和坠落。

90. 怎样降低触头的接触电阻？

答：两个导体相接触，在它们之间产生的电阻称为接触电阻。接触电阻的大小与导体的接触情况及导体的材料有直接关系。为减少接触电阻，在电器主触头上装有研磨弹簧，以保证触头在接触时有足够的研距和超程，增加接触压力和消除氧化膜。在小型触头表面，则采用镀锌或镀银的方法，防止氧化，提高导电性能，以减少接触电阻。另外，机车上的导线接头采用镀锡，或用锡焊接的线鼻子，同时用螺栓紧固，使其接触牢固，增大接触面积，减少接触电阻。

91. 如何使用空载试验台？

答：(1)接好所需试验负荷。(2)呼唤应答。(3)合上闸刀绿灯亮，表示电源接通。(4)按所测负载按钮。(5)启动电机，辅助电机需测三相电流，牵引电机需观察换向是否良好。(6)试验结束后应断开电源。

92. 如何使用转速表？

答：(1)测量时，测轴和被测轴不应顶得过紧，以两轴接触不相对滑动为原则。(2)测轴和被测轴接触时应缓慢，同时使两轴中心线保持在一条水平线上。(3)转速表不能测量瞬时转速。

93. 如何操作耐压试验台？

答：(1)确定被测设备的其他各项有关试验都合格，或经有关负责人员同意后，才可进行耐压试验。(2)将耐压试验台的引出线的一端直接接地，另一端接于被测设备的相关部位。(3)合上电源开关，开始升压进行试验。(4)当电压升至规定的试验电压时，开始计时，1 min 后，迅速均匀降压至 0，断开电源开关。(5)在升压或保压过程中，如发现异常现象时，应立即拉开电源，停止试验。耐压试验必须两人作业，做好安全防护，设置警示牌，同时进行呼唤应答。

94. 使用电压表和电流表时应做到哪些？

答：(1)电压表、电流表的种类应符合使用条件，如交流电流表只能测量交流电流，直流电流表只能测量直流电流。(2)选用合适的量程，读数宜取满量程的 2/3 为宜。(3)接直流电压表和电流表时，一定要注意极性，同时电流表串接，电压表并接。

95. 如何使用测电笔？

答：测电笔是一种测试导体、电器和电气设备是否带电的常用电工工具。把测电笔的笔尖金属体与带电体接触，笔尾金属体与人手接触，如笔杆小窗内的氖管发光，证明被测的物体带电；如正确使用氖管不发光，就证明被测物体不带电。测电笔在每次使用前，可在带电的相线上预先试一下，确认完好再用。测电笔只能用在对地电压在 250 V 以下的电路中。

96. 使用兆欧表时应做到哪些?

答:(1)兆欧表应按电气设备的电压等级选用。若将电压等级较高的摇表用于低压设备，就有将设备绝缘击穿的危险。(2)使用时，应该轻拿轻放，以避免内部机件损伤，测量时必须放置平稳，以免影响测量机构的自由转动。(3)测量绝缘电阻以前，应先切断被测设备的电源，然后对它进行短路放电。放电方法是将一根绝缘导线与地线连接起来，再用接地棒将导线另一头与设备要放电的部分接触，加以短路。放电的目的是为了保障人身和设备安全，并使测量准确。(4)摇表的连接引线必须用绝缘良好的单根导线，两根连线切勿缠绞在一起。(5)测量前，将所测设备表面擦拭干净，以免漏电影响测量结果。(6)测量前，摇表先作一次开路试验和短路试验，看一看表本身是否有故障。如开路试验时指针偏转到最大值，短路试验时指针指在零，则说明摇表是好的。(7)接线时，外壳上标有“接地”的连线应接到所测电气设备的外壳或地线上。(8)因表内发电机输出的电压与摇速有关，摇速快，输出电压就高，反之，输出电压就低。因此，测量时要求摇速要稳定，一般以 90～150 r/min 为宜，切记忽快忽慢，使摇表指针摆动，读不出正确读数来。(9)如被测设备有短路现象，摇表的指针指零，应立即停止摇动手柄，以免摇表过流发热烧损。(10)测量有大电容的电气设备的绝缘电阻时，因充放电关系，在测量后，应立即将外壳上标有“线路”的一根连线断开，再降速松开摇表手柄，以免电容器向摇表反充电而损坏摇表。(11)有雷电时或邻近有带高压导体的设备时，禁止使用摇表进行测量。(12)在摇表没有停止转动，设备没有进行放电以前，严禁用手去触及设备测量部分或摇表接线柱，有时摇表虽然已停止转动，但由于设备或摇表内部有电容存在，这种残存电压仍有危及人身安全的可能，使用时应特别注意。

97. C1 修时怎样检查 HXD_2 型机车轴箱接地装置?

答:清除接地装置上的灰尘和油垢，接地装置不许有裂损，外观检查轴箱接地线状态良好。检查接地装置接地线安装牢固，接线无接磨、老化和破损。各部件固定螺栓紧固良好，密封良好。检查弹簧、碳刷电线等外观状态。接地线固定螺栓与端盖绝缘良好。检查摩擦盘外观状态，清除摩擦盘表面灰尘、油污，摩擦盘表面不许有连续的沟槽状划痕。组装后，检查轴端速度传感器接线及紧固状态，应安装牢固，放缓标记清晰。

98. C1 修时如何检查 HXD_2 型机车冷却塔?

答:外观检查柜体无损坏，柜体安装牢固；检查各油水管路及接头无泄漏，各管道安装牢固，无松动，各螺栓紧固。温度传感器外观完好；检查膨胀箱安装牢固，无损坏、无渗漏；软管连接处不许有渗漏；液位不能低于最低位；进风口安装螺栓紧固，外罩无明显变形；滤网清洁，无破损，安装牢固；接线盒接线状态良好，接线盒内有无积灰，若有则进行清洁，对风机接线孔进行检查排除进风故障；检修完毕，检查所有安装螺栓拧紧状态，检查堵头密封状况良好，清洁散热器翅片，无杂物。

99. 使用万用表进行测量时应做到哪些？

答：(1)使用时将万用表放置平稳。(2)使用万用表时严禁带电转换量程，特别是高电压、大电流。(3)使用万用表时，当被测之量不能确定其大约数值时，将量程转换开关旋到最大量程。(4)使用万用表测量电流时，仪表与被测电路串联。(5)使用万用表测量电流、电压时注意“＋”“－”极性不能接错。(6)使用万用表测量电压时，先确认电源是直流还是交流（直流－DC；交流－AC）。同时将万用表与电路并联。(7)使用万用表测量电阻时，被测电路应断开，电路中有电容时，应先放电。(8)使用万用表测量后，最好将选择开关旋至交直流电压的1 000 V位置上。

100. C1修时如何检查 HXD_2 型机车辅助压缩机电机？

答：检查电机各部件应完好无损，螺栓、螺母、防缓垫应齐全，无松动；电源线端部接线鼻子压接应牢固，无过热烧损，引接线应无折损绝缘良好；线号标志清晰、准确，接线板无灼痕、接线柱无松动、滑扣和歪斜；接线板、接线柱间及对地绝缘电阻值大于50 MΩ，接线盒密封良好；电机刷架、刷握、压指、压指弹簧无损伤、变形；换向器表面应光亮无毛刺，无烧损，凹凸量应符合要求，升高片焊接牢固；电枢绑带良好，整流子磨耗不超限；各磁极及连线应固定牢固，绕组绝缘无破损、老化、过热烧损；定子对地绝缘电阻大于10 MΩ，转子对地绝缘电阻大于5 MΩ；电枢转动应灵活，与定子间无碰擦，轴承无异声。

S1　SS4型机车牵引装置辅修

1. 考场准备

要求考场内有一台与考试机型相一致的机车，且车下要有地沟，地沟上须设置渡板，便于对机车部件进行检查及检修，或考场内有一个与考试内容相一致的机车零部件，以及为检修该零部件所需的工作场地、检修试验台和检修工作台。考场环境整洁、明亮并设有隔离设施。

2. 材料工具准备

序　号	名　称	规　格	数　量	备　注
1	大锤		1把	
2	手锤		1把	
3	钢直尺	300 mm	1把	
4	活扳手		1把	
5	塞尺	200 mm	1把	
6	克丝钳		1把	
7	钳工常用工具		1套	
8	撬棍		1根	

3. 考核要求

(1)被认定人入场后，向裁判报告姓名及所参加的工种及等级，由裁判告知题目，当被认定人告知裁判可以开始时，由裁判员开始计时。

(2)考核时间为20 min，操作时必须按规定佩戴安全防护用品。

(3)被认定人作业期间，裁判员可以根据作业情况向被认定人提问，以确认被认定人对工艺的熟悉情况和确认故障点是否有依据。

(4)考核过程中，被认定人出现毁坏部件或受伤情况时，终止考试，成绩为零。

(5)考试完毕后，由被认定人告知裁判员考试结束，由裁判员结束计时。

4. 考核评分

(1)考评人员3名以上。

(2)评分程序及规则：考评员根据考生操作情况对照计分标准在评分表上给予记录评分。

(3)算分方法：采用百分制，满分100分，60分及以上为及格。

职业技能认定
电力机车钳工(初级工)实作技能考核评分记录表

单位:________ 姓名:________ 准考证号:________ 工种:________ 级别:________

试题名称:SS_4 型机车牵引装置辅修

考核时间:20 min

操作开始时间: 时 分　　　　操作结束时间: 时 分

项 目	考核内容及评分标准	扣分因素及扣分	得 分
操作程序(25分)	1. 工序错乱扣10分		
	2. 工作中返工扣15分		
	3. 作业后未按要求恢复或清理作业场地扣5分		
作业质量(45分)	1. 检修过程中,分解、组装顺序不对,每次扣2分		
	2. 检修过程中,对零部件清洗质量不合格,每件扣2分		
	3. 检修过程中,对零部件检查,漏检每项扣1分		
	4. 检修过程中,对零部件测量,漏测每项扣2分		
	5. 检修后检修质量不符合技术要求扣45分		
	6. 未填写检修记录或填写数据缺、漏、错项,每项扣1分		
工具使用(20分)	1. 开工前未检查工、量具及设备,收工不整理,每件扣2分		
	2. 工、量具及设备使用不当,每次扣2分		
	3. 工、量具脱落,每次扣2分		
	4. 工具、设备损坏扣,每件扣4分		
作业安全(10分)	1. 未按规定着装扣2分		
	2. 工作场地不整洁扣2分		
	3. 工件、工具摆放不整齐扣2分		
	4. 违章或违反安全事项,每次扣4分		
	5. 发生事故失格		
考核时间	1. 超过规定时间每超1 min,扣2分		
	2. 超过规定时间3 min以上每分钟(不包括3 min)扣5分		
	3. 超过规定时间10 min以上(不包括10 min),停止考试		
合计(100分)			

考评员签名:　　　　认定人:　　　　年 月 日

S2　SS4 型机车转向架构架小修

1. 考场准备

要求考场内有一台与考试机型相一致的机车，且车下要有地沟，地沟上须设置渡板，便于对机车部件进行检查及检修，或考场内有一个与考试内容相一致的机车零部件，以及为检修该零部件所需的工作场地、检修试验台和检修工作台。考场环境整洁、明亮并设有隔离设施。

2. 材料工具准备

序　号	名　称	规　格	数　量	备　注
1	大锤		1 把	
2	手锤		1 把	
3	钢直尺		1 把	
4	螺丝刀		1 把	
5	管钳		1 把	
6	克丝钳		1 把	
7	钳工常用工具		1 套	
8	撬棍		1 根	

3. 考核要求

(1)被认定人入场后，向裁判报告姓名及所参加的工种及等级，由裁判告知题目，当被认定人告知裁判可以开始时，由裁判员开始计时。

(2)考核时间为 20 min，操作时必须按规定佩戴安全防护用品。

(3)被认定人作业期间，裁判员可以根据作业情况向被认定人提问，以确认被认定人对工艺的熟悉情况和确认故障点是否有依据。

(4)考核过程中，被认定人出现毁坏部件或受伤情况时，终止考试，成绩为零。

(5)考试完毕后，由被认定人告知裁判员考试结束，由裁判员结束计时。

4. 考核评分

(1)考评人员 3 名以上。

(2)评分程序及规则：考评员根据考生操作情况对照计分标准在评分表上给予记录评分。

(3)算分方法：采用百分制，满分 100 分，60 分及以上为及格。

职业技能认定
电力机车钳工(初级工)实作技能考核评分记录表

单位:________ 姓名:________ 准考证号:________ 工种:________ 级别:________

试题名称:SS_4 型机车转向架构架小修

考核时间:20 min

操作开始时间: 时 分 操作结束时间: 时 分

项 目	考核内容及评分标准	扣分因素及扣分	得 分
操作程序(25分)	1. 工序错乱扣10分		
	2. 工作中返工扣15分		
	3. 作业后未按要求恢复或清理作业场地扣5分		
作业质量(45分)	1. 检修过程中,分解、组装顺序不对,每次扣2分		
	2. 检修过程中,对零部件清洗质量不合格,每件扣2分		
	3. 检修过程中,对零部件检查,漏检每项扣1分		
	4. 检修过程中,对零部件测量,漏测每项扣2分		
	5. 检修后检修质量不符合技术要求扣45分		
	6. 未填写检修记录或填写数据缺、漏、错项,每项扣1分		
工具使用(20分)	1. 开工前未检查工、量具及设备,收工不整理,每件扣2分		
	2. 工、量具及设备使用不当,每次扣2分		
	3. 工、量具脱落,每次扣2分		
	4. 工具、设备损坏扣,每件扣4分		
作业安全(10分)	1. 未按规定着装扣2分		
	2. 工作场地不整洁扣2分		
	3. 工件、工具摆放不整齐扣2分		
	4. 违章或违反安全事项,每次扣4分		
	5. 发生事故失格		
考核时间	1. 超过规定时间每超1 min,扣2分		
	2. 超过规定时间3 min以上每分钟(不包括3 min)扣5分		
	3. 超过规定时间10 min以上(不包括10 min),停止考试		
合计(100分)			

考评员签名: 认定人: 年 月 日

S3　SS4 型机车悬挂装置辅修

1. 考场准备

要求考场内有一台与考试机型相一致的机车，且车下要有地沟，地沟上须设置渡板，便于对机车部件进行检查及检修，或考场内有一个与考试内容相一致的机车零部件，以及为检修该零部件所需的工作场地、检修试验台和检修工作台。考场环境整洁、明亮并设有隔离设施。

2. 材料工具准备

序　号	名　称	规　格	数　量	备　注
1	大锤		1 把	
2	手锤		1 把	
3	手电		1 只	
4	撬棍		1 根	
5	检修专用工具		1 套	
6	钳工常用工具		1 套	
7	钢直尺		1 把	

3. 考核要求

(1)被认定人入场后，向裁判报告姓名及所参加的工种及等级，由裁判告知题目，当被认定人告知裁判可以开始时，由裁判员开始计时。

(2)考核时间为 20 min，操作时必须按规定佩戴安全防护用品。

(3)被认定人作业期间，裁判员可以根据作业情况向被认定人提问，以确认被认定人对工艺的熟悉情况和确认故障点是否有依据。

(4)考核过程中，被认定人出现毁坏部件或受伤情况时，终止考试，成绩为零。

(5)考试完毕后，由被认定人告知裁判员考试结束，由裁判员结束计时。

4. 考核评分

(1)考评人员 3 名以上。

(2)评分程序及规则：考评员根据考生操作情况对照计分标准在评分表上给予记录评分。

(3)算分方法：采用百分制，满分 100 分，60 分及以上为及格。

职业技能认定
电力机车钳工(初级工)实作技能考核评分记录表

单位:________ 姓名:________ 准考证号:________ 工种:________ 级别:________

试题名称:SS_4 型机车悬挂装置辅修

考核时间:20 min

操作开始时间: 时 分 操作结束时间: 时 分

项 目	考核内容及评分标准	扣分因素及扣分	得 分
操作程序(25分)	1. 工序错乱扣10分		
	2. 工作中返工扣15分		
	3. 作业后未按要求恢复或清理作业场地扣5分		
作业质量(45分)	1. 检修过程中,分解、组装顺序不对,每次扣2分		
	2. 检修过程中,对零部件清洗质量不合格,每件扣2分		
	3. 检修过程中,对零部件检查,漏检每项扣1分		
	4. 检修过程中,对零部件测量,漏测每项扣2分		
	5. 检修后检修质量不符合技术要求扣45分		
	6. 未填写检修记录或填写数据缺、漏、错项,每项扣1分		
工具使用(20分)	1. 开工前未检查工、量具及设备,收工不整理,每件扣2分		
	2. 工、量具及设备使用不当,每次扣2分		
	3. 工、量具脱落,每次扣2分		
	4. 工具、设备损坏扣,每件扣4分		
作业安全(10分)	1. 未按规定着装扣2分		
	2. 工作场地不整洁扣2分		
	3. 工件、工具摆放不整齐扣2分		
	4. 违章或违反安全事项,每次扣4分		
	5. 发生事故失格		
考核时间	1. 超过规定时间每超1 min,扣2分		
	2. 超过规定时间3 min以上每分钟(不包括3 min)扣5分		
	3. 超过规定时间10 min以上(不包括10 min),停止考试		
合计(100分)			

考评员签名: 认定人: 年 月 日

S4　SS4 型机车基础制动装置辅修

1. 考场准备

要求考场内有一台与考试机型相一致的机车，且车下要有地沟，地沟上须设置渡板，便于对机车部件进行检查及检修，或考场内有一个与考试内容相一致的机车零部件，以及为检修该零部件所需的工作场地、检修试验台和检修工作台。考场环境整洁、明亮并设有隔离设施。

2. 材料工具准备

序　号	名　称	规　格	数　量	备 注
1	铜锤		1 把	
2	手锤		1 把	
3	手电		1 只	
4	撬棍		1 根	
5	检修专用工具		1 套	
6	检修专用量具		1 套	
7	钳工常用工具		1 套	

3. 考核要求

(1)被认定人入场后，向裁判报告姓名及所参加的工种及等级，由裁判告知题目，当被认定人告知裁判可以开始时，由裁判员开始计时。

(2)考核时间为 20 min，操作时必须按规定佩戴安全防护用品。

(3)被认定人作业期间，裁判员可以根据作业情况向被认定人提问，以确认被认定人对工艺的熟悉情况和确认故障点是否有依据。

(4)考核过程中，被认定人出现毁坏部件或受伤情况时，终止考试，成绩为零。

(5)考试完毕后，由被认定人告知裁判员考试结束，由裁判员结束计时。

4. 考核评分

(1)考评人员 3 名以上。

(2)评分程序及规则：考评员根据考生操作情况对照计分标准在评分表上给予记录评分。

(3)算分方法：采用百分制，满分 100 分，60 分及以上为及格。

职业技能认定
电力机车钳工(初级工)实作技能考核评分记录表

单位:__________ 姓名:__________ 准考证号:__________ 工种:__________ 级别:__________

试题名称:SS_4 型机车基础制动装置辅修

考核时间:20 min

操作开始时间:　　时　　分　　　　　　　　操作结束时间:　　时　　分

项　目	考核内容及评分标准	扣分因素及扣分	得　分
操作程序(25分)	1. 工序错乱扣10分		
	2. 工作中返工扣15分		
	3. 作业后未按要求恢复或清理作业场地扣5分		
作业质量(45分)	1. 检修过程中,分解、组装顺序不对,每次扣2分		
	2. 检修过程中,对零部件清洗质量不合格,每件扣2分		
	3. 检修过程中,对零部件检查,漏检每项扣1分		
	4. 检修过程中,对零部件测量,漏测每项扣2分		
	5. 检修后检修质量不符合技术要求扣45分		
	6. 未填写检修记录或填写数据缺、漏、错项,每项扣1分		
工具使用(20分)	1. 开工前未检查工、量具及设备,收工不整理,每件扣2分		
	2. 工、量具及设备使用不当,每次扣2分		
	3. 工、量具脱落,每次扣2分		
	4. 工具、设备损坏扣,每件扣4分		
作业安全(10分)	1. 未按规定着装扣2分		
	2. 工作场地不整洁扣2分		
	3. 工件、工具摆放不整齐扣2分		
	4. 违章或违反安全事项,每次扣4分		
	5. 发生事故失格		
考核时间	1. 超过规定时间每超1 min,扣2分		
	2. 超过规定时间3 min以上每分钟(不包括3 min)扣5分		
	3. 超过规定时间10 min以上(不包括10 min),停止考试		
合计(100分)			

考评员签名:　　　　　　　　　　认定人:　　　　　　　　　　年　　月　　日

S5　SS4 型机车传动齿轮检修

1. 考场准备

要求考场内有一台与考试机型相一致的机车，且车下要有地沟，地沟上须设置渡板，便于对机车部件进行检查及检修，或考场内有一个与考试内容相一致的机车零部件，以及为检修该零部件所需的工作场地、检修试验台和检修工作台。考场环境整洁、明亮并设有隔离设施。

2. 材料工具准备

序　号	名　称	规　格	数　量	备　注
1	铜锤		1 把	
2	手锤		1 把	
3	手电		1 只	
4	撬棍		1 根	
5	检修专用工具		1 套	
6	检修专用量具		1 套	
7	钳工常用工具		1 套	

3. 考核要求

(1)被认定人入场后，向裁判报告姓名及所参加的工种及等级，由裁判告知题目，当被认定人告知裁判可以开始时，由裁判员开始计时。

(2)考核时间为 20 min，操作时必须按规定佩戴安全防护用品。

(3)被认定人作业期间，裁判员可以根据作业情况向被认定人提问，以确认被认定人对工艺的熟悉情况和确认故障点是否有依据。

(4)考核过程中，被认定人出现毁坏部件或受伤情况时，终止考试，成绩为零。

(5)考试完毕后，由被认定人告知裁判员考试结束，由裁判员结束计时。

4. 考核评分

(1)考评人员 3 名以上。

(2)评分程序及规则：考评员根据考生操作情况对照计分标准在评分表上给予记录评分。

(3)算分方法：采用百分制，满分 100 分，60 分及以上为及格。

职业技能认定
电力机车钳工（初级工）实作技能考核评分记录表

单位：________ 姓名：________ 准考证号：________ 工种：________ 级别：________

试题名称：SS_4型机车传动齿轮检修

考核时间：20 min

操作开始时间：　时　分　　　　操作结束时间：　时　分

项　目	考核内容及评分标准	扣分因素及扣分	得　分
操作程序（25分）	1. 工序错乱扣10分		
	2. 工作中返工扣15分		
	3. 作业后未按要求恢复或清理作业场地扣5分		
作业质量（45分）	1. 检修过程中，分解、组装顺序不对，每次扣2分		
	2. 检修过程中，对零部件清洗质量不合格，每件扣2分		
	3. 检修过程中，对零部件检查，漏检每项扣1分		
	4. 检修过程中，对零部件测量，漏测每项扣2分		
	5. 检修后检修质量不符合技术要求扣45分		
	6. 未填写检修记录或填写数据缺、漏、错项，每项扣1分		
工具使用（20分）	1. 开工前未检查工、量具及设备，收工不整理，每件扣2分		
	2. 工、量具及设备使用不当，每次扣2分		
	3. 工、量具脱落，每次扣2分		
	4. 工具、设备损坏扣，每件扣4分		
作业安全（10分）	1. 未按规定着装扣2分		
	2. 工作场地不整洁扣2分		
	3. 工件、工具摆放不整齐扣2分		
	4. 违章或违反安全事项，每次扣4分		
	5. 发生事故失格		
考核时间	1. 超过规定时间每超1 min，扣2分		
	2. 超过规定时间3 min以上每分钟（不包括3 min）扣5分		
	3. 超过规定时间10 min以上（不包括10 min），停止考试		
合计（100分）			

考评员签名：　　　　　　认定人：　　　　　　年　月　日

S6　SS4 型机车轴箱小修

1. 考场准备

要求考场内有一台与考试机型相一致的机车，且车下要有地沟，地沟上须设置渡板，便于对机车部件进行检查及检修，或考场内有一个与考试内容相一致的机车零部件，以及为检修该零部件所需的工作场地、检修试验台和检修工作台。考场环境整洁、明亮并设有隔离设施。

2. 材料工具准备

序　号	名　称	规　格	数　量	备　注
1	铜锤		1 把	
2	手锤		1 把	
3	手电		1 只	
4	撬棍		1 根	
5	检修专用工具		1 套	
6	检修专用量具		1 套	
7	钳工常用工具		1 套	

3. 考核要求

(1)被认定人入场后，向裁判报告姓名及所参加的工种及等级，由裁判告知题目，当被认定人告知裁判可以开始时，由裁判员开始计时。

(2)考核时间为 20 min，操作时必须按规定佩戴安全防护用品。

(3)被认定人作业期间，裁判员可以根据作业情况向被认定人提问，以确认被认定人对工艺的熟悉情况和确认故障点是否有依据。

(4)考核过程中，被认定人出现毁坏部件或受伤情况时，终止考试，成绩为零。

(5)考试完毕后，由被认定人告知裁判员考试结束，由裁判员结束计时。

4. 考核评分

(1)考评人员 3 名以上。

(2)评分程序及规则：考评员根据考生操作情况对照计分标准在评分表上给予记录评分。

(3)算分方法：采用百分制，满分 100 分，60 分及以上为及格。

职业技能认定

电力机车钳工(初级工)实作技能考核评分记录表

单位:________ 姓名:________ 准考证号:________ 工种:________ 级别:________

试题名称:SS_4 型机车轴箱小修

考核时间:20 min

操作开始时间:　时　分　　　　操作结束时间:　时　分

项　目	考核内容及评分标准	扣分因素及扣分	得　分
操作程序(25分)	1. 工序错乱扣10分		
	2. 工作中返工扣15分		
	3. 作业后未按要求恢复或清理作业场地扣5分		
作业质量(45分)	1. 检修过程中,分解、组装顺序不对,每次扣2分		
	2. 检修过程中,对零部件清洗质量不合格,每件扣2分		
	3. 检修过程中,对零部件检查,漏检每项扣1分		
	4. 检修过程中,对零部件测量,漏测每项扣2分		
	5. 检修后检修质量不符合技术要求扣45分		
	6. 未填写检修记录或填写数据缺、漏、错项,每项扣1分		
工具使用(20分)	1. 开工前未检查工、量具及设备,收工不整理,每件扣2分		
	2. 工、量具及设备使用不当,每次扣2分		
	3. 工、量具脱落,每次扣2分		
	4. 工具、设备损坏扣,每件扣4分		
作业安全(10分)	1. 未按规定着装扣2分		
	2. 工作场地不整洁扣2分		
	3. 工件、工具摆放不整齐扣2分		
	4. 违章或违反安全事项,每次扣4分		
	5. 发生事故失格		
考核时间	1. 超过规定时间每超1 min,扣2分		
	2. 超过规定时间3 min以上每分钟(不包括3 min)扣5分		
	3. 超过规定时间10 min以上(不包括10 min),停止考试		
合计(100分)			

考评员签名:　　　　　认定人:　　　　　年　月　日

S7 SS4型机车抱轴承检修

1. 考场准备

要求考场内有一台与考试机型相一致的机车，且车下要有地沟，地沟上须设置渡板，便于对机车部件进行检查及检修，或考场内有一个与考试内容相一致的机车零部件，以及为检修该零部件所需的工作场地、检修试验台和检修工作台。考场环境整洁、明亮并设有隔离设施。

2. 材料工具准备

序　号	名　称	规　格	数　量	备　注
1	铜锤		1把	
2	手锤		1把	
3	手电		1只	
4	撬棍		1根	
5	检修专用工具		1套	
6	检修专用量具		1套	
7	钳工常用工具		1套	

3. 考核要求

(1)被认定人入场后，向裁判报告姓名及所参加的工种及等级，由裁判告知题目，当被认定人告知裁判可以开始时，由裁判员开始计时。

(2)考核时间为20 min，操作时必须按规定佩戴安全防护用品。

(3)被认定人作业期间，裁判员可以根据作业情况向被认定人提问，以确认被认定人对工艺的熟悉情况和确认故障点是否有依据。

(4)考核过程中，被认定人出现毁坏部件或受伤情况时，终止考试，成绩为零。

(5)考试完毕后，由被认定人告知裁判员考试结束，由裁判员结束计时。

4. 考核评分

(1)考评人员3名以上。

(2)评分程序及规则：考评员根据考生操作情况对照计分标准在评分表上给予记录评分。

(3)算分方法：采用百分制，满分100分，60分及以上为及格。

职业技能认定
电力机车钳工(初级工)实作技能考核评分记录表

单位:__________ 姓名:__________ 准考证号:__________ 工种:__________ 级别:__________

试题名称:SS_4 型机车抱轴承检修

考核时间:20 min

操作开始时间: 时 分 操作结束时间: 时 分

项　目	考核内容及评分标准	扣分因素及扣分	得　分
操作程序(25分)	1. 工序错乱扣10分		
	2. 工作中返工扣15分		
	3. 作业后未按要求恢复或清理作业场地扣5分		
作业质量(45分)	1. 检修过程中,分解、组装顺序不对,每次扣2分		
	2. 检修过程中,对零部件清洗质量不合格,每件扣2分		
	3. 检修过程中,对零部件检查,漏检每项扣1分		
	4. 检修过程中,对零部件测量,漏测每项扣2分		
	5. 检修后检修质量不符合技术要求扣45分		
	6. 未填写检修记录或填写数据缺、漏、错项,每项扣1分		
工具使用(20分)	1. 开工前未检查工、量具及设备,收工不整理,每件扣2分		
	2. 工、量具及设备使用不当,每次扣2分		
	3. 工、量具脱落,每次扣2分		
	4. 工具、设备损坏扣,每件扣4分		
作业安全(10分)	1. 未按规定着装扣2分		
	2. 工作场地不整洁扣2分		
	3. 工件、工具摆放不整齐扣2分		
	4. 违章或违反安全事项,每次扣4分		
	5. 发生事故失格		
考核时间	1. 超过规定时间每超1 min,扣2分		
	2. 超过规定时间3 min以上每分钟(不包括3 min)扣5分		
	3. 超过规定时间10 min以上(不包括10 min),停止考试		
合计(100分)			

考评员签名: 认定人: 年 月 日

S8　SS4 型机车齿轮箱检修

1. 考场准备

要求考场内有一台与考试机型相一致的机车，且车下要有地沟，地沟上须设置渡板，便于对机车部件进行检查及检修，或考场内有一个与考试内容相一致的机车零部件，以及为检修该零部件所需的工作场地、检修试验台和检修工作台。考场环境整洁、明亮并设有隔离设施。

2. 材料工具准备

序　号	名　称	规　格	数　量	备　注
1	大锤		1 把	
2	手锤		1 把	
3	手电		1 只	
4	撬棍		1 根	
5	检修专用工具		1 套	
6	钳工常用工具		1 套	
7	钢直尺		1 套	

3. 考核要求

(1)被认定人入场后，向裁判报告姓名及所参加的工种及等级，由裁判告知题目，当被认定人告知裁判可以开始时，由裁判员开始计时。

(2)考核时间为 20 min，操作时必须按规定佩戴安全防护用品。

(3)被认定人作业期间，裁判员可以根据作业情况向被认定人提问，以确认被认定人对工艺的熟悉情况和确认故障点是否有依据。

(4)考核过程中，被认定人出现毁坏部件或受伤情况时，终止考试，成绩为零。

(5)考试完毕后，由被认定人告知裁判员考试结束，由裁判员结束计时。

4. 考核评分

(1)考评人员 3 名以上。

(2)评分程序及规则：考评员根据考生操作情况对照计分标准在评分表上给予记录评分。

(3)算分方法：采用百分制，满分 100 分，60 分及以上为及格。

职业技能认定
电力机车钳工(初级工)实作技能考核评分记录表

单位:________ 姓名:________ 准考证号:________ 工种:________ 级别:________

试题名称:SS_4 型机车齿轮箱检修

考核时间:20 min

操作开始时间: 时 分　　　　操作结束时间: 时 分

项 目	考核内容及评分标准	扣分因素及扣分	得 分
操作程序(25 分)	1. 工序错乱扣 10 分		
	2. 工作中返工扣 15 分		
	3. 作业后未按要求恢复或清理作业场地扣 5 分		
作业质量(45 分)	1. 检修过程中,分解、组装顺序不对,每次扣 2 分		
	2. 检修过程中,对零部件清洗质量不合格,每件扣 2 分		
	3. 检修过程中,对零部件检查,漏检每项扣 1 分		
	4. 检修过程中,对零部件测量,漏测每项扣 2 分		
	5. 检修后检修质量不符合技术要求扣 45 分		
	6. 未填写检修记录或填写数据缺、漏、错项,每项扣 1 分		
工具使用(20 分)	1. 开工前未检查工、量具及设备,收工不整理,每件扣 2 分		
	2. 工、量具及设备使用不当,每次扣 2 分		
	3. 工、量具脱落,每次扣 2 分		
	4. 工具、设备损坏扣,每件扣 4 分		
作业安全(10 分)	1. 未按规定着装扣 2 分		
	2. 工作场地不整洁扣 2 分		
	3. 工件、工具摆放不整齐扣 2 分		
	4. 违章或违反安全事项,每次扣 4 分		
	5. 发生事故失格		
考核时间	1. 超过规定时间每超 1 min,扣 2 分		
	2. 超过规定时间 3 min 以上每分钟(不包括 3 min)扣 5 分		
	3. 超过规定时间 10 min 以上(不包括 10 min),停止考试		
合计(100 分)			

考评员签名:　　　　　　　　认定人:　　　　　　　　年 月 日

S9　SS4 型机车减振器检修

1. 考场准备

要求考场内有一台与考试机型相一致的机车，且车下要有地沟，地沟上须设置渡板，便于对机车部件进行检查及检修，或考场内有一个与考试内容相一致的机车零部件，以及为检修该零部件所需的工作场地、检修试验台和检修工作台。考场环境整洁、明亮并设有隔离设施。

2. 材料工具准备

序　号	名　称	规　格	数　量	备　注
1	大锤		1 把	
2	手锤		1 把	
3	手电		1 只	
4	撬棍		1 根	
5	检修专用工具		1 套	
6	检修专用量具		1 套	
7	钳工常用工具		1 套	

3. 考核要求

(1)被认定人入场后，向裁判报告姓名及所参加的工种及等级，由裁判告知题目，当被认定人告知裁判可以开始时，由裁判员开始计时。

(2)考核时间为 20 min，操作时必须按规定佩戴安全防护用品。

(3)被认定人作业期间，裁判员可以根据作业情况向被认定人提问，以确认被认定人对工艺的熟悉情况和确认故障点是否有依据。

(4)考核过程中，被认定人出现毁坏部件或受伤情况时，终止考试，成绩为零。

(5)考试完毕后，由被认定人告知裁判员考试结束，由裁判员结束计时。

4. 考核评分

(1)考评人员 3 名以上。

(2)评分程序及规则：考评员根据考生操作情况对照计分标准在评分表上给予记录评分。

(3)算分方法：采用百分制，满分 100 分，60 分及以上为及格。

职业技能认定
电力机车钳工(初级工)实作技能考核评分记录表

单位:________ 姓名:________ 准考证号:________ 工种:________ 级别:________

试题名称:SS_4 型机车减振器检修

考核时间:20 min

操作开始时间: 时 分 操作结束时间: 时 分

项 目	考核内容及评分标准	扣分因素及扣分	得 分
操作程序(25分)	1. 工序错乱扣10分		
	2. 工作中返工扣15分		
	3. 作业后未按要求恢复或清理作业场地扣5分		
作业质量(45分)	1. 检修过程中,分解、组装顺序不对,每次扣2分		
	2. 检修过程中,对零部件清洗质量不合格,每件扣2分		
	3. 检修过程中,对零部件检查,漏检每项扣1分		
	4. 检修过程中,对零部件测量,漏测每项扣2分		
	5. 检修后检修质量不符合技术要求扣45分		
	6. 未填写检修记录或填写数据缺、漏、错项,每项扣1分		
工具使用(20分)	1. 开工前未检查工、量具及设备,收工不整理,每件扣2分		
	2. 工、量具及设备使用不当,每次扣2分		
	3. 工、量具脱落,每次扣2分		
	4. 工具、设备损坏扣,每件扣4分		
作业安全(10分)	1. 未按规定着装扣2分		
	2. 工作场地不整洁扣2分		
	3. 工件、工具摆放不整齐扣2分		
	4. 违章或违反安全事项,每次扣4分		
	5. 发生事故失格		
考核时间	1. 超过规定时间每超1 min,扣2分		
	2. 超过规定时间3 min以上每分钟(不包括3 min)扣5分		
	3. 超过规定时间10 min以上(不包括10 min),停止考试		
合计(100分)			

考评员签名: 认定人: 年 月 日

S10　HXD2 型机车受电弓 C3 修

1. 考场准备

要求考场内有一台与考试机型相一致的机车，且车下要有地沟，地沟上须设置渡板，便于对机车部件进行检查及检修，或考场内有一个与考试内容相一致的机车零部件，以及为检修该零部件所需的工作场地、检修试验台和检修工作台。考场环境整洁、明亮并设有隔离设施。

2. 材料工具准备

序　号	名　称	规　格	数　量	备　注
1	检修专用工具		1 套	
2	检修专用量具		1 套	
3	钳工常用工具		1 套	
4	油枪		1 把	
5	扭矩扳手	15 N	1 把	
6	扭矩扳手	60 N	1 把	
7	秒表		1 个	
8	高度尺	0～3 m	1 个	
9	弹簧秤	100 N	1 把	

3. 考核要求

(1)被认定人入场后，向裁判报告姓名及所参加的工种及等级，由裁判告知题目，当被认定人告知裁判可以开始时，由裁判员开始计时。

(2)考核时间为 20 min，操作时必须按规定佩戴安全防护用品。

(3)被认定人作业期间，裁判员可以根据作业情况向被认定人提问，以确认被认定人对工艺的熟悉情况和确认故障点是否有依据。

(4)考核过程中，被认定人出现毁坏部件或受伤情况时，终止考试，成绩为零。

(5)考试完毕后，由被认定人告知裁判员考试结束，由裁判员结束计时。

4. 考核评分

(1)考评人员 3 名以上。

(2)评分程序及规则：考评员根据考生操作情况对照计分标准在评分表上给予记录评分。

(3)算分方法：采用百分制，满分 100 分，60 分及以上为及格。

职业技能认定
电力机车钳工(初级工)实作技能考核评分记录表

单位:________ 姓名:________ 准考证号:________ 工种:________ 级别:________

试题名称:HXD_2 型机车受电弓 C3 修

考核时间:20 min

操作开始时间: 时 分 操作结束时间: 时 分

项 目	考核内容及评分标准	扣分因素及扣分	得 分
操作程序(25 分)	1. 工序错乱扣 10 分		
	2. 工作中返工扣 15 分		
	3. 作业后未按要求恢复或清理作业场地扣 5 分		
作业质量(45 分)	1. 检修过程中,分解、组装顺序不对,每次扣 2 分		
	2. 检修过程中,对零部件清洗质量不合格,每件扣 2 分		
	3. 检修过程中,对零部件检查,漏检每项扣 1 分		
	4. 检修过程中,对零部件测量,漏测每项扣 2 分		
	5. 检修后检修质量不符合技术要求扣 45 分		
	6. 未填写检修记录或填写数据缺、漏、错项,每项扣 1 分		
工具使用(20 分)	1. 开工前未检查工、量具及设备,收工不整理,每件扣 2 分		
	2. 工、量具及设备使用不当,每次扣 2 分		
	3. 工、量具脱落,每次扣 2 分		
	4. 工具、设备损坏扣,每件扣 4 分		
作业安全(10 分)	1. 未按规定着装扣 2 分		
	2. 工作场地不整洁扣 2 分		
	3. 工件、工具摆放不整齐扣 2 分		
	4. 违章或违反安全事项,每次扣 4 分		
	5. 发生事故失格		
考核时间	1. 超过规定时间每超 1 min,扣 2 分		
	2. 超过规定时间 3 min 以上每分钟(不包括 3 min)扣 5 分		
	3. 超过规定时间 10 min 以上(不包括 10 min),停止考试		
合计(100 分)			

考评员签名: 认定人: 年 月 日

S11　HXD2 型机车轮对 C3 修

1. 考场准备

要求考场内有一台与考试机型相一致的机车，且车下要有地沟，地沟上须设置渡板，便于对机车部件进行检查及检修，或考场内有一个与考试内容相一致的机车零部件，以及为检修该零部件所需的工作场地、检修试验台和检修工作台。考场环境整洁、明亮并设有隔离设施。

2. 材料工具准备

序　号	名　称	规　格	数　量	备　注
1	铜锤		1 把	
2	手锤		1 把	
3	手电		1 只	
4	撬棍		1 根	
5	检修专用工具		1 套	
6	检修专用量具		1 套	
7	钳工常用工具		1 套	

3. 考核要求

(1)被认定人入场后，向裁判报告姓名及所参加的工种及等级，由裁判告知题目，当被认定人告知裁判可以开始时，由裁判员开始计时。

(2)考核时间为 20 min，操作时必须按规定佩戴安全防护用品。

(3)被认定人作业期间，裁判员可以根据作业情况向被认定人提问，以确认被认定人对工艺的熟悉情况和确认故障点是否有依据。

(4)考核过程中，被认定人出现毁坏部件或受伤情况时，终止考试，成绩为零。

(5)考试完毕后，由被认定人告知裁判员考试结束，由裁判员结束计时。

4. 考核评分

(1)考评人员 3 名以上。

(2)评分程序及规则：考评员根据考生操作情况对照计分标准在评分表上给予记录评分。

(3)算分方法：采用百分制，满分 100 分，60 分及以上为及格。

职业技能认定
电力机车钳工(初级工)实作技能考核评分记录表

单位:__________ 姓名:__________ 准考证号:__________ 工种:__________ 级别:__________

试题名称:HXD$_2$ 型机车轮对 C3 修

考核时间:20 min

操作开始时间: 时 分 操作结束时间: 时 分

项 目	考核内容及评分标准	扣分因素及扣分	得 分
操作程序(25分)	1. 工序错乱扣 10 分		
	2. 工作中返工扣 15 分		
	3. 作业后未按要求恢复或清理作业场地扣 5 分		
作业质量(45分)	1. 检修过程中,分解、组装顺序不对,每次扣 2 分		
	2. 检修过程中,对零部件清洗质量不合格,每件扣 2 分		
	3. 检修过程中,对零部件检查,漏检每项扣 1 分		
	4. 检修过程中,对零部件测量,漏测每项扣 2 分		
	5. 检修后检修质量不符合技术要求扣 45 分		
	6. 未填写检修记录或填写数据缺、漏、错项,每项扣 1 分		
工具使用(20分)	1. 开工前未检查工、量具及设备,收工不整理,每件扣 2 分		
	2. 工、量具及设备使用不当,每次扣 2 分		
	3. 工、量具脱落,每次扣 2 分		
	4. 工具、设备损坏扣,每件扣 4 分		
作业安全(10分)	1. 未按规定着装扣 2 分		
	2. 工作场地不整洁扣 2 分		
	3. 工件、工具摆放不整齐扣 2 分		
	4. 违章或违反安全事项,每次扣 4 分		
	5. 发生事故失格		
考核时间	1. 超过规定时间每超 1 min,扣 2 分		
	2. 超过规定时间 3 min 以上每分钟(不包括 3 min)扣 5 分		
	3. 超过规定时间 10 min 以上(不包括 10 min),停止考试		
合计(100分)			

考评员签名: 认定人: 年 月 日

S12　HXD3C 型机车基础制动装置 C1 修

1. 考场准备

要求考场内有一台与考试机型相一致的机车，且车下要有地沟，地沟上须设置渡板，便于对机车部件进行检查及检修，或考场内有一个与考试内容相一致的机车零部件，以及为检修该零部件所需的工作场地、检修试验台和检修工作台。考场环境整洁、明亮并设有隔离设施。

2. 材料工具准备

序　号	名　称	规　格	数　量	备　注
1	铜锤		1 把	
2	手锤		1 把	
3	手电		1 只	
4	撬棍		1 根	
5	检修专用工具		1 套	
6	检修专用量具		1 套	
7	钳工常用工具		1 套	

3. 考核要求

(1)被认定人入场后，向裁判报告姓名及所参加的工种及等级，由裁判告知题目，当被认定人告知裁判可以开始时，由裁判员开始计时。

(2)考核时间为 20 min，操作时必须按规定佩戴安全防护用品。

(3)被认定人作业期间，裁判员可以根据作业情况向被认定人提问，以确认被认定人对工艺的熟悉情况和确认故障点是否有依据。

(4)考核过程中，被认定人出现毁坏部件或受伤情况时，终止考试，成绩为零。

(5)考试完毕后，由被认定人告知裁判员考试结束，由裁判员结束计时。

4. 考核评分

(1)考评人员 3 名以上。

(2)评分程序及规则：考评员根据考生操作情况对照计分标准在评分表上给予记录评分。

(3)算分方法：采用百分制，满分 100 分，60 分及以上为及格。

职业技能认定
电力机车钳工(初级工)实作技能考核评分记录表

单位:＿＿＿＿＿ 姓名:＿＿＿＿＿ 准考证号:＿＿＿＿＿ 工种:＿＿＿＿＿ 级别:＿＿＿＿＿

试题名称:HXD_{3C}型机车基础制动装置C1修

考核时间:20 min

操作开始时间: 时 分 操作结束时间: 时 分

项 目	考核内容及评分标准	扣分因素及扣分	得 分
操作程序(25分)	1. 工序错乱扣10分		
	2. 工作中返工扣15分		
	3. 作业后未按要求恢复或清理作业场地扣5分		
作业质量(45分)	1. 检修过程中,分解、组装顺序不对,每次扣2分		
	2. 检修过程中,对零部件清洗质量不合格,每件扣2分		
	3. 检修过程中,对零部件检查,漏检每项扣1分		
	4. 检修过程中,对零部件测量,漏测每项扣2分		
	5. 检修后检修质量不符合技术要求扣45分		
	6. 未填写检修记录或填写数据缺、漏、错项,每项扣1分		
工具使用(20分)	1. 开工前未检查工、量具及设备,收工不整理,每件扣2分		
	2. 工、量具及设备使用不当,每次扣2分		
	3. 工、量具脱落,每次扣2分		
	4. 工具、设备损坏扣,每件扣4分		
作业安全(10分)	1. 未按规定着装扣2分		
	2. 工作场地不整洁扣2分		
	3. 工件、工具摆放不整齐扣2分		
	4. 违章或违反安全事项,每次扣4分		
	5. 发生事故失格		
考核时间	1. 超过规定时间每超1 min,扣2分		
	2. 超过规定时间3 min以上每分钟(不包括3 min)扣5分		
	3. 超过规定时间10 min以上(不包括10 min),停止考试		
合计(100分)			

考评员签名: 认定人: 年 月 日

S13　HXD3C 型机车转向架及附件 C3 修

1. 考场准备

要求考场内有一台与考试机型相一致的机车，且车下要有地沟，地沟上须设置渡板，便于对机车部件进行检查及检修，或考场内有一个与考试内容相一致的机车零部件，以及为检修该零部件所需的工作场地、检修试验台和检修工作台。考场环境整洁、明亮并设有隔离设施。

2. 材料工具准备

序　号	名　称	规　格	数　量	备　注
1	大锤		1 把	
2	手锤		1 把	
3	手电		1 只	
4	撬棍		1 根	
5	检修专用工具		1 套	
6	检修专用量具		1 套	
7	钳工常用工具		1 套	

3. 考核要求

(1)被认定人入场后，向裁判报告姓名及所参加的工种及等级，由裁判告知题目，当被认定人告知裁判可以开始时，由裁判员开始计时。

(2)考核时间为 20 min，操作时必须按规定佩戴安全防护用品。

(3)被认定人作业期间，裁判员可以根据作业情况向被认定人提问，以确认被认定人对工艺的熟悉情况和确认故障点是否有依据。

(4)考核过程中，被认定人出现毁坏部件或受伤情况时，终止考试，成绩为零。

(5)考试完毕后，由被认定人告知裁判员考试结束，由裁判员结束计时。

4. 考核评分

(1)考评人员 3 名以上。

(2)评分程序及规则：考评员根据考生操作情况对照计分标准在评分表上给予记录评分。

(3)算分方法：采用百分制，满分 100 分，60 分及以上为及格。

职业技能认定
电力机车钳工(初级工)实作技能考核评分记录表

单位:__________ 姓名:__________ 准考证号:__________ 工种:__________ 级别:__________

试题名称:HXD3C 型机车转向架及附件 C3 修

考核时间:20 min

操作开始时间: 时 分 操作结束时间: 时 分

项 目	考核内容及评分标准	扣分因素及扣分	得 分
操作程序(25 分)	1. 工序错乱扣 10 分		
	2. 工作中返工扣 15 分		
	3. 作业后未按要求恢复或清理作业场地扣 5 分		
作业质量(45 分)	1. 检修过程中,分解、组装顺序不对,每次扣 2 分		
	2. 检修过程中,对零部件清洗质量不合格,每件扣 2 分		
	3. 检修过程中,对零部件检查,漏检每项扣 1 分		
	4. 检修过程中,对零部件测量,漏测每项扣 2 分		
	5. 检修后检修质量不符合技术要求扣 45 分		
	6. 未填写检修记录或填写数据缺、漏、错项,每项扣 1 分		
工具使用(20 分)	1. 开工前未检查工、量具及设备,收工不整理,每件扣 2 分		
	2. 工、量具及设备使用不当,每次扣 2 分		
	3. 工、量具脱落,每次扣 2 分		
	4. 工具、设备损坏扣,每件扣 4 分		
作业安全(10 分)	1. 未按规定着装扣 2 分		
	2. 工作场地不整洁扣 2 分		
	3. 工件、工具摆放不整齐扣 2 分		
	4. 违章或违反安全事项,每次扣 4 分		
	5. 发生事故失格		
考核时间	1. 超过规定时间每超 1 min,扣 2 分		
	2. 超过规定时间 3 min 以上每分钟(不包括 3 min)扣 5 分		
	3. 超过规定时间 10 min 以上(不包括 10 min),停止考试		
合计(100 分)			

考评员签名: 认定人: 年 月 日

S14　HXD1 型机车车体 C3 修

1. 考场准备

要求考场内有一台与考试机型相一致的机车，且车下要有地沟，地沟上须设置渡板，便于对机车部件进行检查及检修，或考场内有一个与考试内容相一致的机车零部件，以及为检修该零部件所需的工作场地、检修试验台和检修工作台。考场环境整洁、明亮并设有隔离设施。

2. 材料工具准备

序　号	名　称	规　格	数　量	备　注
1	大锤		1 把	
2	手锤		1 把	
3	钳工常用工具		1 套	
4	检修专用工具		1 套	
5	钢卷尺		1 个	
6	铲污工具		1 套	
7	扁铲		1 把	

3. 考核要求

(1)被认定人入场后，向裁判报告姓名及所参加的工种及等级，由裁判告知题目，当被认定人告知裁判可以开始时，由裁判员开始计时。

(2)考核时间为 20 min，操作时必须按规定佩戴安全防护用品。

(3)被认定人作业期间，裁判员可以根据作业情况向被认定人提问，以确认被认定人对工艺的熟悉情况和确认故障点是否有依据。

(4)考核过程中，被认定人出现毁坏部件或受伤情况时，终止考试，成绩为零。

(5)考试完毕后，由被认定人告知裁判员考试结束，由裁判员结束计时。

4. 考核评分

(1)考评人员 3 名以上。

(2)评分程序及规则：考评员根据考生操作情况对照计分标准在评分表上给予记录评分。

(3)算分方法：采用百分制，满分 100 分，60 分及以上为及格。

职业技能认定
电力机车钳工(初级工)实作技能考核评分记录表

单位:_________ 姓名:_________ 准考证号:_________ 工种:_________ 级别:_________

试题名称:HXD_1 型机车车体 C3 修

考核时间:20 min

操作开始时间:　　时　　分　　　　　　　　操作结束时间:　　时　　分

项　目	考核内容及评分标准	扣分因素及扣分	得　分
操作程序(25分)	1. 工序错乱扣10分		
	2. 工作中返工扣15分		
	3. 作业后未按要求恢复或清理作业场地扣5分		
作业质量(45分)	1. 检修过程中,分解、组装顺序不对,每次扣2分		
	2. 检修过程中,对零部件清洗质量不合格,每件扣2分		
	3. 检修过程中,对零部件检查,漏检每项扣1分		
	4. 检修过程中,对零部件测量,漏测每项扣2分		
	5. 检修后检修质量不符合技术要求扣45分		
	6. 未填写检修记录或填写数据缺、漏、错项,每项扣1分		
工具使用(20分)	1. 开工前未检查工、量具及设备,收工不整理,每件扣2分		
	2. 工、量具及设备使用不当,每次扣2分		
	3. 工、量具脱落,每次扣2分		
	4. 工具、设备损坏扣,每件扣4分		
作业安全(10分)	1. 未按规定着装扣2分		
	2. 工作场地不整洁扣2分		
	3. 工件、工具摆放不整齐扣2分		
	4. 违章或违反安全事项,每次扣4分		
	5. 发生事故失格		
考核时间	1. 超过规定时间每超1 min,扣2分		
	2. 超过规定时间3 min以上每分钟(不包括3 min)扣5分		
	3. 超过规定时间10 min以上(不包括10 min),停止考试		
合计(100分)			

考评员签名:　　　　　　　　　　认定人:　　　　　　　　　　年　　月　　日

S15　HXD_1型机车驱动装置 C3 修

1. 考场准备

要求考场内有一台与考试机型相一致的机车，且车下要有地沟，地沟上须设置渡板，便于对机车部件进行检查及检修，或考场内有一个与考试内容相一致的机车零部件，以及为检修该零部件所需的工作场地、检修试验台和检修工作台。考场环境整洁、明亮并设有隔离设施。

2. 材料工具准备

序　号	名　称	规　格	数　量	备　注
1	铜锤		1 把	
2	手锤		1 把	
3	手电		1 只	
4	撬棍		1 根	
5	检修专用工具		1 套	
6	检修专用量具		1 套	
7	钳工常用工具		1 套	

3. 考核要求

(1)被认定人入场后，向裁判报告姓名及所参加的工种及等级，由裁判告知题目，当被认定人告知裁判可以开始时，由裁判员开始计时。

(2)考核时间为 20 min，操作时必须按规定佩戴安全防护用品。

(3)被认定人作业期间，裁判员可以根据作业情况向被认定人提问，以确认被认定人对工艺的熟悉情况和确认故障点是否有依据。

(4)考核过程中，被认定人出现毁坏部件或受伤情况时，终止考试，成绩为零。

(5)考试完毕后，由被认定人告知裁判员考试结束，由裁判员结束计时。

4. 考核评分

(1)考评人员 3 名以上。

(2)评分程序及规则：考评员根据考生操作情况对照计分标准在评分表上给予记录评分。

(3)算分方法：采用百分制，满分 100 分，60 分及以上为及格。

职业技能认定
电力机车钳工(初级工)实作技能考核评分记录表

单位:__________ 姓名:__________ 准考证号:__________ 工种:__________ 级别:__________

试题名称:HXD_1 型机车驱动装置 C3 修

考核时间:20 min

操作开始时间: 时 分 操作结束时间: 时 分

项目	考核内容及评分标准	扣分因素及扣分	得分
操作程序(25分)	1. 工序错乱扣 10 分		
	2. 工作中返工扣 15 分		
	3. 作业后未按要求恢复或清理作业场地扣 5 分		
作业质量(45分)	1. 检修过程中,分解、组装顺序不对,每次扣 2 分		
	2. 检修过程中,对零部件清洗质量不合格,每件扣 2 分		
	3. 检修过程中,对零部件检查,漏检每项扣 1 分		
	4. 检修过程中,对零部件测量,漏测每项扣 2 分		
	5. 检修后检修质量不符合技术要求扣 45 分		
	6. 未填写检修记录或填写数据缺、漏、错项,每项扣 1 分		
工具使用(20分)	1. 开工前未检查工、量具及设备,收工不整理,每件扣 2 分		
	2. 工、量具及设备使用不当,每次扣 2 分		
	3. 工、量具脱落,每次扣 2 分		
	4. 工具、设备损坏扣,每件扣 4 分		
作业安全(10分)	1. 未按规定着装扣 2 分		
	2. 工作场地不整洁扣 2 分		
	3. 工件、工具摆放不整齐扣 2 分		
	4. 违章或违反安全事项,每次扣 4 分		
	5. 发生事故失格		
考核时间	1. 超过规定时间每超 1 min,扣 2 分		
	2. 超过规定时间 3 min 以上每分钟(不包括 3 min)扣 5 分		
	3. 超过规定时间 10 min 以上(不包括 10 min),停止考试		
合计(100分)			

考评员签名: 认定人: 年 月 日

S16　SS4型机车避雷器的检修

1. 考场准备

要求考场内有一台与考试机型相一致的机车，且车下要有地沟，地沟上须设置渡板，便于对机车部件进行检查及检修，或考场内有一个与考试内容相一致的机车零部件，以及为检修该零部件所需的工作场地、检修试验台和检修工作台。考场环境整洁、明亮并设有隔离设施。

2. 材料工具准备

序　号	名　称	规　格	数　量	备　注
1	快干绝缘漆		1瓶	
2	手锤		1把	
3	手电		1只	
4	毛刷		1把	
5	电工常用工具		1套	
6	开口扳手		1套	
7	钳子		1把	
8	兆欧表		1台	
9	专用测试仪		1台	

3. 考核要求

(1)被认定人入场后，向裁判报告姓名及所参加的工种及等级，由裁判告知题目，当被认定人告知裁判可以开始时，由裁判员开始计时。

(2)考核时间为20 min，操作时必须按规定佩戴安全防护用品。

(3)被认定人作业期间，裁判员可以根据作业情况向被认定人提问，以确认被认定人对工艺的熟悉情况和确认故障点是否有依据。

(4)考核过程中，被认定人出现毁坏部件或受伤情况时，终止考试，成绩为零。

(5)考试完毕后，由被认定人告知裁判员考试结束，由裁判员结束计时。

4. 考核评分

(1)考评人员3名以上。

(2)评分程序及规则：考评员根据考生操作情况对照计分标准在评分表上给予记录评分。

(3)算分方法：采用百分制，满分100分，60分及以上为及格。

职业技能认定
电力机车钳工(初级工)实作技能考核评分记录表

单位:__________ 姓名:__________ 准考证号:__________ 工种:__________ 级别:__________

试题名称:SS_4 型机车避雷器的检修

考核时间:20 min

操作开始时间: 时 分 操作结束时间: 时 分

项 目	考核内容及评分标准	扣分因素及扣分	得 分
操作程序(25 分)	1. 工序错乱扣 10 分		
	2. 工作中返工扣 15 分		
	3. 作业后未按要求恢复或清理作业场地扣 5 分		
作业质量(45 分)	1. 检修过程中,分解、组装顺序不对,每次扣 2 分		
	2. 检修过程中,对零部件清洗质量不合格,每件扣 2 分		
	3. 检修过程中,对零部件检查,漏检每项扣 1 分		
	4. 检修过程中,对零部件测量,漏测每项扣 2 分		
	5. 检修后检修质量不符合技术要求扣 45 分		
	6. 未填写检修记录或填写数据缺、漏、错项,每项扣 1 分		
工具使用(20 分)	1. 开工前未检查工、量具及设备,收工不整理,每件扣 2 分		
	2. 工、量具及设备使用不当,每次扣 2 分		
	3. 工、量具脱落,每次扣 2 分		
	4. 工具、设备损坏扣,每件扣 4 分		
作业安全(10 分)	1. 未按规定着装扣 2 分		
	2. 工作场地不整洁扣 2 分		
	3. 工件、工具摆放不整齐扣 2 分		
	4. 违章或违反安全事项,每次扣 4 分		
	5. 发生事故失格		
考核时间	1. 超过规定时间每超 1 min,扣 2 分		
	2. 超过规定时间 3 min 以上每分钟(不包括 3 min)扣 5 分		
	3. 超过规定时间 10 min 以上(不包括 10 min),停止考试		
合计(100 分)			

考评员签名: 认定人: 年 月 日

S17　SS4 型机车车钩的检修

1. 考场准备

要求考场内有一台与考试机型相一致的机车，且车下要有地沟，地沟上须设置渡板，便于对机车部件进行检查及检修，或考场内有一个与考试内容相一致的机车零部件，以及为检修该零部件所需的工作场地、检修试验台和检修工作台。考场环境整洁、明亮并设有隔离设施。

2. 材料工具准备

序　号	名　称	规　格	数　量	备　注
1	大锤		1 把	
2	手锤		1 把	
3	手电		1 只	
4	撬棍		1 根	
5	检修专用工具		1 套	
6	检修专用量具		1 套	
7	钳工常用工具		1 套	

3. 考核要求

(1)被认定人入场后，向裁判报告姓名及所参加的工种及等级，由裁判告知题目，当被认定人告知裁判可以开始时，由裁判员开始计时。

(2)考核时间为 20 min，操作时必须按规定佩戴安全防护用品。

(3)被认定人作业期间，裁判员可以根据作业情况向被认定人提问，以确认被认定人对工艺的熟悉情况和确认故障点是否有依据。

(4)考核过程中，被认定人出现毁坏部件或受伤情况时，终止考试，成绩为零。

(5)考试完毕后，由被认定人告知裁判员考试结束，由裁判员结束计时。

4. 考核评分

(1)考评人员 3 名以上。

(2)评分程序及规则：考评员根据考生操作情况对照计分标准在评分表上给予记录评分。

(3)算分方法：采用百分制，满分 100 分，60 分及以上为及格。

职业技能认定
电力机车钳工(初级工)实作技能考核评分记录表

单位:________ 姓名:________ 准考证号:________ 工种:________ 级别:________

试题名称:SS_4 型机车车钩的检修

考核时间:20 min

操作开始时间: 时 分 操作结束时间: 时 分

项 目	考核内容及评分标准	扣分因素及扣分	得 分
操作程序(25 分)	1. 工序错乱扣 10 分		
	2. 工作中返工扣 15 分		
	3. 作业后未按要求恢复或清理作业场地扣 5 分		
作业质量(45 分)	1. 检修过程中,分解、组装顺序不对,每次扣 2 分		
	2. 检修过程中,对零部件清洗质量不合格,每件扣 2 分		
	3. 检修过程中,对零部件检查,漏检每项扣 1 分		
	4. 检修过程中,对零部件测量,漏测每项扣 2 分		
	5. 检修后检修质量不符合技术要求扣 45 分		
	6. 未填写检修记录或填写数据缺、漏、错项,每项扣 1 分		
工具使用(20 分)	1. 开工前未检查工、量具及设备,收工不整理,每件扣 2 分		
	2. 工、量具及设备使用不当,每次扣 2 分		
	3. 工、量具脱落,每次扣 2 分		
	4. 工具、设备损坏扣,每件扣 4 分		
作业安全(10 分)	1. 未按规定着装扣 2 分		
	2. 工作场地不整洁扣 2 分		
	3. 工件、工具摆放不整齐扣 2 分		
	4. 违章或违反安全事项,每次扣 4 分		
	5. 发生事故失格		
考核时间	1. 超过规定时间每超 1 min,扣 2 分		
	2. 超过规定时间 3 min 以上每分钟(不包括 3 min)扣 5 分		
	3. 超过规定时间 10 min 以上(不包括 10 min),停止考试		
合计(100 分)			

考评员签名: 认定人: 年 月 日

S18　SS4 型机车缓冲装置检修

1. 考场准备

要求考场内有一台与考试机型相一致的机车，且车下要有地沟，地沟上须设置渡板，便于对机车部件进行检查及检修，或考场内有一个与考试内容相一致的机车零部件，以及为检修该零部件所需的工作场地、检修试验台和检修工作台。考场环境整洁、明亮并设有隔离设施。

2. 材料工具准备

序　号	名　称	规　格	数　量	备　注
1	大锤		1 把	
2	手锤		1 把	
3	手电		1 只	
4	撬棍		1 根	
5	检修专用工具		1 套	
6	检修专用量具		1 套	
7	钳工常用工具		1 套	

3. 考核要求

(1)被认定人入场后，向裁判报告姓名及所参加的工种及等级，由裁判告知题目，当被认定人告知裁判可以开始时，由裁判员开始计时。

(2)考核时间为 20 min，操作时必须按规定佩戴安全防护用品。

(3)被认定人作业期间，裁判员可以根据作业情况向被认定人提问，以确认被认定人对工艺的熟悉情况和确认故障点是否有依据。

(4)考核过程中，被认定人出现毁坏部件或受伤情况时，终止考试，成绩为零。

(5)考试完毕后，由被认定人告知裁判员考试结束，由裁判员结束计时。

4. 考核评分

(1)考评人员 3 名以上。

(2)评分程序及规则：考评员根据考生操作情况对照计分标准在评分表上给予记录评分。

(3)算分方法：采用百分制，满分 100 分，60 分及以上为及格。

职业技能认定
电力机车钳工(初级工)实作技能考核评分记录表

单位：＿＿＿＿　姓名：＿＿＿＿　准考证号：＿＿＿＿　工种：＿＿＿＿　级别：＿＿＿＿

试题名称：SS_4型机车牵引缓冲装置检修

考核时间：20 min

操作开始时间：　时　分　　　　操作结束时间：　时　分

项　目	考核内容及评分标准	扣分因素及扣分	得　分
操作程序(25分)	1. 工序错乱扣10分		
	2. 工作中返工扣15分		
	3. 作业后未按要求恢复或清理作业场地扣5分		
作业质量(45分)	1. 检修过程中,分解、组装顺序不对,每次扣2分		
	2. 检修过程中,对零部件清洗质量不合格,每件扣2分		
	3. 检修过程中,对零部件检查,漏检每项扣1分		
	4. 检修过程中,对零部件测量,漏测每项扣2分		
	5. 检修后检修质量不符合技术要求扣45分		
	6. 未填写检修记录或填写数据缺、漏、错项,每项扣1分		
工具使用(20分)	1. 开工前未检查工、量具及设备,收工不整理,每件扣2分		
	2. 工、量具及设备使用不当,每次扣2分		
	3. 工、量具脱落,每次扣2分		
	4. 工具、设备损坏扣,每件扣4分		
作业安全(10分)	1. 未按规定着装扣2分		
	2. 工作场地不整洁扣2分		
	3. 工件、工具摆放不整齐扣2分		
	4. 违章或违反安全事项,每次扣4分		
	5. 发生事故失格		
考核时间	1. 超过规定时间每超1 min,扣2分		
	2. 超过规定时间3 min以上每分钟(不包括3 min)扣5分		
	3. 超过规定时间10 min以上(不包括10 min),停止考试		
合计(100分)			

考评员签名：　　　　认定人：　　　　年　月　日

S19　SS4 型机车轮对旋轮后的检查

1. 考场准备

要求考场内有一台与考试机型相一致的机车，且车下要有地沟，地沟上须设置渡板，便于对机车部件进行检查及检修，或考场内有一个与考试内容相一致的机车零部件，以及为检修该零部件所需的工作场地、检修试验台和检修工作台。考场环境整洁、明亮并设有隔离设施。

2. 材料工具准备

序　号	名　称	规　格	数　量	备　注
1	轮毂厚度尺		1 把	
2	轮缘厚度尺		1 把	
3	轮毂垂直磨耗尺		1 把	
4	轮毂内侧距尺		1 根	
5	踏面外形样板		1 把	
6	轮径专用量具		1 把	
7	齿形样板		1 把	
8	齿厚卡尺		1 把	
9	内径千分尺		1 把	
10	外径卡尺		1 把	
11	卷尺		1 把	
12	游标卡尺		1 把	

3. 考核要求

(1)被认定人入场后，向裁判报告姓名及所参加的工种及等级，由裁判告知题目，当被认定人告知裁判可以开始时，由裁判员开始计时。

(2)考核时间为 20 min，操作时必须按规定佩戴安全防护用品。

(3)被认定人作业期间，裁判员可以根据作业情况向被认定人提问，以确认被认定人对工艺的熟悉情况和确认故障点是否有依据。

(4)考核过程中，被认定人出现毁坏部件或受伤情况时，终止考试，成绩为零。

(5)考试完毕后，由被认定人告知裁判员考试结束，由裁判员结束计时。

4. 考核评分

(1)考评人员 3 名以上。

(2)评分程序及规则：考评员根据考生操作情况对照计分标准在评分表上给予记录评分。

(3)算分方法：采用百分制，满分 100 分，60 分及以上为及格。

职业技能认定
电力机车钳工（初级工）实作技能考核评分记录表

单位：________ 姓名：________ 准考证号：________ 工种：________ 级别：________

试题名称：SS_4 型机车轮对旋轮的质量检查

考核时间：20 min

操作开始时间：　　时　　分　　　　　　　　操作结束时间：　　时　　分

项　目	考核内容及评分标准	扣分因素及扣分	得　分
操作程序（25分）	1. 工序错乱扣 10 分		
	2. 工作中返工扣 15 分		
	3. 作业后未按要求恢复或清理作业场地扣 5 分		
作业质量（45分）	1. 检修过程中，分解、组装顺序不对，每次扣 2 分		
	2. 检修过程中，对零部件清洗质量不合格，每件扣 2 分		
	3. 检修过程中，对零部件检查，漏检每项扣 1 分		
	4. 检修过程中，对零部件测量，漏测每项扣 2 分		
	5. 检修后检修质量不符合技术要求扣 45 分		
	6. 未填写检修记录或填写数据缺、漏、错项，每项扣 1 分		
工具使用（20分）	1. 开工前未检查工、量具及设备，收工不整理，每件扣 2 分		
	2. 工、量具及设备使用不当，每次扣 2 分		
	3. 工、量具脱落，每次扣 2 分		
	4. 工具、设备损坏扣，每件扣 4 分		
作业安全（10分）	1. 未按规定着装扣 2 分		
	2. 工作场地不整洁扣 2 分		
	3. 工件、工具摆放不整齐扣 2 分		
	4. 违章或违反安全事项，每次扣 4 分		
	5. 发生事故失格		
考核时间	1. 超过规定时间每超 1 min，扣 2 分		
	2. 超过规定时间 3 min 以上每分钟（不包括 3 min）扣 5 分		
	3. 超过规定时间 10 min 以上（不包括 10 min），停止考试		
合计（100分）			

考评员签名：　　　　　　　　　　　　认定人：　　　　　　　　　　年　　月　　日

S20　SS4 型机车砂箱的检修

1. 考场准备

要求考场内有一台与考试机型相一致的机车，且车下要有地沟，地沟上须设置渡板，便于对机车部件进行检查及检修，或考场内有一个与考试内容相一致的机车零部件，以及为检修该零部件所需的工作场地、检修试验台和检修工作台。考场环境整洁、明亮并设有隔离设施。

2. 材料工具准备

序　号	名　称	规　格	数　量	备　注
1	大锤		1 把	
2	手锤		1 把	
3	套筒扳手		1 把	
4	撬棍		1 根	
5	风动扳手		1 把	
6	活动扳手		1 把	
7	管钳子		1 把	
8	手电		1 把	
9	克丝钳		1 把	
10	螺丝刀		1 把	
11	钢直尺		1 把	

3. 考核要求

(1)被认定人入场后，向裁判报告姓名及所参加的工种及等级，由裁判告知题目，当被认定人告知裁判可以开始时，由裁判员开始计时。

(2)考核时间为 20 min，操作时必须按规定佩戴安全防护用品。

(3)被认定人作业期间，裁判员可以根据作业情况向被认定人提问，以确认被认定人对工艺的熟悉情况和确认故障点是否有依据。

(4)考核过程中，被认定人出现毁坏部件或受伤情况时，终止考试，成绩为零。

(5)考试完毕后，由被认定人告知裁判员考试结束，由裁判员结束计时。

4. 考核评分

(1)考评人员 3 名以上。

(2)评分程序及规则：考评员根据考生操作情况对照计分标准在评分表上给予记录评分。

(3)算分方法：采用百分制，满分 100 分，60 分及以上为及格。

职业技能认定
电力机车钳工(初级工)实作技能考核评分记录表

单位:__________ 姓名:__________ 准考证号:__________ 工种:__________ 级别:__________

试题名称:SS_4 型机车砂箱的检修

考核时间:20 min

操作开始时间: 时 分 操作结束时间: 时 分

项 目	考核内容及评分标准	扣分因素及扣分	得 分
操作程序(25分)	1. 工序错乱扣 10 分		
	2. 工作中返工扣 15 分		
	3. 作业后未按要求恢复或清理作业场地扣 5 分		
作业质量(45分)	1. 检修过程中,分解、组装顺序不对,每次扣 2 分		
	2. 检修过程中,对零部件清洗质量不合格,每件扣 2 分		
	3. 检修过程中,对零部件检查,漏检每项扣 1 分		
	4. 检修过程中,对零部件测量,漏测每项扣 2 分		
	5. 检修后检修质量不符合技术要求扣 45 分		
	6. 未填写检修记录或填写数据缺、漏、错项,每项扣 1 分		
工具使用(20分)	1. 开工前未检查工、量具及设备,收工不整理,每件扣 2 分		
	2. 工、量具及设备使用不当,每次扣 2 分		
	3. 工、量具脱落,每次扣 2 分		
	4. 工具、设备损坏扣,每件扣 4 分		
作业安全(10分)	1. 未按规定着装扣 2 分		
	2. 工作场地不整洁扣 2 分		
	3. 工件、工具摆放不整齐扣 2 分		
	4. 违章或违反安全事项,每次扣 4 分		
	5. 发生事故失格		
考核时间	1. 超过规定时间每超 1 min,扣 2 分		
	2. 超过规定时间 3 min 以上每分钟(不包括 3 min)扣 5 分		
	3. 超过规定时间 10 min 以上(不包括 10 min),停止考试		
合计(100分)			

考评员签名: 认定人: 年 月 日

S21 HXD1 型机车高压电缆总成的 C4 修

1. 考场准备

要求考场内有一台与考试机型相一致的机车，且车下要有地沟，地沟上须设置渡板，便于对机车部件进行检查及检修，或考场内有一个与考试内容相一致的机车零部件，以及为检修该零部件所需的工作场地、检修试验台和检修工作台。考场环境整洁、明亮并设有隔离设施。

2. 材料工具准备

序 号	名 称	规 格	数 量	备 注
1	毛刷		1把	
2	毛巾		1条	
3	钳工常用工具		1套	
4	电工常用工具		1套	

3. 考核要求

(1)被认定人入场后，向裁判报告姓名及所参加的工种及等级，由裁判告知题目，当被认定人告知裁判可以开始时，由裁判员开始计时。

(2)考核时间为 20 min，操作时必须按规定佩戴安全防护用品。

(3)被认定人作业期间，裁判员可以根据作业情况向被认定人提问，以确认被认定人对工艺的熟悉情况和确认故障点是否有依据。

(4)考核过程中，被认定人出现毁坏部件或受伤情况时，终止考试，成绩为零。

(5)考试完毕后，由被认定人告知裁判员考试结束，由裁判员结束计时。

4. 考核评分

(1)考评人员 3 名以上。

(2)评分程序及规则：考评员根据考生操作情况对照计分标准在评分表上给予记录评分。

(3)算分方法：采用百分制，满分 100 分，60 分及以上为及格。

职业技能认定
电力机车钳工(初级工)实作技能考核评分记录表

单位:________ 姓名:________ 准考证号:________ 工种:________ 级别:________

试题名称:HXD_1 型机车高压电缆总成的C3修

考核时间:20 min

操作开始时间: 时 分 操作结束时间: 时 分

项　目	考核内容及评分标准	扣分因素及扣分	得　分
操作程序(25分)	1. 工序错乱扣10分		
	2. 工作中返工扣15分		
	3. 作业后未按要求恢复或清理作业场地扣5分		
作业质量(45分)	1. 检修过程中,分解、组装顺序不对,每次扣2分		
	2. 检修过程中,对零部件清洗质量不合格,每件扣2分		
	3. 检修过程中,对零部件检查,漏检每项扣1分		
	4. 检修过程中,对零部件测量,漏测每项扣2分		
	5. 检修后检修质量不符合技术要求扣45分		
	6. 未填写检修记录或填写数据缺、漏、错项,每项扣1分		
工具使用(20分)	1. 开工前未检查工、量具及设备,收工不整理,每件扣2分		
	2. 工、量具及设备使用不当,每次扣2分		
	3. 工、量具脱落,每次扣2分		
	4. 工具、设备损坏扣,每件扣4分		
作业安全(10分)	1. 未按规定着装扣2分		
	2. 工作场地不整洁扣2分		
	3. 工件、工具摆放不整齐扣2分		
	4. 违章或违反安全事项,每次扣4分		
	5. 发生事故失格		
考核时间	1. 超过规定时间每超1 min,扣2分		
	2. 超过规定时间3 min以上每分钟(不包括3 min)扣5分		
	3. 超过规定时间10 min以上(不包括10 min),停止考试		
合计(100分)			

考评员签名: 认定人: 年 月 日

第二部分　中　级　工

1. 如何在带电的接触网下防止窜车?

答:在带电的接触网下,严禁在主断路器闭合、调压开关有级位的状态下升弓,防止窜车伤人。

2. 怎样防止受电弓活动关节轴承电腐蚀?

答:为了使受电弓运动灵活,减少运动过程中的摩擦力,各个铰链部分均装有滚动轴承。为了防止轴承的电腐蚀,用编织铜带将活动关节短接。

3. 如何识别电磁火花与机械火花?

答:机械火花一般呈红黄色,断续又较粗,沿切线飞出,换向器表面产生的黑痕常无规律。电磁火花一般呈蓝白色,连续又较细,基本上都在电刷后刷边燃烧,产生的黑痕常有规律。

4. DSA200 型受电弓升不起时如何检查处理?

答:(1)检查升弓滑板上调压阀是否被关闭。(2)检查主断控制器功能是否正常,如果主断控制器不能正常工作,应切除主断控制器。

5. C4 修时如何检查 HXD_1 型机车转向架构架?

答:(1)检查构架及焊缝、各安装座可见部分状态无裂纹、破损。(2)检查转向架各部件紧固螺栓齐全良好,可见部分防缓标识清晰无错位。(3)检查构架油漆状态良好。

6. SS_{4G} 型机车劈相机解体前如何检查?

答:用 500 V 兆欧表测量电机定子绕组绝缘电阻值,必要时,在专用试验台接通电源,进行单相空载试验,监听轴承状态。

7. SS_{4G} 型机车闸瓦不贴轮如何调节?

答:在调节闸瓦与轮对间隙为 6～9 mm 的情况下,缩短横拉杆(扭动螺母,调节后拧紧),并保证各部分灵活。

8. 电力机车电机轴上的小齿轮怎样拆卸?

答:在与小齿轮配合的电枢轴颈上旋有油槽,此油槽与轴端的一个螺孔相通,当拆卸小齿轮时，将专用油泵的接头旋入螺孔内，压动油泵即可将小齿轮退下。

9. C3 修时如何对 HXD2 型机车高压电缆进行检查？

答：检查高压电缆清洁，接头不许有变色、烧损、破损和碳化；电缆卡箍紧固，电缆无松动；终端螺栓紧固，不许有松动；高压电缆绝缘破损时必须更换。

10. 如何处理电器故障？

答：处理电器故障时，一般不许带电作业。必须带电作业时，须两人以上在场，应由技术熟练者担当，穿戴防护用品，并设专人监护。

11. 如何使用电器设备？

答：使用电器设备时，必须严格遵守操作规程，防止触电，造成人身事故。如发现有人触电，不要慌乱，及时切断电源，进行抢救。

12. 如何连接电源线或安插销？

答：连接电源线或安插销前，应检查配电箱或插销座标明的电压，必须符合使用的电压后方可接用；禁止盲目接电，手上有水时不得接、拆电源线和安、拔插销。

13. 如何维护设备？

答：维护设备时，必须在切断电源，挂上“禁止合闸，有人作业”的警示牌，并验明无电后，方可进行。

14. 如何进行各类试验？

答：各类试验必须按操作规程进行，如有两人及以上人员进行试验时，必须做好配合。严格执行呼唤应答制度，以免发生设备和人身伤害事故。

15. 如何处理高压室故障？

答：处理高压室故障，必须在断电降弓条件下进行，机车电钥匙必须随身携带。进入高压室工作时，不得关闭高压室门。

16. 如何处理带压力部件的泄漏？

答：处理带压力部件的泄漏时，必须首先切断压力来源，并放出剩余压力，方能进行。

17. 如何检查 HXD2 型机车主断路器绝缘子？

答：检查各瓷瓶清洁，无裂纹，安装牢固。绝缘子不得有裂痕、严重缺损等现象。主断路器四周及安装座不漏雨，安装螺栓紧固无松动。

18. C1 修时如何检查 HXD_{3C} 型机车排障器及感应器?

答:检查排障器应无裂纹及破损,安装牢固,脚踏板无裂纹、破损;检查自动过分相感应器,安装紧固;引线无破损,感应器支架及齿板不变形;齿板相扣不少于 5 齿。

19. 如何对受电弓绝缘供风软管进行更换?

答:松开左侧连接器与受电弓上臂风管间的紧固螺母,拆下风管。安装新风管,紧固安装螺母。

20. 如何对受电弓框架进行检查?

答:(1)检查框架无裂纹,无弯曲变形。(2)各杆接头无松动,各螺栓紧固良好。(3)各关节灵活,动作无异声。

21. C3 修时如何检查 HXD_1 型机车轮对?

答:检查对轮对白边损坏的油漆表面进行修补,注油孔螺栓须齐全不得松动,轮对踏面上擦伤深度不大于 0.7 mm,剥离深度不大于 1 mm、长度不大于 40 mm,轮对踏面磨耗不大于 6 mm,轮缘厚度不小于 25 mm,车轮滚动圆直径不小于 1 160 mm。

22. 在维护液压系统时应做到哪些?

答:(1)防止油液中进入污物,造成元件卡阻加速磨损。(2)防止系统中进入空气,造成爬行、噪声、气阻等现象。(3)要特别注意和防止油温过高,出现油温过高应查清原因及时处理。

23. SS_{4G} 型机车Ⅰ号端子柜小修时怎样进行检查?

答:(1)检查各插座,应无烧损、绝缘破坏、接触不良现象。(2)检查接线端子排所有导线接头应压接牢靠,螺栓紧固良好。

24. C1 修时怎样检查 HXD_1 型机车受电弓滑板?

答:检查滑板不得有拉槽、局部缺损沿宽度方向不得超过 1/2,无松动、渗水、变形或其他缺陷,滑板条总体厚度>25 mm,安装牢固,接缝处平整、密贴。托架及弓角无裂损、变形。两个滑条的厚度差不大于 3 mm,单根滑条厚度差不超过 10 mm。

25. 轴箱拉杆组装后怎样进行测量?

答:轴箱拉杆方轴与轴箱体及构架拉杆座相连接时,对 1∶10 斜面配合部分用 0.1 mm 塞尺检查,不允许贯通;槽底部应有 3～5 mm 间隙。

26. 怎样检修 SS_{4G} 型机车的直流传感器?

答:(1)外观检查其外壳不许有破损,接线端子、插头应完好。(2)用直流电压、电流传感器试验台进行准确度测试。

27. 电机小齿轮套装前要进行哪些检查?

答:(1)看小齿轮上的标记,同一台车电机尽量使用同厂家生产的小齿轮;(2)用红丹粉检查电机电枢轴与小齿轮接合面,接触面积不得小于75%;(3)用深度尺检查电机轴与小齿轮冷装时,小齿轮端面与电机轴端间距为:SS_{4G} 型电力机车 $\alpha=20\sim24.2$ mm。

28. 使用水平仪时应做到哪些?

答:(1)使用前应检查水平仪零位误差是否在允许的范围内;(2)被测零件要安放稳妥,水平仪和工作测量表面应保持清洁;(3)为减小温度对测量精度的影响,测量时应从气泡两端读数,然后取其平均值作为测量结果。

29. C2 修时怎样检查 HXD_2 型机车重联渡板?

答:检查重联渡板各部无开焊、变形、缺陷,无严重锈蚀,否则应予以整修;重联渡板各部穿销、开口销、缓冲弹簧状态良好;重联渡板及渡板座各固定螺栓安装牢固,防缓标记清晰、正确,重联渡板上部脚踏胶皮状态良好、摆放位置正确。

30. 怎样用水浇灭距离接触网 4 m 以外的燃着物?

答:用水浇灭距离接触网 4 m 以外的燃着物时,接触网可以不停电。但是,水管不准朝接触网方向喷射,水流与接触网带电部分应保持 2 m 的安全距离。

31. C1 修时怎样检查 HXD_2 型机车电机吊杆?

答:检查电机吊杆无变形、无裂损,安装牢固;电机吊杆橡胶垫无老化、无开裂;电机吊杆座安装牢固,无变形、无裂损;电机吊杆穿销良好;电机防脱吊座安装牢固、无变形、无裂损。

32. 检查电力机车应做到哪些?

答:检查电力机车时,必须遵守"先联系、后检查"的原则。检查前,应将检查作业内容、人员分工通知有关人员,挂好"禁动牌",以防漏检、错检和乱动操作手柄。检查带电部件和转动部件时,禁止手触,以防触电和挤伤。

33. C1 修时怎样检查 HXD_{3C} 型机车踏面?

答:检查踏面无摩擦伤痕、磨损、扁平变形、剥离热裂纹等,踏面磨耗不得大于 6.5 mm。踏面 75 mm 以上的伤痕数不得超过 1 条,不足 50~75 mm 的长度、不得超过 2 条。轮缘厚度不小于 24 mm(原形 34 mm)。

34. 怎样判断轮箍弛缓?

答:(1)轮箍弛缓线发生相对位移即为弛缓。(2)轮箍与轮辋之间沿圆周出现透油即为弛缓。(3)轮箍与轮辋之间沿圆周出现透锈即为弛缓。

35. 怎样检查高压柜内的电线路和插头？

答：插头不许有裂损、烧痕、过热现象、防尘圈须完好。插针不许歪斜、烧损、退针，压接良好；导线绝缘不许有老化、破损；防磨胶皮不老化，绑扎带完好，布线规范、美观。

36. C1 修时怎样检查 HXD_{3C} 型机车牵引电机？

答：检查通风罩检查安装牢固，无破损、歪斜和变形。速度传感器、温度传感器安装孔座正常，无锈蚀和损伤。检查引出线插头接线良好，螺栓安装牢固。检查各螺栓紧固，无松动。电机外部无漏油现象。

37. C1 修时怎样检查 HXD_{3C} 型机车主断路器？

答：检查绝缘子无裂损，高压接地开关动作灵活，接触可靠，接触处油润良好，擦拭绝缘子，清洁度达Ⅱ级；检查气路无泄漏，进行主断闭合、断开试验，性能状态良好。各接线及插头连接良好，接地线无过热及裂损，线芯断股不超过原形的 10%。

38. C1 修时怎样检查 HXD_2 型机车车顶高压电缆？

答：检查穿墙套管清洁，不许有损坏、电蚀，安装紧固，不许有松动；电气连接状态良好，安装紧固，不许有松动；法兰和机车之间的密封件不许有损坏、老化及裂纹；检查接地线连接正确，接地线一端连接车体一端和放电间隙下部固定螺栓相连。

39. C3 修时怎样检查 HXD_2 型机车牵引杆固定螺栓？

答：检查牵引杆固定螺栓状态，推力垫圈外观检查良好，螺栓与防缓片间不得有间隙，防缓标记清晰、正确，防缓片无破损，防缓片的弯角锁定到位，不良防缓片必须更新。螺栓上的防松铅丝无变形、断裂。防缓片只允许使用一次，拆下后的防缓片无论状态如何，均不得再次使用，必须更新。

40. C3 修时怎样检查 HXD_2 型机车压力释放阀？

答：确保压力释放阀外部及周边清洁，不许有喷油痕迹。连接管路无油垢，干燥剂器皿无裂损，外部清洁可见；干燥剂颜色变色不超过 1/3，否则更换。

41. 怎样对电刷进行检查？

答：检查电刷时，如果发现电刷接触面上有明显的两个工作面，或偏磨太大，则应该检查电刷和刷握的内框尺寸。其间隙应保持在 0.05～0.20 mm 之间。

42. C1 修时怎样检查 HXD_1 型机车列车软管？

答：检查接头、连接器无裂纹、变形；软管与接头连接状态应良好；列车软管卡子两耳之间距离为 5～10 mm；软管无老化、裂纹；软管丝扣、接头良好；软管与接头压装良好，卡箍紧固螺栓良好。

43. 怎样选用滚动轴承润滑油?

答:工作温度低,油的黏度也低;工作负荷大,油的黏度高;运动速度高,油的黏度低;摩擦面之间的间隙小,油的黏度低。

44. 如何使用数字式万用表测量交流电流?

答:(1)将黑色表笔插入"COM"插孔,红色表笔插入标有相应量程的插孔。(2)将功能开关置于交流电流"ACA"量程范围;并将表笔串接在电路被测部分。(3)如果测量出来显示"1"说明过量程,则要增大量程测量。测量大电流的时候,一定要注意时间,正确测量时间应该是在 10~15 s,如果长时间测量的话,会过热引起阻值变化,引起测量误差。

45. 如何防止机车轴箱发生发热现象?

答:车上须烧电焊时,严禁用钢轨作导电回路,以免烧损滚珠及滚柱;保持油脂清洁,禁止两种不同油脂混合使用;定期检修,补充油脂;日常运用中,加强轴箱检查,发现异状及时处理。

46. 怎样测量调整车钩中心线距轨面高度?

答:在平道上测量车钩中心至轨面高度,并考虑中修互换轮对的轮箍厚度差,若达不到相应要求,可从车钩吊杆长度、均衡梁、钩尾框托板等处所加、减垫片调整,但每处垫片不得多于1 块。

47. 怎样检查齿轮啮合的接触精度?

答:齿轮接触精度的主要指标是接触斑点。检查接触斑点一般用涂色法,根据色痕的位置和面积来判断接触精度的高低;影响齿轮接触精度的主要因素是齿形精度和安装是否正确。

48. 怎样提高螺栓的连接强度?

答:(1)降低影响螺栓强度的应力幅。(2)改善螺纹牙上载荷分布不均的现象。(3)减小应力集中的影响。(4)对螺栓采用合理的制造工艺。

49. 怎样检查测量刮瓦量?

答:用塞尺测量抱轴瓦端面与轮对衬面间隙、抱轴瓦背与抱轴箱的间隙、抱轴瓦与抱轴间间隙、抱轴瓦上下结合面的间隙,并在规定范围内。

50. 如何装配齿轮传动机构?

答:(1)齿轮孔与轴配合要适当,不得有偏心和歪斜现象。(2)保证齿轮有准确的安装中心距和适当的齿倾斜现象。(3)保证齿面的接触要求。(4)滑动齿轮不应有卡住和阻滞现象,并应保证准确定位。

51. 如何减轻车轴的疲劳破坏？

答：锻造车轴钢坯应进行人工时效或自然时效处理，待内应力消除后再进行机械加工；加工成形的车轴表面应有高的表面粗糙度；不同直径的过渡部分，要有尽可能的过渡圆弧，以减小应力集中，车轴正火热处理后，需进行试样检查；对车轴表面进行滚压强化处理，使表层金属材料更加密致，提高抗疲劳能力等等。

52. 如何摸轴温？

答：摸轴温时要做到摸中有比，摸、比、看相结合。通过摸机车各轴或抱轴轴承温度，掌握正常的运转温度；注意不同季节的气温变化，冬季温度低，要从低温中找高温，夏季温度高，要从高温中找高温；下雪或下雨时，可以通过观察雪融化的程度或轴箱干燥的快慢判断轴温的差别。

53. 如何闭合 SS_{4G} 型机车蓄电池闸刀？

答：(1)闭合蓄电池闸刀时，应断开电源钥匙开关，以免迂回电损坏电子插件。(2)闭合蓄电池闸刀时，如发现控制电源电流表显示过高，应立即拉下蓄电池闸刀，查明原因，排除故障后再闭合。(3)无人时，拉下机车蓄电池闸刀，整流输出闸刀，及蓄电池自动开关，电空制动自动开关，以防亏电。

54. 如何检修 SS_{4G} 型机车位置转换开关低压控制部分？

答：(1)用汽油清洗各部。(2)打磨触点烧痕，触点表面应光洁。更新烧损严重的触点。(3)检查安装板、推杆滑块，不许有裂纹、损伤。(4)测量辅助联锁超程应为 2～3 mm，检查联锁，动作灵活，无卡滞，与外罩不得相碰。

55. C1 修时如何检查 HXD_{3C} 型机车蓄电池？

答：外观检查柜体无破损、变形；蓄电池箱体螺栓紧固到位，防缓标识清晰；电池单节外壳应无裂纹、鼓包、变色、损坏及漏液现象；极柱、绝缘垫圈无裂损，螺母和极柱不得松动、断裂、烧损，螺栓紧固；连接软连线折损不得超过原截面的 10%，外包绝缘不得有变形、断裂、烧损，连线与蓄电池箱体及柜体无接磨。

56. C3 修时如何检查 HXD_2 型机车车顶导电杆？

答：清洁导电杆、紧固件、接地线表面的灰尘和污物，表面应清洁、无裂纹、烧痕；车顶导电杆不许有锈蚀、裂纹，连接紧固，接触良好；车顶软连线、接地线连接紧固，接触良好，表面不许有烧损；导电杆软连线及接地线断股不许超过原形的 5%。

57. C3 修时如何检查 HXD_2 型机车司控器？

答：检查手轮完好，无裂纹，限位器限位良好，按钮无卡滞；各联锁机构无旷动及过量磨耗；

定位装置，弹簧作用可靠；电位器轴与转轴连接可靠，紧定螺线牢固，并涂漆封，接线应牢固，阻值最大时符合 200×(1±10%) Ω；各线插接良好，线号齐全，不得有断股。

58. 如何调节 HXD_2 型机车受电弓升降弓时间？

答：升弓时间调整：顺时针旋转受电弓调整器 2，可减小压缩空气流量，缩短升弓时间；逆时针旋转受电弓调整器 2，可增加压缩空气流量，延长升弓时间。降弓时间调整：顺时针旋转受电弓调整器 3，可缩短降弓时间。逆时针旋转受电弓调整器 3，可延长降弓时间。

59. C1 修时如何检查 HXD_2 型机车水泵？

答：检查各紧固螺栓完好无损；水泵工作正常，冷却液液位正常；水压传感器固定牢固。外观检查电机无裂纹，接线无破损、松动，各附件齐全紧固良好，电机运转正常，无异声。

60. 如何选配导线？

答：(1)通过导线的电流不得超过安全电流。(2)线型长期工作温度不宜超过 60 ℃。(3)电动机线路应适当考虑启动情况。(4)导线应有足够的耐拉等机械强度。

61. 哪些行为会造成锯缝歪斜？

答：工件安装时，锯缝线未能与铅垂方向一致；锯条安装太松或与锯弓平面扭曲；使用锯齿两面磨损不均的锯条；锯割压力过大，使锯条左右偏摆；锯弓未扶正或用力歪斜，使锯条背偏离锯缝中心平面。

62. 哪些行为会在钻孔时造成钻头折断？

答：钻头磨钝仍继续使用；切屑未及时排出，使钻头卡住；进给量过大；工件松动、移位；钻软金属时扎刀，使切削力突然增大。

63. C1 修时如何检查 HXD_2 型机车高压连接器？

答：检查喇叭头、紧固件、叉形件、软连线、波纹管无放电、断裂或破损，螺栓紧固状态良好；各软编织线完好，软连线及接地线断股不许超过原形的 5%；橡胶波纹管无破损，否则应予以更换；转动部件动作灵活，转动角度符合技术要求，当两节车分离时，叉形件不应有自动弹回现象；瓷瓶清洁，无裂纹，安装牢固，当缺损面积大于 3 cm^2 时，必须更换。

64. 如何拆卸断头螺钉？

答：在螺钉上钻孔，打入多角淬火钢杆，再把螺钉拧出；在断头处钻孔，攻反向螺纹，拧入螺纹旋出；在断头处锯沟槽，用起子拧出；在断头处焊弯杆或螺母拧出；螺钉较粗时，可用錾子沿圆周剔出。

65. 如何对普通平键进行装配?

答:清理键及键槽上的毛刺,确保配合的正确性和装配顺利;用键的头部与轴槽试配,应能使键较紧地嵌在轴槽中;锉配键长,在键长方向键与轴槽留 0.1 mm 左右的间隙;在配合面上加机油,用铜棒将键压入轴槽中,并与槽底接触良好;试配并安装套件,装配后的套件在轴上不能摆动。

66. 如何防止液压系统油温高?

答:保持油箱中的正确油位,形成足够的循环冷却条件;保持液压设备的清洁,形成良好的散热条件;在保证系统正常工作的条件下,尽量调低油泵的压力;正确选择油液,黏度不易过高,并注意保持油液干净;适当采用冷却装置。

67. 怎样控制切削的温度?

答:在刀具强度允许的条件下,适当增大前角;在工艺系统刚性允许的条件下,适当减小主偏角;合理选择切削用量;提高刀具的刃磨质量,减小摩擦热的产生;合理选择冷却润滑液。

68. 如何对 HXD_1 型机车受电弓进行外观检查?

答:(1)检查受电弓弓架各部不得有变形、裂损,各固定螺栓紧固,转动关节转动灵活,状态良好。(2)检查各分流线固定螺栓紧固,断股不得超过 5%。(3)检查受电弓支持瓷瓶表面完好,无损伤,清洁度良好。(4)检查受电弓滑板无裂纹,滑板厚度不得小于 25 mm。(5)检查升弓电控阀板整体作用良好。(6)清洁和润滑升弓装置钢丝绳。

69. 轮对电机组装时应在抱轴瓦的哪些部分刮瓦?

答:在轴瓦两端刮成喇叭形;如果抱轴瓦端面与轮心衬面间隙小于 0.6 mm,还须光一端瓦边;抱轴瓦铲出椭圆形状,瓦量合箱前检查 0.10～0.15 mm,合箱后 0.25～0.40 mm。

70. 电力机车制动器在组装至转向架前如何检查试验?

答:制动缸充气活塞行程大于 28 mm 时,棘钩是否拨动棘轮;各部件动作时,必须平稳无卡滞,缓解后活塞必须贴靠缸底;各活动摩擦面处注润滑脂,且作用良好;必须做制动缸泄漏试验,当充气压力为 600 kPa 时不准有泄漏现象发生,下降至 400 kPa 时,在 3 min 内泄漏不大于 10 kPa。

71. 发生低压触电事故后应做到哪些?

答:(1)关断电源闸刀。(2)使用绝缘钳截断导线。(3)使导线与被害者分开(用干燥的木棍或绳索)。(4)使触电者脱离导线,抓住衣服干的部分或用绳索把他拖开。(5)使触电者和土地分离,把绝缘材料、干木材、衣服等垫在触电者下面。

72. 闭合 SS_{4G} 型机车钥匙开关要做到哪些?

答:闭合钥匙开关前,应检查确认车顶门及高压室门是否锁闭到位;检查确认主断路器是否在断开位;检查确认司机控制器在零位。闭合钥匙开关后,零位灯亮;若不亮则应查明原因,排除故障。

73. 如何启动 SS_{4G} 型机车辅助机组?

答:启动辅助电机应逐个启动,不可一次按下两个及以上扳钮;通风机未全部启动,不得按制动风机扳钮,辅机正常启动过程中不得随意关闭;启动辅助电机应手按、耳听及眼看,发现异常,立即断电;启动压缩机时,应确认两节车压缩机油压表压力在 250 kPa 以上(螺杆式压缩机除外);新造机车或修程机车,应注意观察各辅机转向是否正确。

74. 如何转换 SS_{4G} 型机车换向手柄?

答:换向手柄及两位置开关的位置,任何情况下都应与运行方向、工况一致;进行方向转换时,必须停车进行;进行牵引、制动转换时,必须确认调速手轮回零,牵引电流或制动电流、励磁电流降零后进行。

75. 如何操纵 SS_{4G} 型机车调速手轮?

答:操纵调速手轮,必须有防止窜车的意识;动车前,先给流,待电流稳定后,再缓解机车制动,发现电流非正常上窜,应立即施行紧急制动并断电;电阻制动试验时,制动缸压力须保持 100 kPa,以防加馈电流引起机车后溜;B 组试验风道继电器作用时,励磁电流不宜过大,200 A 左右即可。

76. 如何对 SS_{4G} 型机车进行排水作业?

答:排水部位:(1)主变压器室内主断路器储风缸、207 分水滤气器。(2)司机室内 205 分水滤气器。(3)车下总风缸 163、164、165、166 号排水塞门。

排水方法:必须保证总风缸内风压超过 8 kg,降弓、断电钥匙情况下才能进行排水作业。

77. 如何进行电力机车车顶作业?

答:进行车顶检查、清洁、维修作业时,必须按规定佩戴好安全带;站稳抓牢,执行由内向外的检查制度;不得靠边缘或在边缘行走,不得倒行,不得手触接触网;不准打闹玩笑和向下乱扔东西;雨雪天气、寒冷季节应注意滑倒和坠落。

78. C1 修时如何检查 HXD_2 型机车牵引电机通风机?

答:检查电机机壳、地脚、端盖、机座、风筒无裂损、开焊、变形,各紧固螺栓、螺母、防缓垫应齐全,无松动;电机安装牢固,输电线无破损,机组外部清洁无尘土污垢,风道无开焊、裂纹、变形,紧固螺栓螺母应齐全,紧固状态良好;电机转向正确,轴承转动轻快无阻滞、异声。引接线、线鼻子固定牢靠、无过热痕迹、线号标志清晰、准确，接线板无灼痕，接线柱无松动、滑扣和歪斜；接线板接线柱间及对地绝缘电阻值大于 50 MΩ(用 500 V 兆欧表)，引接线绝缘良好，绕组对地绝缘电阻值不小于 10 MΩ。

79. C1 修时如何检查 HXD_2 型机车主变流风机?

答:检查电机机壳、地脚、端盖、机座、风筒无裂损、开焊、变形，各紧固螺栓、螺母、防缓垫应齐全，无松动；电机安装牢固，输电线无破损，机组外部清洁无尘土污垢，风道无开焊、裂纹、变形，紧固螺栓螺母应齐全，紧固状态良好；风机与风筒、风机与主变流柜密封状态良好，涂胶均匀；电机转向正确，轴承转动轻快无阻滞、异声。引接线、线鼻子固定牢靠、无过热痕迹、线号标志清晰、准确，接线板无灼痕，接线柱无松动、滑扣和歪斜；接线板接线柱间及对地绝缘电阻值大于 50 MΩ(用 500 V 兆表)，引接线绝缘良好，绕组对地绝缘电阻值不小于 10 MΩ。

80. C1 修时如何检查 HXD_2 型机车轴箱接地装置?

答:清除接地装置上的灰尘和油垢，接地装置不许有裂损，外观检查轴箱接地线状态良好。检查接地装置接地线安装牢固，接线无接磨、老化和破损，各部件固定螺栓紧固良好，密封良好。检查弹簧、碳刷电线等外观状态须良好，检查接地线固定螺栓与端盖绝缘良好。检查摩擦盘外观状态，清除摩擦盘表面灰尘、油污，摩擦盘表面不许有连续的沟槽状划痕。组装后，检查轴端速度传感器接线及紧固状态，应安装牢固，放缓标记清晰。

81. 螺纹连接装配要做到哪些?

答:(1)螺钉、螺栓或螺母与零件贴合的表面要光洁、平整，贴合处的表面应当经过加工，否则容易使连接件松动或使螺钉弯曲。(2)螺钉、螺母或螺栓和接触的表面之间应保持清洁，螺孔内的脏物应当清理干净。(3)拧紧成组螺母时，须按照一定的顺序进行，并做到分次逐步拧紧，否则会使零件或螺杆产生松紧不一致甚至变形。在拧紧长方形布置的成组螺母时，须从中间开始，逐渐向两边对称地扩展；在拧紧圆形或方形布置的成组螺母时，必须对称地进行。(4)必须按一定的拧紧力矩来拧紧。(5)连接件在工作中有振动或冲击时，为了防止螺钉和螺母回松，必须采用防松装置，加弹簧垫圈或止动垫圈。

82. 如何操作电力机车架车机?

答:机车进入架车台位后，拆下机车上妨碍架车作业的各连接部件；将每台架车机的托头分别对正，并伸入机车的 4 个架车点上，然后调整各托头高度，使之与各架车点密贴。当确认良好后，方可操纵总控制箱，先响电铃发出警告信号，然后按下控制按钮，同时起动 4 台架车机。起车时，机车两端和左右高度应一致，车体倾斜不大于 50 mm。

83. 电力机车零件检修前应检查哪些?

答:对零件的尺寸进行测量；检查零件的几何形状；检查零件的表面状况；检查零件表面层材

料和基体的结合强度；检查零件的内部缺陷；对零部件进行静、动平衡；检查零部件的配合情况。

84. 如何选择刀具切削部分的材料？

答：切削部分的材料有较高的硬度；切削部分的材料有足够的强度和韧带；切削部分的材料有较高的耐磨性；切削部分的材料有较好的耐热性；切削部分的材料有较好的导热性；切削部分的材料有较好的工艺性。

85. 如何检修SS4G型机车位置转换开关转鼓？

答：(1)取下手柄后，用汽油清洗，清洁度符合要求。(2)外观检查挡圈、圆柱销、胶木座，辅助凸轮、玻璃布板、垫圈等，不许有弯曲、裂损，与挡圈配合良好。(3)触片检修。锉修打磨触片烧痕，更新烧损严重及到限触指。触片厚度要求不小于 5 mm。触片接触面应光洁。检查沉头螺钉埋入触片量不小于 1 mm。用钢片塞紧胶木座与转轴之间的间隙，要求各胶木座与转轴间不得松动。(4)解体后转鼓的组装方法。辅助凸轮、触片组件、手柄座的 0 位标记应在一个方向，并均应向上或在上方。转鼓的组装：轴向尺寸应符合图纸要求，组装后旋削外圆并倒角，转鼓外径不小于 113 mm，允许用电工钢纸板或青壳纸调整轴向尺寸。

86. 如何检查SS4G型机车车体？

答：(1)外观检查无严重变形、破损，焊接处不得开裂。(2)表面局部脱漆应补漆处理。(3)上车梯子、扶手等完好。(4)车号、端标、段标志清楚。(5)走廊地板安装牢固、无变形。(6)车体重联处橡胶完好，无裂损，过道走板完好。(7)后视镜面完好，动作灵活，管系无泄漏。

87. 如何提高轴箱定位在不同方向的刚度？

答：应保证轴箱能够相对于转向架构架在机车运行中作垂向跳动，以保证弹簧装置能够充分发挥其缓和冲击的作用；在机车通过曲线时，轴箱应当能够相对于转向架构架作小量的横动，有利于机车几何曲线通过；在机车纵向则要求有较大的刚度，保证牵引力、制动力的传递。

88. 如何对抱轴填料清洗或更换？

答：将机车停在有地沟的线路上，单阀制动。用 24 mm 开口扳手松开抱轴油盒放油堵；将油放入油盘中；用 14 mm 开口扳手松下抱轴油盒上盖的紧固螺栓，取下上盖。用 17 mm 套筒扳手松下填料支架螺栓，取出填料，检查其有无烧损、断线及钨金片等异状。将检查过的填料放在柴油中清洗。填料清洗干净后，挤干放在温轴油中浸透，然后装入抱轴油盒内。更换新填料时，应将新填料放在温轴油中浸泡 24 h 以上，取出滴干后方能使用。途中抱轴发热时，可用 36 mm 开口扳手将抱轴螺栓松 1/4 圈，使抱轴轴瓦间隙加大，补加轴油，再用克丝钳装好防缓铁丝；防止螺栓受振动后丢失。

89. 如何对机车一般螺栓及螺母紧固或更换?

答:松紧螺栓时,应按螺母的大小选用固定开口扳手;松紧螺栓的方向,一般顺时针方向为紧,反时针方向为松;对长时间未经拆卸的或生锈的螺栓(螺母)应先涂些柴油,再用手锤轻轻向松的方向敲击,然后松下;螺母外形已破,不能用扳手拆卸时,可用管钳子卸下,但要保全螺栓;紧固双螺母时,两螺母棱角应错开;紧固 24 mm 以下的螺栓螺母时,禁止加用套管;螺母与扳手的尺寸不符时,禁止两者间加垫;敲击螺母时,禁止向松的方向和向螺母的棱角上敲打;紧固栽丝时,可先用双螺母拧紧,再用扳手紧背母,使栽丝紧固。

90. 如何拆装更换一般穿销及开口销?

答:拆卸开口销时,应使开口销尾部并直,以撬棍插入销子头部环内,再用手锤轻敲撬棍,将开口销提出;开口销装好后,将其尾部劈成 60°;拆卸穿销时,应先将开口销取出,再取出垫圈及穿销;穿销的安装,应按销孔的方向而定,一般横向穿销应从内往外穿或由前往后穿,竖向穿销应从上向下穿入;开口销的直径,应符合穿销孔的大小,插入劈开后不应跳动;使用花螺母时,开口销应插入花螺母槽内;没有丝扣的穿销,在安装开口销前应加垫圈;开口销安装后,距螺母或垫圈不得超过 3 mm。

91. 如何闭合 SS4G 型机车主断路器?

答:(1)闭合主断路器前,应确认全车司机控制器在零位,零位灯亮。按扳钮时间不少于 2 s。断、合闸间隔时间不少于 3 s。(2)合闸后,如发现辅助电压表显示低于 310 V,应断电、降弓;断、合几次主断路器,再升弓、合闸,防止因主断路器闭合不到位,烧损主触头,引起瓷瓶爆炸。(3)合闸后,应注意听主变压器交流声是否正常,故障显示屏显示有无异常。发现异常应立即断电、降弓,妥善处理。

92. 如何启动 SS4G 型机车劈相机?

答:(1)启动劈相机,应在辅助电压稳定后进行。启动时应手按、耳听、眼看,即:一手按劈相机扳钮,一手扶“主断”扳钮;耳听启动声音是否正常;眼看辅助电压波动不超过 60 V,灯显示正常。发现异常,立即断电。(2)断电后,立即关闭劈相机扳钮,此时,辅助电压表应迅速降零。如下降缓慢,很可能劈相机接触器焊接,应检查确认接触器无焊接后,方可重新合闸启动。(3)零压保护装置故障切除后,应注意观察网压,发现失压,及时断电。(4)自起劈相机时,按合闸扳钮的时间适当延长,以免二次操作。

93. 如何检查 SS4G 型机车车钩?

答:检查车钩开启时最小处为 220~250 mm;关闭时最小处为 110~130 mm。检查车钩中心线距轨面高为 815~890 mm;中修机车 835~885 mm;小修机车 820~890 mm。

94. 辅修时如何对 SS4G 型机车排障器进行检查?

答:排障器要安装牢固,不许有裂纹及破损,排障器底面距轨面的距离为 80~100 mm;扫石器状态良好,安装牢固。扫石器距轨面的距离为 60~80 mm,胶板距轨面为 20~30 mm。

95. 如何对直流电动机进行调速?

答:(1)调节电枢回路串入的电阻。这种调速方法比较简单,但是附加了调节电阻的铜耗,使电机效率降低;同时使电机的机械特性变"软",因此它的应用受到限制。(2)调节励磁电流。这种方法调速范围较大,而且附加的电能损耗较小,调速后效率没有降低,因而是一种经济的调速方法。它的缺点在于使换向条件恶化,容易发生环火。(3)改变电源电压。改变电源电压可以广泛而经济地调节电动机的转速。以前由于可调压的直流电源系统复杂,价格昂贵,因而此种方法较少采用;现在由于电子工业的发展,出现了各种可调直流电源,因此这种方法日益得到广泛的采用。

96. 如何防止三相电机单相启动?

答:由于接触器故障,或是线路接触不良,电机绕组断线,均有造成三相电机单相起动的可能。此时,三相电机没有起动力矩,定子绕组流过一个远大于额定值的电流,最终导致电机烧损。为此,检修时,应避免接触器各触头闭合不一致,开距、超程不符合规定造成的单相运行;须仔细检查各接线端子是否连接可靠,线鼻子处是否折损。起动辅助机组时,听到有不正常的声音应立即切断电源,等查明故障并排除后,方可接通电源。

97. 如何使用钳型电流表?

答:(1)进行电流测量时,被测载流导线的位置应放在钳口中央,以免产生误差。(2)测量前应先估计被测电流的大小,选择合适的量程。(3)被测电路的电压不可超过钳形表上所标明的规定值。(4)为使读数准确,钳口两个面应保证很好接合。(5)测量后一定要把调节开关放在最大电流量程位置。(6)测量小于 5 A 以下电流时,为了得到较准确的读数,在条件许可时,可把导线多绕几圈放进钳口进行测量,但实际电流数值应为读数除以进入钳口内导线根数。

98. C1 修时如何检查 HXD_2 型机车通用柜?

答:外观检查通用柜、柜门及柜体无变形、损坏;密封良好,标识齐全,锁闭性能良好。安全钥匙齐全,无变形、破损,旋转正常;锁闭性能良好。库用电源断路器动作良好;各加热设备断路器动作良好。

99. C1 修时如何检查 HXD_2 型机车制动软管?

答:检查接头、连接器无裂纹、变形;软管与接头连接状态应良好;列车软管卡子两耳之间距离为 5~10 mm;软管无老化、裂纹;软管丝扣、接头良好;软管与接头压装良好,卡箍紧固螺栓良好。

100. 如何用兆欧表检测绝缘电阻?

答:(1)使用前首先进行校表,两导线短接,指针回零;两导线开路,指针指"∞"。(2)将表"—"线(黑色)接机壳或地;表"+"线(红色)接被测导体。(3)顺时针转动手柄(120 r/min),指针所指数值即为被测导体绝缘电阻值。

S1　SS4 型机车接地装置检修

1. 考场准备

要求考场内有一台与考试机型相一致的机车，且车下要有地沟，地沟上须设置渡板，便于对机车部件进行检查及检修，或考场内有一个与考试内容相一致的机车零部件，以及为检修该零部件所需的工作场地、检修试验台和检修工作台。考场环境整洁、明亮并设有隔离设施。

2. 材料工具准备

序　号	名　称	规　格	数　量	备　注
1	兆欧表		1 台	
2	电桥		1 把	
3	手电		1 只	
4	套筒扳手		1 套	
5	活动扳手		1 把	
6	克丝钳		1 把	
7	一字螺丝刀		1 把	
8	十字螺丝刀		1 把	
9	钢直尺		1 把	
10	梅花扳手		1 套	
11	叉口扳手		1 套	

3. 考核要求

(1)被认定人入场后，向裁判报告姓名及所参加的工种及等级，由裁判告知题目，当被认定人告知裁判可以开始时，由裁判员开始计时。

(2)考核时间为 20 min，操作时必须按规定佩戴安全防护用品。

(3)被认定人作业期间，裁判员可以根据作业情况向被认定人提问，以确认被认定人对工艺的熟悉情况和确认故障点是否有依据。

(4)考核过程中，被认定人出现毁坏部件或受伤情况时，终止考试，成绩为零。

(5)考试完毕后，由被认定人告知裁判员考试结束，由裁判员结束计时。

4. 考核评分

(1)考评人员 3 名以上。

(2)评分程序及规则：考评员根据考生操作情况对照计分标准在评分表上给予记录评分。

(3)算分方法：采用百分制，满分 100 分，60 分及以上为及格。

职业技能认定
电力机车钳工(中级工)实作技能考核评分记录表

单位:＿＿＿＿＿　姓名:＿＿＿＿＿　准考证号:＿＿＿＿＿　工种:＿＿＿＿＿　级别:＿＿＿＿＿

试题名称:SS_4 型机车接地装置检修

考核时间:20 min

操作开始时间:　　时　　分　　　　操作结束时间:　　时　　分

项　目	考核内容及评分标准	扣分因素及扣分	得　分
操作程序(25 分)	1. 工序错乱扣 10 分		
	2. 工作中返工扣 15 分		
	3. 作业后未按要求恢复或清理作业场地扣 5 分		
作业质量(45 分)	1. 检修过程中,分解、组装顺序不对,每次扣 2 分		
	2. 检修过程中,对零部件清洗质量不合格,每件扣 2 分		
	3. 检修过程中,对零部件检查,漏检每项扣 1 分		
	4. 检修过程中,对零部件测量,漏测每项扣 2 分		
	5. 检修后检修质量不符合技术要求扣 45 分		
	6. 未填写检修记录或填写数据缺、漏、错项,每项扣 1 分		
工具使用(20 分)	1. 开工前未检查工、量具及设备,收工不整理,每件扣 2 分		
	2. 工、量具及设备使用不当,每次扣 2 分		
	3. 工、量具脱落,每次扣 2 分		
	4. 工具、设备损坏扣,每件扣 4 分		
作业安全(10 分)	1. 未按规定着装扣 2 分		
	2. 工作场地不整洁扣 2 分		
	3. 工件、工具摆放不整齐扣 2 分		
	4. 违章或违反安全事项,每次扣 4 分		
	5. 发生事故失格		
考核时间	1. 超过规定时间每超 1 min,扣 2 分		
	2. 超过规定时间 3 min 以上每分钟(不包括 3 min)扣 5 分		
	3. 超过规定时间 10 min 以上(不包括 10 min),停止考试		
合计(100 分)			

考评员签名:　　　　　　　　认定人:　　　　　　　　年　　月　　日

S2　SS4 型机车轮轨润滑装置的检修

1. 考场准备

要求考场内有一台与考试机型相一致的机车，且车下要有地沟，地沟上须设置渡板，便于对机车部件进行检查及检修，或考场内有一个与考试内容相一致的机车零部件，以及为检修该零部件所需的工作场地、检修试验台和检修工作台。考场环境整洁、明亮并设有隔离设施。

2. 材料工具准备

序　号	名　称	规　格	数　量	备　注
1	手锤		1 把	
2	手电		1 只	
3	钳工常用工具		1 套	
4	电工常用工具		1 套	
5	钢直尺		1 把	

3. 考核要求

(1)被认定人入场后，向裁判报告姓名及所参加的工种及等级，由裁判告知题目，当被认定人告知裁判可以开始时，由裁判员开始计时。

(2)考核时间为 20 min，操作时必须按规定佩戴安全防护用品。

(3)被认定人作业期间，裁判员可以根据作业情况向被认定人提问，以确认被认定人对工艺的熟悉情况和确认故障点是否有依据。

(4)考核过程中，被认定人出现毁坏部件或受伤情况时，终止考试，成绩为零。

(5)考试完毕后，由被认定人告知裁判员考试结束，由裁判员结束计时。

4. 考核评分

(1)考评人员 3 名以上。

(2)评分程序及规则：考评员根据考生操作情况对照计分标准在评分表上给予记录评分。

(3)算分方法：采用百分制，满分 100 分，60 分及以上为及格。

职业技能认定
电力机车钳工(中级工)实作技能考核评分记录表

单位:________ 姓名:________ 准考证号:________ 工种:________ 级别:________

试题名称:SS_4 型机车轮轨润滑装置的检修

考核时间:20 min

操作开始时间: 时 分 操作结束时间: 时 分

项 目	考核内容及评分标准	扣分因素及扣分	得 分
操作程序(25分)	1. 工序错乱扣10分		
	2. 工作中返工扣15分		
	3. 作业后未按要求恢复或清理作业场地扣5分		
作业质量(45分)	1. 检修过程中,分解、组装顺序不对,每次扣2分		
	2. 检修过程中,对零部件清洗质量不合格,每件扣2分		
	3. 检修过程中,对零部件检查,漏检每项扣1分		
	4. 检修过程中,对零部件测量,漏测每项扣2分		
	5. 检修后检修质量不符合技术要求扣45分		
	6. 未填写检修记录或填写数据缺、漏、错项,每项扣1分		
工具使用(20分)	1. 开工前未检查工、量具及设备,收工不整理,每件扣2分		
	2. 工、量具及设备使用不当,每次扣2分		
	3. 工、量具脱落,每次扣2分		
	4. 工具、设备损坏扣,每件扣4分		
作业安全(10分)	1. 未按规定着装扣2分		
	2. 工作场地不整洁扣2分		
	3. 工件、工具摆放不整齐扣2分		
	4. 违章或违反安全事项,每次扣4分		
	5. 发生事故失格		
考核时间	1. 超过规定时间每超1 min,扣2分		
	2. 超过规定时间3 min以上每分钟(不包括3 min)扣5分		
	3. 超过规定时间10 min以上(不包括10 min),停止考试		
合计(100分)			

考评员签名: 认定人: 年 月 日

S3　SS4型机车辅助设备的检修

1. 考场准备

要求考场内有一台与考试机型相一致的机车，且车下要有地沟，地沟上须设置渡板，便于对机车部件进行检查及检修，或考场内有一个与考试内容相一致的机车零部件，以及为检修该零部件所需的工作场地、检修试验台和检修工作台。考场环境整洁、明亮并设有隔离设施。

2. 材料工具准备

序　号	名　称	规　格	数　量	备　注
1	手电		1只	
2	钳工常用工具		1套	
3	电工常用工具		1套	

3. 考核要求

(1)被认定人入场后，向裁判报告姓名及所参加的工种及等级，由裁判告知题目，当被认定人告知裁判可以开始时，由裁判员开始计时。

(2)考核时间为 20 min，操作时必须按规定佩戴安全防护用品。

(3)被认定人作业期间，裁判员可以根据作业情况向被认定人提问，以确认被认定人对工艺的熟悉情况和确认故障点是否有依据。

(4)考核过程中，被认定人出现毁坏部件或受伤情况时，终止考试，成绩为零。

(5)考试完毕后，由被认定人告知裁判员考试结束，由裁判员结束计时。

4. 考核评分

(1)考评人员 3 名以上。

(2)评分程序及规则：考评员根据考生操作情况对照计分标准在评分表上给予记录评分。

(3)算分方法：采用百分制，满分 100 分，60 分及以上为及格。

职业技能认定
电力机车钳工(中级工)实作技能考核评分记录表

单位:__________ 姓名:__________ 准考证号:__________ 工种:__________ 级别:__________

试题名称:SS_4 型机车辅助设备的检修

考核时间:20 min

操作开始时间: 时 分 操作结束时间: 时 分

项 目	考核内容及评分标准	扣分因素及扣分	得 分
操作程序(25分)	1. 工序错乱扣10分		
	2. 工作中返工扣15分		
	3. 作业后未按要求恢复或清理作业场地扣5分		
作业质量(45分)	1. 检修过程中,分解、组装顺序不对,每次扣2分		
	2. 检修过程中,对零部件清洗质量不合格,每件扣2分		
	3. 检修过程中,对零部件检查,漏检每项扣1分		
	4. 检修过程中,对零部件测量,漏测每项扣2分		
	5. 检修后检修质量不符合技术要求扣45分		
	6. 未填写检修记录或填写数据缺、漏、错项,每项扣1分		
工具使用(20分)	1. 开工前未检查工、量具及设备,收工不整理,每件扣2分		
	2. 工、量具及设备使用不当,每次扣2分		
	3. 工、量具脱落,每次扣2分		
	4. 工具、设备损坏扣,每件扣4分		
作业安全(10分)	1. 未按规定着装扣2分		
	2. 工作场地不整洁扣2分		
	3. 工件、工具摆放不整齐扣2分		
	4. 违章或违反安全事项,每次扣4分		
	5. 发生事故失格		
考核时间	1. 超过规定时间每超1 min,扣2分		
	2. 超过规定时间3 min以上每分钟(不包括3 min)扣5分		
	3. 超过规定时间10 min以上(不包括10 min),停止考试		
合计(100分)			

考评员签名: 认定人: 年 月 日

S4　SS4 型机车单元制动器的检修

1. 考场准备

要求考场内有一台与考试机型相一致的机车，且车下要有地沟，地沟上须设置渡板，便于对机车部件进行检查及检修，或考场内有一个与考试内容相一致的机车零部件，以及为检修该零部件所需的工作场地、检修试验台和检修工作台。考场环境整洁、明亮并设有隔离设施。

2. 材料工具准备

序　号	名　称	规　格	数　量	备　注
1	铜锤		1 把	
2	手锤		1 把	
3	手电		1 只	
4	撬棍		1 根	
5	检修专用工具		1 套	
6	检修专用量具		1 套	
7	钳工常用工具		1 套	

3. 考核要求

(1)被认定人进入场后，向裁判报告姓名及所参加的工种及等级，由裁判告知题目，当被认定人告知裁判可以开始时，由裁判员开始计时。

(2)考核时间为 20 min，操作时必须按规定佩戴安全防护用品。

(3)被认定人作业期间，裁判员可以根据作业情况向被认定人提问，以确认被认定人对工艺的熟悉情况和确认故障点是否有依据。

(4)考核过程中，被认定人出现毁坏部件或受伤情况时，终止考试，成绩为零。

(5)考试完毕后，由被认定人告知裁判员考试结束，由裁判员结束计时。

4. 考核评分

(1)考评人员 3 名以上。

(2)评分程序及规则：考评员根据考生操作情况对照计分标准在评分表上给予记录评分。

(3)算分方法：采用百分制，满分 100 分，60 分及以上为及格。

职业技能认定
电力机车钳工(中级工)实作技能考核评分记录表

单位:__________ 姓名:__________ 准考证号:__________ 工种:__________ 级别:__________

试题名称:SS_4 型机车单元制动器的检修

考核时间:20 min

操作开始时间: 时 分 操作结束时间: 时 分

项 目	考核内容及评分标准	扣分因素及扣分	得 分
操作程序(25分)	1. 工序错乱扣10分		
	2. 工作中返工扣15分		
	3. 作业后未按要求恢复或清理作业场地扣5分		
作业质量(45分)	1. 检修过程中,分解、组装顺序不对,每次扣2分		
	2. 检修过程中,对零部件清洗质量不合格,每件扣2分		
	3. 检修过程中,对零部件检查,漏检每项扣1分		
	4. 检修过程中,对零部件测量,漏测每项扣2分		
	5. 检修后检修质量不符合技术要求扣45分		
	6. 未填写检修记录或填写数据缺、漏、错项,每项扣1分		
工具使用(20分)	1. 开工前未检查工、量具及设备,收工不整理,每件扣2分		
	2. 工、量具及设备使用不当,每次扣2分		
	3. 工、量具脱落,每次扣2分		
	4. 工具、设备损坏扣,每件扣4分		
作业安全(10分)	1. 未按规定着装扣2分		
	2. 工作场地不整洁扣2分		
	3. 工件、工具摆放不整齐扣2分		
	4. 违章或违反安全事项,每次扣4分		
	5. 发生事故失格		
考核时间	1. 超过规定时间每超1 min,扣2分		
	2. 超过规定时间3 min以上每分钟(不包括3 min)扣5分		
	3. 超过规定时间10 min以上(不包括10 min),停止考试		
合计(100分)			

考评员签名: 认定人: 年 月 日

S5　SS4 型机车手制动机的检修

1. 考场准备

要求考场内有一台与考试机型相一致的机车，且车下要有地沟，地沟上须设置渡板，便于对机车部件进行检查及检修，或考场内有一个与考试内容相一致的机车零部件，以及为检修该零部件所需的工作场地、检修试验台和检修工作台。考场环境整洁、明亮并设有隔离设施。

2. 材料工具准备

序　号	名　称	规　格	数　量	备　注
1	油枪		1 把	
2	手锤		1 把	
3	手电		1 只	
4	撬棍		1 根	
5	检修专用工具		1 套	
6	检修专用量具		1 套	
7	钳工常用工具		1 套	

3. 考核要求

(1)被认定人入场后，向裁判报告姓名及所参加的工种及等级，由裁判告知题目，当被认定人告知裁判可以开始时，由裁判员开始计时。

(2)考核时间为 20 min，操作时必须按规定佩戴安全防护用品。

(3)被认定人作业期间，裁判员可以根据作业情况向被认定人提问，以确认被认定人对工艺的熟悉情况和确认故障点是否有依据。

(4)考核过程中，被认定人出现毁坏部件或受伤情况时，终止考试，成绩为零。

(5)考试完毕后，由被认定人告知裁判员考试结束，由裁判员结束计时。

4. 考核评分

(1)考评人员 3 名以上。

(2)评分程序及规则：考评员根据考生操作情况对照计分标准在评分表上给予记录评分。

(3)算分方法：采用百分制，满分 100 分，60 分及以上为及格。

职业技能认定
电力机车钳工(中级工)实作技能考核评分记录表

单位:＿＿＿＿＿　姓名:＿＿＿＿＿　准考证号:＿＿＿＿＿　工种:＿＿＿＿＿　级别:＿＿＿＿＿

试题名称:SS_4 型机车手制动机的检修

考核时间:20 min

操作开始时间:　　时　　分　　　　　　　　操作结束时间:　　时　　分

项　目	考核内容及评分标准	扣分因素及扣分	得　分
操作程序(25分)	1. 工序错乱扣10分		
	2. 工作中返工扣15分		
	3. 作业后未按要求恢复或清理作业场地扣5分		
作业质量(45分)	1. 检修过程中,分解、组装顺序不对,每次扣2分		
	2. 检修过程中,对零部件清洗质量不合格,每件扣2分		
	3. 检修过程中,对零部件检查,漏检每项扣1分		
	4. 检修过程中,对零部件测量,漏测每项扣2分		
	5. 检修后检修质量不符合技术要求扣45分		
	6. 未填写检修记录或填写数据缺、漏、错项,每项扣1分		
工具使用(20分)	1. 开工前未检查工、量具及设备,收工不整理,每件扣2分		
	2. 工、量具及设备使用不当,每次扣2分		
	3. 工、量具脱落,每次扣2分		
	4. 工具、设备损坏扣,每件扣4分		
作业安全(10分)	1. 未按规定着装扣2分		
	2. 工作场地不整洁扣2分		
	3. 工件、工具摆放不整齐扣2分		
	4. 违章或违反安全事项,每次扣4分		
	5. 发生事故失格		
考核时间	1. 超过规定时间每超1 min,扣2分		
	2. 超过规定时间3 min以上每分钟(不包括3 min)扣5分		
	3. 超过规定时间10 min以上(不包括10 min),停止考试		
合计(100分)			

考评员签名:　　　　　　　　　　　　认定人:　　　　　　　　　　　　年　　月　　日

S6　SS4 型机车排障器及扫石器的检修

1. 考场准备

要求考场内有一台与考试机型相一致的机车，且车下要有地沟，地沟上须设置渡板，便于对机车部件进行检查及检修，或考场内有一个与考试内容相一致的机车零部件，以及为检修该零部件所需的工作场地、检修试验台和检修工作台。考场环境整洁、明亮并设有隔离设施。

2. 材料工具准备

序　号	名　称	规　格	数　量	备　注
1	大锤		1 把	
2	手锤		1 把	
3	手电		1 只	
4	撬棍		1 根	
5	检修专用工具		1 套	
6	检修专用量具		1 套	
7	钳工常用工具		1 套	

3. 考核要求

(1)被认定人进入场后，向裁判报告姓名及所参加的工种及等级，由裁判告知题目，当被认定人告知裁判可以开始时，由裁判员开始计时。

(2)考核时间为 20 min，操作时必须按规定佩戴安全防护用品。

(3)被认定人作业期间，裁判员可以根据作业情况向被认定人提问，以确认被认定人对工艺的熟悉情况和确认故障点是否有依据。

(4)考核过程中，被认定人出现毁坏部件或受伤情况时，终止考试，成绩为零。

(5)考试完毕后，由被认定人告知裁判员考试结束，由裁判员结束计时。

4. 考核评分

(1)考评人员 3 名以上。

(2)评分程序及规则：考评员根据考生操作情况对照计分标准在评分表上给予记录评分。

(3)算分方法：采用百分制，满分 100 分，60 分及以上为及格。

职业技能认定
电力机车钳工(中级工)实作技能考核评分记录表

单位:________ 姓名:________ 准考证号:________ 工种:________ 级别:________

试题名称:SS_4 型机车排障器及扫石器的检修

考核时间:20 min

操作开始时间: 时 分 操作结束时间: 时 分

项 目	考核内容及评分标准	扣分因素及扣分	得 分
操作程序(25 分)	1. 工序错乱扣 10 分		
	2. 工作中返工扣 15 分		
	3. 作业后未按要求恢复或清理作业场地扣 5 分		
作业质量(45 分)	1. 检修过程中,分解、组装顺序不对,每次扣 2 分		
	2. 检修过程中,对零部件清洗质量不合格,每件扣 2 分		
	3. 检修过程中,对零部件检查,漏检每项扣 1 分		
	4. 检修过程中,对零部件测量,漏测每项扣 2 分		
	5. 检修后检修质量不符合技术要求扣 45 分		
	6. 未填写检修记录或填写数据缺、漏、错项,每项扣 1 分		
工具使用(20 分)	1. 开工前未检查工、量具及设备,收工不整理,每件扣 2 分		
	2. 工、量具及设备使用不当,每次扣 2 分		
	3. 工、量具脱落,每次扣 2 分		
	4. 工具、设备损坏扣,每件扣 4 分		
作业安全(10 分)	1. 未按规定着装扣 2 分		
	2. 工作场地不整洁扣 2 分		
	3. 工件、工具摆放不整齐扣 2 分		
	4. 违章或违反安全事项,每次扣 4 分		
	5. 发生事故失格		
考核时间	1. 超过规定时间每超 1 min,扣 2 分		
	2. 超过规定时间 3 min 以上每分钟(不包括 3 min)扣 5 分		
	3. 超过规定时间 10 min 以上(不包括 10 min),停止考试		
合计(100 分)			

考评员签名: 认定人: 年 月 日

S7　SS4型机车受电弓的检修

1. 考场准备

要求考场内有一台与考试机型相一致的机车，且车下要有地沟，地沟上须设置渡板，便于对机车部件进行检查及检修，或考场内有一个与考试内容相一致的机车零部件，以及为检修该零部件所需的工作场地、检修试验台和检修工作台。考场环境整洁、明亮并设有隔离设施。

2. 材料工具准备

序　号	名　称	规　格	数　量	备　注
1	油枪		1把	
2	扭矩扳手	15 N	1把	
3	扭矩扳手	60 N	1把	
4	撬棍		1根	
5	高度尺	0～3 m	1个	
6	弹簧秤	100 N	1把	
7	钳工常用工具		1套	
8	秒表		1个	
9	铜棒		1根	
10	活扳手	8寸	1把	
11	钢直尺	300 mm	1把	

3. 考核要求

(1)被认定人进入场后，向裁判报告姓名及所参加的工种及等级，由裁判告知题目，当被认定人告知裁判可以开始时，由裁判员开始计时。

(2)考核时间为 20 min，操作时必须按规定佩戴安全防护用品。

(3)被认定人作业期间，裁判员可以根据作业情况向被认定人提问，以确认被认定人对工艺的熟悉情况和确认故障点是否有依据。

(4)考核过程中，被认定人出现毁坏部件或受伤情况时，终止考试，成绩为零。

(5)考试完毕后，由被认定人告知裁判员考试结束，由裁判员结束计时。

4. 考核评分

(1)考评人员 3 名以上。

(2)评分程序及规则：考评员根据考生操作情况对照计分标准在评分表上给予记录评分。

(3)算分方法：采用百分制，满分 100 分，60 分及以上为及格。

职业技能认定
电力机车钳工(中级工)实作技能考核评分记录表

单位:________ 姓名:________ 准考证号:________ 工种:________ 级别:________

试题名称:SS_4 型机车受电弓的检修

考核时间:20 min

操作开始时间:　时　分　　　操作结束时间:　时　分

项　目	考核内容及评分标准	扣分因素及扣分	得　分
操作程序(25 分)	1. 工序错乱扣 10 分		
	2. 工作中返工扣 15 分		
	3. 作业后未按要求恢复或清理作业场地扣 5 分		
作业质量(45 分)	1. 检修过程中,分解、组装顺序不对,每次扣 2 分		
	2. 检修过程中,对零部件清洗质量不合格,每件扣 2 分		
	3. 检修过程中,对零部件检查,漏检每项扣 1 分		
	4. 检修过程中,对零部件测量,漏测每项扣 2 分		
	5. 检修后检修质量不符合技术要求扣 45 分		
	6. 未填写检修记录或填写数据缺、漏、错项,每项扣 1 分		
工具使用(20 分)	1. 开工前未检查工、量具及设备,收工不整理,每件扣 2 分		
	2. 工、量具及设备使用不当,每次扣 2 分		
	3. 工、量具脱落,每次扣 2 分		
	4. 工具、设备损坏扣,每件扣 4 分		
作业安全(10 分)	1. 未按规定着装扣 2 分		
	2. 工作场地不整洁扣 2 分		
	3. 工件、工具摆放不整齐扣 2 分		
	4. 违章或违反安全事项,每次扣 4 分		
	5. 发生事故失格		
考核时间	1. 超过规定时间每超 1 min,扣 2 分		
	2. 超过规定时间 3 min 以上每分钟(不包括 3 min)扣 5 分		
	3. 超过规定时间 10 min 以上(不包括 10 min),停止考试		
合计(100 分)			

考评员签名:　　　　认定人:　　　　年　　月　　日

S8　SS4 型机车受电弓滑板及支架的检修

1. 考场准备

要求考场内有一台与考试机型相一致的机车，且车下要有地沟，地沟上须设置渡板，便于对机车部件进行检查及检修，或考场内有一个与考试内容相一致的机车零部件，以及为检修该零部件所需的工作场地、检修试验台和检修工作台。考场环境整洁、明亮并设有隔离设施。

2. 材料工具准备

序　号	名　称	规　格	数　量	备　注
1	手锤		1 把	
2	手电		1 只	
3	钳工常用工具		1 套	
4	铜锤		1 把	
5	检修专用工具		1 套	
6	检修专用量具		1 套	
7	电工常用工具		1 套	

3. 考核要求

(1)被认定人入场后，向裁判报告姓名及所参加的工种及等级，由裁判告知题目，当被认定人告知裁判可以开始时，由裁判员开始计时。

(2)考核时间为 20 min，操作时必须按规定佩戴安全防护用品。

(3)被认定人作业期间，裁判员可以根据作业情况向被认定人提问，以确认被认定人对工艺的熟悉情况和确认故障点是否有依据。

(4)考核过程中，被认定人出现毁坏部件或受伤情况时，终止考试，成绩为零。

(5)考试完毕后，由被认定人告知裁判员考试结束，由裁判员结束计时。

4. 考核评分

(1)考评人员 3 名以上。

(2)评分程序及规则：考评员根据考生操作情况对照计分标准在评分表上给予记录评分。

(3)算分方法：采用百分制，满分 100 分，60 分及以上为及格。

职业技能认定
电力机车钳工(中级工)实作技能考核评分记录表

单位:__________ 姓名:__________ 准考证号:__________ 工种:__________ 级别:__________

试题名称:SS_4 型机车受电弓滑板及支架的检修

考核时间:20 min

操作开始时间: 时 分 操作结束时间: 时 分

项 目	考核内容及评分标准	扣分因素及扣分	得 分
操作程序(25分)	1. 工序错乱扣 10 分		
	2. 工作中返工扣 15 分		
	3. 作业后未按要求恢复或清理作业场地扣 5 分		
作业质量(45分)	1. 检修过程中,分解、组装顺序不对,每次扣 2 分		
	2. 检修过程中,对零部件清洗质量不合格,每件扣 2 分		
	3. 检修过程中,对零部件检查,漏检每项扣 1 分		
	4. 检修过程中,对零部件测量,漏测每项扣 2 分		
	5. 检修后检修质量不符合技术要求扣 45 分		
	6. 未填写检修记录或填写数据缺、漏、错项,每项扣 1 分		
工具使用(20分)	1. 开工前未检查工、量具及设备,收工不整理,每件扣 2 分		
	2. 工、量具及设备使用不当,每次扣 2 分		
	3. 工、量具脱落,每次扣 2 分		
	4. 工具、设备损坏扣,每件扣 4 分		
作业安全(10分)	1. 未按规定着装扣 2 分		
	2. 工作场地不整洁扣 2 分		
	3. 工件、工具摆放不整齐扣 2 分		
	4. 违章或违反安全事项,每次扣 4 分		
	5. 发生事故失格		
考核时间	1. 超过规定时间每超 1 min,扣 2 分		
	2. 超过规定时间 3 min 以上每分钟(不包括 3 min)扣 5 分		
	3. 超过规定时间 10 min 以上(不包括 10 min),停止考试		
合计(100分)			

考评员签名: 认定人: 年 月 日

S9　HXD1 型机车车钩的 C4 修

1. 考场准备

要求考场内有一台与考试机型相一致的机车，且车下要有地沟，地沟上须设置渡板，便于对机车部件进行检查及检修，或考场内有一个与考试内容相一致的机车零部件，以及为检修该零部件所需的工作场地、检修试验台和检修工作台。考场环境整洁、明亮并设有隔离设施。

2. 材料工具准备

序　号	名　称	规　格	数　量	备　注
1	大锤		1 把	
2	手锤		1 把	
3	手电		1 只	
4	撬棍		1 根	
5	检修专用工具		1 套	
6	检修专用量具		1 套	
7	钳工常用工具		1 套	

3. 考核要求

(1)被认定人入场后，向裁判报告姓名及所参加的工种及等级，由裁判告知题目，当被认定人告知裁判可以开始时，由裁判员开始计时。

(2)考核时间为 20 min，操作时必须按规定佩戴安全防护用品。

(3)被认定人作业期间，裁判员可以根据作业情况向被认定人提问，以确认被认定人对工艺的熟悉情况和确认故障点是否有依据。

(4)考核过程中，被认定人出现毁坏部件或受伤情况时，终止考试，成绩为零。

(5)考试完毕后，由被认定人告知裁判员考试结束，由裁判员结束计时。

4. 考核评分

(1)考评人员 3 名以上。

(2)评分程序及规则：考评员根据考生操作情况对照计分标准在评分表上给予记录评分。

(3)算分方法：采用百分制，满分 100 分，60 分及以上为及格。

职业技能认定
电力机车钳工（中级工）实作技能考核评分记录表

单位：__________　姓名：__________　准考证号：__________　工种：__________　级别：__________

试题名称：HXD_1 型机车车钩的 C4 修

考核时间：20 min

操作开始时间：　　时　　分　　　　　　　　操作结束时间：　　时　　分

项　目	考核内容及评分标准	扣分因素及扣分	得　分
操作程序（25 分）	1. 工序错乱扣 10 分		
	2. 工作中返工扣 15 分		
	3. 作业后未按要求恢复或清理作业场地扣 5 分		
作业质量（45 分）	1. 检修过程中，分解、组装顺序不对，每次扣 2 分		
	2. 检修过程中，对零部件清洗质量不合格，每件扣 2 分		
	3. 检修过程中，对零部件检查，漏检每项扣 1 分		
	4. 检修过程中，对零部件测量，漏测每项扣 2 分		
	5. 检修后检修质量不符合技术要求扣 45 分		
	6. 未填写检修记录或填写数据缺、漏、错项，每项扣 1 分		
工具使用（20 分）	1. 开工前未检查工、量具及设备，收工不整理，每件扣 2 分		
	2. 工、量具及设备使用不当，每次扣 2 分		
	3. 工、量具脱落，每次扣 2 分		
	4. 工具、设备损坏扣，每件扣 4 分		
作业安全（10 分）	1. 未按规定着装扣 2 分		
	2. 工作场地不整洁扣 2 分		
	3. 工件、工具摆放不整齐扣 2 分		
	4. 违章或违反安全事项，每次扣 4 分		
	5. 发生事故失格		
考核时间	1. 超过规定时间每超 1 min，扣 2 分		
	2. 超过规定时间 3 min 以上每分钟（不包括 3 min）扣 5 分		
	3. 超过规定时间 10 min 以上（不包括 10 min），停止考试		
合计（100 分）			

考评员签名：　　　　　　　　　　　　认定人：　　　　　　　　　　　　年　　月　　日

S10　HXD1 型机车缓冲装置的 C4 修

1. 考场准备

要求考场内有一台与考试机型相一致的机车，且车下要有地沟，地沟上须设置渡板，便于对机车部件进行检查及检修，或考场内有一个与考试内容相一致的机车零部件，以及为检修该零部件所需的工作场地、检修试验台和检修工作台。考场环境整洁、明亮并设有隔离设施。

2. 材料工具准备

序　号	名　称	规　格	数　量	备　注
1	大锤		1 把	
2	手锤		1 把	
3	钢丝刷		1 把	
4	撬棍		1 根	
5	检修专用工具		1 套	
6	检修专用量具		1 套	
7	钳工常用工具		1 套	

3. 考核要求

(1)被认定人入场后，向裁判报告姓名及所参加的工种及等级，由裁判告知题目，当被认定人告知裁判可以开始时，由裁判员开始计时。

(2)考核时间为 20 min，操作时必须按规定佩戴安全防护用品。

(3)被认定人作业期间，裁判员可以根据作业情况向被认定人提问，以确认被认定人对工艺的熟悉情况和确认故障点是否有依据。

(4)考核过程中，被认定人出现毁坏部件或受伤情况时，终止考试，成绩为零。

(5)考试完毕后，由被认定人告知裁判员考试结束，由裁判员结束计时。

4. 考核评分

(1)考评人员 3 名以上。

(2)评分程序及规则：考评员根据考生操作情况对照计分标准在评分表上给予记录评分。

(3)算分方法：采用百分制，满分 100 分，60 分及以上为及格。

职业技能认定
电力机车钳工(中级工)实作技能考核评分记录表

单位:________ 姓名:________ 准考证号:________ 工种:________ 级别:________

试题名称:HXD_1 型机车缓冲装置的 C4 修

考核时间:20 min

操作开始时间: 时 分 操作结束时间: 时 分

项 目	考核内容及评分标准	扣分因素及扣分	得 分
操作程序(25分)	1. 工序错乱扣 10 分		
	2. 工作中返工扣 15 分		
	3. 作业后未按要求恢复或清理作业场地扣 5 分		
作业质量(45分)	1. 检修过程中,分解、组装顺序不对,每次扣 2 分		
	2. 检修过程中,对零部件清洗质量不合格,每件扣 2 分		
	3. 检修过程中,对零部件检查,漏检每项扣 1 分		
	4. 检修过程中,对零部件测量,漏测每项扣 2 分		
	5. 检修后检修质量不符合技术要求扣 45 分		
	6. 未填写检修记录或填写数据缺、漏、错项,每项扣 1 分		
工具使用(20分)	1. 开工前未检查工、量具及设备,收工不整理,每件扣 2 分		
	2. 工、量具及设备使用不当,每次扣 2 分		
	3. 工、量具脱落,每次扣 2 分		
	4. 工具、设备损坏扣,每件扣 4 分		
作业安全(10分)	1. 未按规定着装扣 2 分		
	2. 工作场地不整洁扣 2 分		
	3. 工件、工具摆放不整齐扣 2 分		
	4. 违章或违反安全事项,每次扣 4 分		
	5. 发生事故失格		
考核时间	1. 超过规定时间每超 1 min,扣 2 分		
	2. 超过规定时间 3 min 以上每分钟(不包括 3 min)扣 5 分		
	3. 超过规定时间 10 min 以上(不包括 10 min),停止考试		
合计(100分)			

考评员签名: 认定人: 年 月 日

S11 HXD2 型机车转向架附属部件的 C3 修

1. 考场准备

要求考场内有一台与考试机型相一致的机车，且车下要有地沟，地沟上须设置渡板，便于对机车部件进行检查及检修，或考场内有一个与考试内容相一致的机车零部件，以及为检修该零部件所需的工作场地、检修试验台和检修工作台。考场环境整洁、明亮并设有隔离设施。

2. 材料工具准备

序 号	名 称	规 格	数 量	备 注
1	大锤		1 把	
2	手锤		1 把	
3	套筒扳手		1 套	
4	撬棍		1 根	
5	风动扳手		1 把	
6	检修专用工具		1 套	
7	检修专用量具		1 套	
8	钳工常用工具		1 套	

3. 考核要求

(1)被认定人入场后，向裁判报告姓名及所参加的工种及等级，由裁判告知题目，当被认定人告知裁判可以开始时，由裁判员开始计时。

(2)考核时间为 20 min，操作时必须按规定佩戴安全防护用品。

(3)被认定人作业期间，裁判员可以根据作业情况向被认定人提问，以确认被认定人对工艺的熟悉情况和确认故障点是否有依据。

(4)考核过程中，被认定人出现毁坏部件或受伤情况时，终止考试，成绩为零。

(5)考试完毕后，由被认定人告知裁判员考试结束，由裁判员结束计时。

4. 考核评分

(1)考评人员 3 名以上。

(2)评分程序及规则：考评员根据考生操作情况对照计分标准在评分表上给予记录评分。

(3)算分方法：采用百分制，满分 100 分，60 分及以上为及格。

职业技能认定
电力机车钳工(中级工)实作技能考核评分记录表

单位:＿＿＿＿ 姓名:＿＿＿＿ 准考证号:＿＿＿＿ 工种:＿＿＿＿ 级别:＿＿＿＿

试题名称:HXD_2 型机车转向架附属部件的 C3 修

考核时间:20 min

操作开始时间: 时 分 操作结束时间: 时 分

项 目	考核内容及评分标准	扣分因素及扣分	得 分
操作程序(25 分)	1. 工序错乱扣 10 分		
	2. 工作中返工扣 15 分		
	3. 作业后未按要求恢复或清理作业场地扣 5 分		
作业质量(45 分)	1. 检修过程中,分解、组装顺序不对,每次扣 2 分		
	2. 检修过程中,对零部件清洗质量不合格,每件扣 2 分		
	3. 检修过程中,对零部件检查,漏检每项扣 1 分		
	4. 检修过程中,对零部件测量,漏测每项扣 2 分		
	5. 检修后检修质量不符合技术要求扣 45 分		
	6. 未填写检修记录或填写数据缺、漏、错项,每项扣 1 分		
工具使用(20 分)	1. 开工前未检查工、量具及设备,收工不整理,每件扣 2 分		
	2. 工、量具及设备使用不当,每次扣 2 分		
	3. 工、量具脱落,每次扣 2 分		
	4. 工具、设备损坏扣,每件扣 4 分		
作业安全(10 分)	1. 未按规定着装扣 2 分		
	2. 工作场地不整洁扣 2 分		
	3. 工件、工具摆放不整齐扣 2 分		
	4. 违章或违反安全事项,每次扣 4 分		
	5. 发生事故失格		
考核时间	1. 超过规定时间每超 1 min,扣 2 分		
	2. 超过规定时间 3 min 以上每分钟(不包括 3 min)扣 5 分		
	3. 超过规定时间 10 min 以上(不包括 10 min),停止考试		
合计(100 分)			

考评员签名: 认定人: 年 月 日

S12　HXD3C 型机车受电弓的 C4 修

1. 考场准备

要求考场内有一台与考试机型相一致的机车，且车下要有地沟，地沟上须设置渡板，便于对机车部件进行检查及检修，或考场内有一个与考试内容相一致的机车零部件，已及为检修该零部件所需的工作场地、检修试验台和检修工作台。考场环境整洁、明亮并设有隔离设施。

2. 材料工具准备

序　号	名　称	规　格	数　量	备　注
1	油枪		1 把	
2	扭矩扳手	15 N	1 把	
3	扭矩扳手	60 N	1 把	
4	撬棍		1 根	
5	高度尺	0～3 m	1 个	
6	弹簧秤	100 N	1 把	
7	钳工常用工具		1 套	
8	秒表		1 个	

3. 考核要求

(1)被认定人入场后，向裁判报告姓名及所参加的工种及等级，由裁判告知题目，当被认定人告知裁判可以开始时，由裁判员开始计时。

(2)考核时间为 20 min，操作时必须按规定佩戴安全防护用品。

(3)被认定人作业期间，裁判员可以根据作业情况向被认定人提问，以确认被认定人对工艺的熟悉情况和确认故障点是否有依据。

(4)考核过程中，被认定人出现毁坏部件或受伤情况时，终止考试，成绩为零。

(5)考试完毕后，由被认定人告知裁判员考试结束，由裁判员结束计时。

4. 考核评分

(1)考评人员 3 名以上。

(2)评分程序及规则：考评员根据考生操作情况对照计分标准在评分表上给予记录评分。

(3)算分方法：采用百分制，满分 100 分，60 分及以上为及格。

职业技能认定
电力机车钳工（中级工）实作技能考核评分记录表

单位：＿＿＿＿　姓名：＿＿＿＿　准考证号：＿＿＿＿　工种：＿＿＿＿　级别：＿＿＿＿

试题名称：HXD_{3C} 型机车受电弓的 C4 修

考核时间：20 min

操作开始时间：　时　分　　　　操作结束时间：　时　分

项　目	考核内容及评分标准	扣分因素及扣分	得　分
操作程序（25 分）	1. 工序错乱扣 10 分		
	2. 工作中返工扣 15 分		
	3. 作业后未按要求恢复或清理作业场地扣 5 分		
作业质量（45 分）	1. 检修过程中，分解、组装顺序不对，每次扣 2 分		
	2. 检修过程中，对零部件清洗质量不合格，每件扣 2 分		
	3. 检修过程中，对零部件检查，漏检每项扣 1 分		
	4. 检修过程中，对零部件测量，漏测每项扣 2 分		
	5. 检修后检修质量不符合技术要求扣 45 分		
	6. 未填写检修记录或填写数据缺、漏、错项，每项扣 1 分		
工具使用（20 分）	1. 开工前未检查工、量具及设备，收工不整理，每件扣 2 分		
	2. 工、量具及设备使用不当，每次扣 2 分		
	3. 工、量具脱落，每次扣 2 分		
	4. 工具、设备损坏扣，每件扣 4 分		
作业安全（10 分）	1. 未按规定着装扣 2 分		
	2. 工作场地不整洁扣 2 分		
	3. 工件、工具摆放不整齐扣 2 分		
	4. 违章或违反安全事项，每次扣 4 分		
	5. 发生事故失格		
考核时间	1. 超过规定时间每超 1 min，扣 2 分		
	2. 超过规定时间 3 min 以上每分钟（不包括 3 min）扣 5 分		
	3. 超过规定时间 10 min 以上（不包括 10 min），停止考试		
合计（100 分）			

考评员签名：　　　　认定人：　　　　年　月　日

S13　HXD3D型机车车体的C1修

1. 考场准备

要求考场内有一台与考试机型相一致的机车，且车下要有地沟，地沟上须设置渡板，便于对机车部件进行检查及检修，或考场内有一个与考试内容相一致的机车零部件，以及为检修该零部件所需的工作场地、检修试验台和检修工作台。考场环境整洁、明亮并设有隔离设施。

2. 材料工具准备

序　号	名　称	规　格	数　量	备　注
1	手电		1只	
2	毛刷		1把	
3	钢卷尺		1个	
4	铲污工具		1套	
5	检修专用工具		1套	
6	检修专用量具		1套	
7	钳工常用工具		1套	

3. 考核要求

(1)被认定人入场后，向裁判报告姓名及所参加的工种及等级，由裁判告知题目，当被认定人告知裁判可以开始时，由裁判员开始计时。

(2)考核时间为20 min，操作时必须按规定佩戴安全防护用品。

(3)被认定人作业期间，裁判员可以根据作业情况向被认定人提问，以确认被认定人对工艺的熟悉情况和确认故障点是否有依据。

(4)考核过程中，被认定人出现毁坏部件或受伤情况时，终止考试，成绩为零。

(5)考试完毕后，由被认定人告知裁判员考试结束，由裁判员结束计时。

4. 考核评分

(1)考评人员3名以上。

(2)评分程序及规则：考评员根据考生操作情况对照计分标准在评分表上给予记录评分。

(3)算分方法：采用百分制，满分100分，60分及以上为及格。

职业技能认定

电力机车钳工(中级工)实作技能考核评分记录表

单位:__________ 姓名:__________ 准考证号:__________ 工种:__________ 级别:__________

试题名称:HXD_{3D} 型机车车体的 C1 修

考核时间:20 min

操作开始时间: 时 分 操作结束时间: 时 分

项 目	考核内容及评分标准	扣分因素及扣分	得 分
操作程序(25 分)	1. 工序错乱扣 10 分		
	2. 工作中返工扣 15 分		
	3. 作业后未按要求恢复或清理作业场地扣 5 分		
作业质量(45 分)	1. 检修过程中,分解、组装顺序不对,每次扣 2 分		
	2. 检修过程中,对零部件清洗质量不合格,每件扣 2 分		
	3. 检修过程中,对零部件检查,漏检每项扣 1 分		
	4. 检修过程中,对零部件测量,漏测每项扣 2 分		
	5. 检修后检修质量不符合技术要求扣 45 分		
	6. 未填写检修记录或填写数据缺、漏、错项,每项扣 1 分		
工具使用(20 分)	1. 开工前未检查工、量具及设备,收工不整理,每件扣 2 分		
	2. 工、量具及设备使用不当,每次扣 2 分		
	3. 工、量具脱落,每次扣 2 分		
	4. 工具、设备损坏扣,每件扣 4 分		
作业安全(10 分)	1. 未按规定着装扣 2 分		
	2. 工作场地不整洁扣 2 分		
	3. 工件、工具摆放不整齐扣 2 分		
	4. 违章或违反安全事项,每次扣 4 分		
	5. 发生事故失格		
考核时间	1. 超过规定时间每超 1 min,扣 2 分		
	2. 超过规定时间 3 min 以上每分钟(不包括 3 min)扣 5 分		
	3. 超过规定时间 10 min 以上(不包括 10 min),停止考试		
合计(100 分)			

考评员签名: 认定人: 年 月 日

S14　HXD3D 型机车车体附属部件的 C3 修

1. 考场准备

要求考场内有一台与考试机型相一致的机车，且车下要有地沟，地沟上须设置渡板，便于对机车部件进行检查及检修，或考场内有一个与考试内容相一致的机车零部件，以及为检修该零部件所需的工作场地、检修试验台和检修工作台。考场环境整洁、明亮并设有隔离设施。

2. 材料工具准备

序　号	名　称	规　格	数　量	备　注
1	大锤		1 把	
2	手锤		1 把	
3	手电		1 只	
4	撬棍		1 根	
5	检修专用工具		1 套	
6	检修专用量具		1 套	
7	钳工常用工具		1 套	

3. 考核要求

(1)被认定人入场后，向裁判报告姓名及所参加的工种及等级，由裁判告知题目，当被认定人告知裁判可以开始时，由裁判员开始计时。

(2)考核时间为 20 min，操作时必须按规定佩戴安全防护用品。

(3)被认定人作业期间，裁判员可以根据作业情况向被认定人提问，以确认被认定人对工艺的熟悉情况和确认故障点是否有依据。

(4)考核过程中，被认定人出现毁坏部件或受伤情况时，终止考试，成绩为零。

(5)考试完毕后，由被认定人告知裁判员考试结束，由裁判员结束计时。

4. 考核评分

(1)考评人员 3 名以上。

(2)评分程序及规则：考评员根据考生操作情况对照计分标准在评分表上给予记录评分。

(3)算分方法：采用百分制，满分 100 分，60 分及以上为及格。

职业技能认定
电力机车钳工(中级工)实作技能考核评分记录表

单位:__________ 姓名:__________ 准考证号:__________ 工种:__________ 级别:__________

试题名称:HXD_{3D} 型机车车体附属部件的 C1 修

考核时间:20 min

操作开始时间: 时 分 操作结束时间: 时 分

项目	考核内容及评分标准	扣分因素及扣分	得分
操作程序(25 分)	1. 工序错乱扣 10 分		
	2. 工作中返工扣 15 分		
	3. 作业后未按要求恢复或清理作业场地扣 5 分		
作业质量(45 分)	1. 检修过程中,分解、组装顺序不对,每次扣 2 分		
	2. 检修过程中,对零部件清洗质量不合格,每件扣 2 分		
	3. 检修过程中,对零部件检查,漏检每项扣 1 分		
	4. 检修过程中,对零部件测量,漏测每项扣 2 分		
	5. 检修后检修质量不符合技术要求扣 45 分		
	6. 未填写检修记录或填写数据缺、漏、错项,每项扣 1 分		
工具使用(20 分)	1. 开工前未检查工、量具及设备,收工不整理,每件扣 2 分		
	2. 工、量具及设备使用不当,每次扣 2 分		
	3. 工、量具脱落,每次扣 2 分		
	4. 工具、设备损坏扣,每件扣 4 分		
作业安全(10 分)	1. 未按规定着装扣 2 分		
	2. 工作场地不整洁扣 2 分		
	3. 工件、工具摆放不整齐扣 2 分		
	4. 违章或违反安全事项,每次扣 4 分		
	5. 发生事故失格		
考核时间	1. 超过规定时间每超 1 min,扣 2 分		
	2. 超过规定时间 3 min 以上每分钟(不包括 3 min)扣 5 分		
	3. 超过规定时间 10 min 以上(不包括 10 min),停止考试		
合计(100 分)			

考评员签名: 认定人: 年 月 日

S15　HXD3D 型机车基础制动装置的 C4 修

1. 考场准备

要求考场内有一台与考试机型相一致的机车，且车下要有地沟，地沟上须设置渡板，便于对机车部件进行检查及检修，或考场内有一个与考试内容相一致的机车零部件，以及为检修该零部件所需的工作场地、检修试验台和检修工作台。考场环境整洁、明亮并设有隔离设施。

2. 材料工具准备

序　号	名　称	规　格	数　量	备　注
1	铜锤		1 把	
2	手锤		1 把	
3	油枪		1 把	
4	撬棍		1 根	
5	检修专用工具		1 套	
6	检修专用量具		1 套	
7	钳工常用工具		1 套	

3. 考核要求

(1)被认定人入场后，向裁判报告姓名及所参加的工种及等级，由裁判告知题目，当被认定人告知裁判可以开始时，由裁判员开始计时。

(2)考核时间为 20 min，操作时必须按规定佩戴安全防护用品。

(3)被认定人作业期间，裁判员可以根据作业情况向被认定人提问，以确认被认定人对工艺的熟悉情况和确认故障点是否有依据。

(4)考核过程中，被认定人出现毁坏部件或受伤情况时，终止考试，成绩为零。

(5)考试完毕后，由被认定人告知裁判员考试结束，由裁判员结束计时。

4. 考核评分

(1)考评人员 3 名以上。

(2)评分程序及规则：考评员根据考生操作情况对照计分标准在评分表上给予记录评分。

(3)算分方法：采用百分制，满分 100 分，60 分及以上为及格。

职业技能认定
电力机车钳工(中级工)实作技能考核评分记录表

单位：__________ 姓名：__________ 准考证号：__________ 工种：__________ 级别：__________

试题名称：HXD_{3D} 型机车基础制动装置的 C4 修

考核时间：20 min

操作开始时间：　时　分　　　　　　操作结束时间：　时　分

项　目	考核内容及评分标准	扣分因素及扣分	得　分
操作程序(25 分)	1. 工序错乱扣 10 分		
	2. 工作中返工扣 15 分		
	3. 作业后未按要求恢复或清理作业场地扣 5 分		
作业质量(45 分)	1. 检修过程中,分解、组装顺序不对,每次扣 2 分		
	2. 检修过程中,对零部件清洗质量不合格,每件扣 2 分		
	3. 检修过程中,对零部件检查,漏检每项扣 1 分		
	4. 检修过程中,对零部件测量,漏测每项扣 2 分		
	5. 检修后检修质量不符合技术要求扣 45 分		
	6. 未填写检修记录或填写数据缺、漏、错项,每项扣 1 分		
工具使用(20 分)	1. 开工前未检查工、量具及设备,收工不整理,每件扣 2 分		
	2. 工、量具及设备使用不当,每次扣 2 分		
	3. 工、量具脱落,每次扣 2 分		
	4. 工具、设备损坏扣,每件扣 4 分		
作业安全(10 分)	1. 未按规定着装扣 2 分		
	2. 工作场地不整洁扣 2 分		
	3. 工件、工具摆放不整齐扣 2 分		
	4. 违章或违反安全事项,每次扣 4 分		
	5. 发生事故失格		
考核时间	1. 超过规定时间每超 1 min,扣 2 分		
	2. 超过规定时间 3 min 以上每分钟(不包括 3 min)扣 5 分		
	3. 超过规定时间 10 min 以上(不包括 10 min),停止考试		
合计(100 分)			

考评员签名：　　　　　　　　　　认定人：　　　　　　　　　　年　　月　　日

S16　HXD1型机车高压接地开关的C4修

1. 考场准备

要求考场内有一台与考试机型相一致的机车，且车下要有地沟，地沟上须设置渡板，便于对机车部件进行检查及检修，或考场内有一个与考试内容相一致的机车零部件，以及为检修该零部件所需的工作场地、检修试验台和检修工作台。考场环境整洁、明亮并设有隔离设施。

2. 材料工具准备

序　号	名　称	规　格	数　量	备　注
1	手电		1只	
2	毛刷		1把	
3	电工常用工具		1套	
4	开口扳手		1套	
5	快干绝缘漆		1瓶	
6	兆欧表		1块	
7	游标卡尺		1把	

3. 考核要求

(1)被认定人入场后，向裁判报告姓名及所参加的工种及等级，由裁判告知题目，当被认定人告知裁判可以开始时，由裁判员开始计时。

(2)考核时间为20 min，操作时必须按规定佩戴安全防护用品。

(3)被认定人作业期间，裁判员可以根据作业情况向被认定人提问，以确认被认定人对工艺的熟悉情况和确认故障点是否有依据。

(4)考核过程中，被认定人出现毁坏部件或受伤情况时，终止考试，成绩为零。

(5)考试完毕后，由被认定人告知裁判员考试结束，由裁判员结束计时。

4. 考核评分

(1)考评人员3名以上。

(2)评分程序及规则：考评员根据考生操作情况对照计分标准在评分表上给予记录评分。

(3)算分方法：采用百分制，满分100分，60分及以上为及格。

职业技能认定
电力机车钳工(中级工)实作技能考核评分记录表

单位:__________ 姓名:__________ 准考证号:__________ 工种:__________ 级别:__________

试题名称:HXD_1 型机车高压接地开关的 C4 修

考核时间:20 min

操作开始时间:　时　分　　　　操作结束时间:　时　分

项　目	考核内容及评分标准	扣分因素及扣分	得　分
操作程序(25 分)	1. 工序错乱扣 10 分		
	2. 工作中返工扣 15 分		
	3. 作业后未按要求恢复或清理作业场地扣 5 分		
作业质量(45 分)	1. 检修过程中,分解、组装顺序不对,每次扣 2 分		
	2. 检修过程中,对零部件清洗质量不合格,每件扣 2 分		
	3. 检修过程中,对零部件检查,漏检每项扣 1 分		
	4. 检修过程中,对零部件测量,漏测每项扣 2 分		
	5. 检修后检修质量不符合技术要求扣 45 分		
	6. 未填写检修记录或填写数据缺、漏、错项,每项扣 1 分		
工具使用(20 分)	1. 开工前未检查工、量具及设备,收工不整理,每件扣 2 分		
	2. 工、量具及设备使用不当,每次扣 2 分		
	3. 工、量具脱落,每次扣 2 分		
	4. 工具、设备损坏扣,每件扣 4 分		
作业安全(10 分)	1. 未按规定着装扣 2 分		
	2. 工作场地不整洁扣 2 分		
	3. 工件、工具摆放不整齐扣 2 分		
	4. 违章或违反安全事项,每次扣 4 分		
	5. 发生事故失格		
考核时间	1. 超过规定时间每超 1 min,扣 2 分		
	2. 超过规定时间 3 min 以上每分钟(不包括 3 min)扣 5 分		
	3. 超过规定时间 10 min 以上(不包括 10 min),停止考试		
合计(100 分)			

考评员签名:　　　　认定人:　　　　年　月　日

S17　HXD1 型机车高压连接器的 C4 修

1. 考场准备

要求考场内有一台与考试机型相一致的机车，且车下要有地沟，地沟上须设置渡板，便于对机车部件进行检查及检修，或考场内有一个与考试内容相一致的机车零部件，以及为检修该零部件所需的工作场地、检修试验台和检修工作台。考场环境整洁、明亮并设有隔离设施。

2. 材料工具准备

序　号	名　称	规　格	数　量	备　注
1	钢直尺		1 把	
2	毛刷		1 把	
3	电工常用工具		1 套	
4	开口扳手		1 套	
5	快干绝缘漆		1 瓶	
6	兆欧表		1 块	
7	游标卡尺		1 把	

3. 考核要求

(1)被认定人入场后，向裁判报告姓名及所参加的工种及等级，由裁判告知题目，当被认定人告知裁判可以开始时，由裁判员开始计时。

(2)考核时间为 20 min，操作时必须按规定佩戴安全防护用品。

(3)被认定人作业期间，裁判员可以根据作业情况向被认定人提问，以确认被认定人对工艺的熟悉情况和确认故障点是否有依据。

(4)考核过程中，被认定人出现毁坏部件或受伤情况时，终止考试，成绩为零。

(5)考试完毕后，由被认定人告知裁判员考试结束，由裁判员结束计时。

4. 考核评分

(1)考评人员 3 名以上。

(2)评分程序及规则：考评员根据考生操作情况对照计分标准在评分表上给予记录评分。

(3)算分方法：采用百分制，满分 100 分，60 分及以上为及格。

职业技能认定
电力机车钳工(中级工)实作技能考核评分记录表

单位:________ 姓名:________ 准考证号:________ 工种:________ 级别:________

试题名称:HXD_1 型机车高压连接器的 C4 修

考核时间:20 min

操作开始时间:　时　分　　操作结束时间:　时　分

项　目	考核内容及评分标准	扣分因素及扣分	得　分
操作程序(25分)	1. 工序错乱扣10分		
	2. 工作中返工扣15分		
	3. 作业后未按要求恢复或清理作业场地扣5分		
作业质量(45分)	1. 检修过程中,分解、组装顺序不对,每次扣2分		
	2. 检修过程中,对零部件清洗质量不合格,每件扣2分		
	3. 检修过程中,对零部件检查,漏检每项扣1分		
	4. 检修过程中,对零部件测量,漏测每项扣2分		
	5. 检修后检修质量不符合技术要求扣45分		
	6. 未填写检修记录或填写数据缺、漏、错项,每项扣1分		
工具使用(20分)	1. 开工前未检查工、量具及设备,收工不整理,每件扣2分		
	2. 工、量具及设备使用不当,每次扣2分		
	3. 工、量具脱落,每次扣2分		
	4. 工具、设备损坏扣,每件扣4分		
作业安全(10分)	1. 未按规定着装扣2分		
	2. 工作场地不整洁扣2分		
	3. 工件、工具摆放不整齐扣2分		
	4. 违章或违反安全事项,每次扣4分		
	5. 发生事故失格		
考核时间	1. 超过规定时间每超1 min,扣2分		
	2. 超过规定时间3 min以上每分钟(不包括3 min)扣5分		
	3. 超过规定时间10 min以上(不包括10 min),停止考试		
合计(100分)			

考评员签名:　　　　认定人:　　　　年　月　日

S18　HXD1 型机车空调装置的 C4 修

1. 考场准备

要求考场内有一台与考试机型相一致的机车，且车下要有地沟，地沟上须设置渡板，便于对机车部件进行检查及检修，或考场内有一个与考试内容相一致的机车零部件，以及为检修该零部件所需的工作场地、检修试验台和检修工作台。考场环境整洁、明亮并设有隔离设施。

2. 材料工具准备

序　号	名　称	规　格	数　量	备　注
1	手锤		1 把	
2	手电		1 只	
3	毛刷		1 把	
4	电工常用工具		1 套	
5	开口扳手		1 套	
6	兆欧表		1 块	
7	检修专用工具		1 套	

3. 考核要求

(1)被认定人入场后，向裁判报告姓名及所参加的工种及等级，由裁判告知题目，当被认定人告知裁判可以开始时，由裁判员开始计时。

(2)考核时间为 20 min，操作时必须按规定佩戴安全防护用品。

(3)被认定人作业期间，裁判员可以根据作业情况向被认定人提问，以确认被认定人对工艺的熟悉情况和确认故障点是否有依据。

(4)考核过程中，被认定人出现毁坏部件或受伤情况时，终止考试，成绩为零。

(5)考试完毕后，由被认定人告知裁判员考试结束，由裁判员结束计时。

4. 考核评分

(1)考评人员 3 名以上。

(2)评分程序及规则：考评员根据考生操作情况对照计分标准在评分表上给予记录评分。

(3)算分方法：采用百分制，满分 100 分，60 分及以上为及格。

职业技能认定
电力机车钳工(中级工)实作技能考核评分记录表

单位:__________ 姓名:__________ 准考证号:__________ 工种:__________ 级别:__________

试题名称:HXD_1 型机车空调装置的 C4 修

考核时间:20 min

操作开始时间: 时 分 操作结束时间: 时 分

项目	考核内容及评分标准	扣分因素及扣分	得分
操作程序(25分)	1. 工序错乱扣 10 分		
	2. 工作中返工扣 15 分		
	3. 作业后未按要求恢复或清理作业场地扣 5 分		
作业质量(45分)	1. 检修过程中,分解、组装顺序不对,每次扣 2 分		
	2. 检修过程中,对零部件清洗质量不合格,每件扣 2 分		
	3. 检修过程中,对零部件检查,漏检每项扣 1 分		
	4. 检修过程中,对零部件测量,漏测每项扣 2 分		
	5. 检修后检修质量不符合技术要求扣 45 分		
	6. 未填写检修记录或填写数据缺、漏、错项,每项扣 1 分		
工具使用(20分)	1. 开工前未检查工、量具及设备,收工不整理,每件扣 2 分		
	2. 工、量具及设备使用不当,每次扣 2 分		
	3. 工、量具脱落,每次扣 2 分		
	4. 工具、设备损坏扣,每件扣 4 分		
作业安全(10分)	1. 未按规定着装扣 2 分		
	2. 工作场地不整洁扣 2 分		
	3. 工件、工具摆放不整齐扣 2 分		
	4. 违章或违反安全事项,每次扣 4 分		
	5. 发生事故失格		
考核时间	1. 超过规定时间每超 1 min,扣 2 分		
	2. 超过规定时间 3 min 以上每分钟(不包括 3 min)扣 5 分		
	3. 超过规定时间 10 min 以上(不包括 10 min),停止考试		
合计(100分)			

考评员签名: 认定人: 年 月 日

S19 HXD1 型机车车体的 C4 修

1. 考场准备

要求考场内有一台与考试机型相一致的机车，且车下要有地沟，地沟上须设置渡板，便于对机车部件进行检查及检修，或考场内有一个与考试内容相一致的机车零部件，以及为检修该零部件所需的工作场地、检修试验台和检修工作台。考场环境整洁、明亮并设有隔离设施。

2. 材料工具准备

序 号	名 称	规 格	数 量	备 注
1	大锤		1 把	
2	手锤		1 把	
3	钳工常用工具		1 套	
4	检修专用工具		1 套	
5	钢卷尺		1 个	
6	铲污工具		1 套	
7	扁铲		1 把	

3. 考核要求

(1)被认定人入场后，向裁判报告姓名及所参加的工种及等级，由裁判告知题目，当被认定人告知裁判可以开始时，由裁判员开始计时。

(2)考核时间为 20 min，操作时必须按规定佩戴安全防护用品。

(3)被认定人作业期间，裁判员可以根据作业情况向被认定人提问，以确认被认定人对工艺的熟悉情况和确认故障点是否有依据。

(4)考核过程中，被认定人出现毁坏部件或受伤情况时，终止考试，成绩为零。

(5)考试完毕后，由被认定人告知裁判员考试结束，由裁判员结束计时。

4. 考核评分

(1)考评人员 3 名以上。

(2)评分程序及规则：考评员根据考生操作情况对照计分标准在评分表上给予记录评分。

(3)算分方法：采用百分制，满分 100 分，60 分及以上为及格。

职业技能认定
电力机车钳工（中级工）实作技能考核评分记录表

单位：＿＿＿＿＿　姓名：＿＿＿＿＿　准考证号：＿＿＿＿＿　工种：＿＿＿＿＿　级别：＿＿＿＿＿

试题名称：HXD_1 型机车车体的 C4 修

考核时间：20 min

操作开始时间：　时　分　　　操作结束时间：　时　分

项　目	考核内容及评分标准	扣分因素及扣分	得　分
操作程序（25 分）	1. 工序错乱扣 10 分		
	2. 工作中返工扣 15 分		
	3. 作业后未按要求恢复或清理作业场地扣 5 分		
作业质量（45 分）	1. 检修过程中，分解、组装顺序不对，每次扣 2 分		
	2. 检修过程中，对零部件清洗质量不合格，每件扣 2 分		
	3. 检修过程中，对零部件检查，漏检每项扣 1 分		
	4. 检修过程中，对零部件测量，漏测每项扣 2 分		
	5. 检修后检修质量不符合技术要求扣 45 分		
	6. 未填写检修记录或填写数据缺、漏、错项，每项扣 1 分		
工具使用（20 分）	1. 开工前未检查工、量具及设备，收工不整理，每件扣 2 分		
	2. 工、量具及设备使用不当，每次扣 2 分		
	3. 工、量具脱落，每次扣 2 分		
	4. 工具、设备损坏扣，每件扣 4 分		
作业安全（10 分）	1. 未按规定着装扣 2 分		
	2. 工作场地不整洁扣 2 分		
	3. 工件、工具摆放不整齐扣 2 分		
	4. 违章或违反安全事项，每次扣 4 分		
	5. 发生事故失格		
考核时间	1. 超过规定时间每超 1 min，扣 2 分		
	2. 超过规定时间 3 min 以上每分钟（不包括 3 min）扣 5 分		
	3. 超过规定时间 10 min 以上（不包括 10 min），停止考试		
合计（100 分）			

考评员签名：　　　　　认定人：　　　　　年　月　日

S20　HXD1 型机车司机室的 C4 修

1. 考场准备

要求考场内有一台与考试机型相一致的机车，且车下要有地沟，地沟上须设置渡板，便于对机车部件进行检查及检修，或考场内有一个与考试内容相一致的机车零部件，以及为检修该零部件所需的工作场地、检修试验台和检修工作台。考场环境整洁、明亮并设有隔离设施。

2. 材料工具准备

序　号	名　称	规　格	数　量	备　注
1	手锤		1 把	
2	套筒扳手		1 套	
3	手电		1 只	
4	撬棍		1 根	
5	检修专用工具		1 套	
6	检修专用量具		1 套	
7	钳工常用工具		1 套	

3. 考核要求

(1)被认定人入场后，向裁判报告姓名及所参加的工种及等级，由裁判告知题目，当被认定人告知裁判可以开始时，由裁判员开始计时。

(2)考核时间为 20 min，操作时必须按规定佩戴安全防护用品。

(3)被认定人作业期间，裁判员可以根据作业情况向被认定人提问，以确认被认定人对工艺的熟悉情况和确认故障点是否有依据。

(4)考核过程中，被认定人出现毁坏部件或受伤情况时，终止考试，成绩为零。

(5)考试完毕后，由被认定人告知裁判员考试结束，由裁判员结束计时。

4. 考核评分

(1)考评人员 3 名以上。

(2)评分程序及规则：考评员根据考生操作情况对照计分标准在评分表上给予记录评分。

(3)算分方法：采用百分制，满分 100 分，60 分及以上为及格。

职业技能认定
电力机车钳工(中级工)实作技能考核评分记录表

单位:＿＿＿＿＿　姓名:＿＿＿＿＿　准考证号:＿＿＿＿＿　工种:＿＿＿＿＿　级别:＿＿＿＿＿

试题名称:HXD1 型机车司机室的 C4 修

考核时间:20 min

操作开始时间:　时　分　　　　操作结束时间:　时　分

项　目	考核内容及评分标准	扣分因素及扣分	得　分
操作程序(25 分)	1. 工序错乱扣 10 分		
	2. 工作中返工扣 15 分		
	3. 作业后未按要求恢复或清理作业场地扣 5 分		
作业质量(45 分)	1. 检修过程中,分解、组装顺序不对,每次扣 2 分		
	2. 检修过程中,对零部件清洗质量不合格,每件扣 2 分		
	3. 检修过程中,对零部件检查,漏检每项扣 1 分		
	4. 检修过程中,对零部件测量,漏测每项扣 2 分		
	5. 检修后检修质量不符合技术要求扣 45 分		
	6. 未填写检修记录或填写数据缺、漏、错项,每项扣 1 分		
工具使用(20 分)	1. 开工前未检查工、量具及设备,收工不整理,每件扣 2 分		
	2. 工、量具及设备使用不当,每次扣 2 分		
	3. 工、量具脱落,每次扣 2 分		
	4. 工具、设备损坏扣,每件扣 4 分		
作业安全(10 分)	1. 未按规定着装扣 2 分		
	2. 工作场地不整洁扣 2 分		
	3. 工件、工具摆放不整齐扣 2 分		
	4. 违章或违反安全事项,每次扣 4 分		
	5. 发生事故失格		
考核时间	1. 超过规定时间每超 1 min,扣 2 分		
	2. 超过规定时间 3 min 以上每分钟(不包括 3 min)扣 5 分		
	3. 超过规定时间 10 min 以上(不包括 10 min),停止考试		
合计(100 分)			

考评员签名:　　　　认定人:　　　　年　月　日

S21 HXD2 型机车接地开关 C4 修的试验操作

1. 考场准备

要求考场内有一台与考试机型相一致的机车，且车下要有地沟，地沟上须设置渡板，便于对机车部件进行检查及检修，或考场内有一个与考试内容相一致的机车零部件，以及为检修该零部件所需的工作场地、检修试验台和检修工作台。考场环境整洁、明亮并设有隔离设施。

2. 材料工具准备

序 号	名 称	规 格	数 量	备 注
1	手电		1只	
2	安全带		1条	
3	毛巾		1条	

3. 考核要求

(1)被认定人入场后，向裁判报告姓名及所参加的工种及等级，由裁判告知题目，当被认定人告知裁判可以开始时，由裁判员开始计时。

(2)考核时间为 20 min，操作时必须按规定佩戴安全防护用品。

(3)被认定人作业期间，裁判员可以根据作业情况向被认定人提问，以确认被认定人对工艺的熟悉情况和确认故障点是否有依据。

(4)考核过程中，被认定人出现毁坏部件或受伤情况时，终止考试，成绩为零。

(5)考试完毕后，由被认定人告知裁判员考试结束，由裁判员结束计时。

4. 考核评分

(1)考评人员 3 名以上。

(2)评分程序及规则：考评员根据考生操作情况对照计分标准在评分表上给予记录评分。

(3)算分方法：采用百分制，满分 100 分，60 分及以上为及格。

职业技能认定
电力机车钳工(中级工)实作技能考核评分记录表

单位:＿＿＿＿＿ 姓名:＿＿＿＿＿ 准考证号:＿＿＿＿＿ 工种:＿＿＿＿＿ 级别:＿＿＿＿＿

试题名称:HXD_2 型机车接地开关 C4 修的试验操作

考核时间:20 min

操作开始时间: 时 分 操作结束时间: 时 分

项 目	考核内容及评分标准	扣分因素及扣分	得 分
操作程序(25分)	1. 工序错乱扣 10 分		
	2. 工作中返工扣 15 分		
	3. 作业后未按要求恢复或清理作业场地扣 5 分		
作业质量(45分)	1. 检修过程中,分解、组装顺序不对,每次扣 2 分		
	2. 检修过程中,对零部件清洗质量不合格,每件扣 2 分		
	3. 检修过程中,对零部件检查,漏检每项扣 1 分		
	4. 检修过程中,对零部件测量,漏测每项扣 2 分		
	5. 检修后检修质量不符合技术要求扣 45 分		
	6. 未填写检修记录或填写数据缺、漏、错项,每项扣 1 分		
工具使用(20分)	1. 开工前未检查工、量具及设备,收工不整理,每件扣 2 分		
	2. 工、量具及设备使用不当,每次扣 2 分		
	3. 工、量具脱落,每次扣 2 分		
	4. 工具、设备损坏扣,每件扣 4 分		
作业安全(10分)	1. 未按规定着装扣 2 分		
	2. 工作场地不整洁扣 2 分		
	3. 工件、工具摆放不整齐扣 2 分		
	4. 违章或违反安全事项,每次扣 4 分		
	5. 发生事故失格		
考核时间	1. 超过规定时间每超 1 min,扣 2 分		
	2. 超过规定时间 3 min 以上每分钟(不包括 3 min)扣 5 分		
	3. 超过规定时间 10 min 以上(不包括 10 min),停止考试		
合计(100分)			

考评员签名: 认定人: 年 月 日

第三部分　高　级　工

1. HXD_2 型机车 C1 修时如何检查悬挂装置?

答:外观检查调整垫、弹簧垫、橡胶垫无损坏、松动和缺件。检查一系弹簧状态良好,位置正确,标识清晰。检查二系橡胶堆紧固螺栓紧固良好,骨架无裂纹、变形。

2. HXD_2 型机车 C3 修时如何检查抱轴箱?

答:检查箱体各部不得有裂纹、变形、破损、漏油。通过前三次机车车载安全防护系统地面专家诊断数据分析,抱轴承不许有异常。发现抱轴承有温升、振动报警现象的要进行顶轮检测。

3. 辅修时 SS_{4G} 型机车车顶瓷瓶如何检查?

答:擦拭车顶各瓷瓶及绝缘子,表面应光洁无污垢,无裂纹及放电痕迹。瓷瓶表面缺损面积小于 3 cm^2 时,可涂快干绝缘漆处理,否则更换。导电杆、导电板、闸刀及各软连线应完好,紧固可靠,无过热现象,折损面积不大于 10%。

4. C1 修时如何对 HXD_{3C} 型机车复合冷却器进行检查?

答:复合冷却器外观检查清洁干净,无渗漏现象。各螺栓紧固无松动,弹垫、平垫齐全完好。检查电机接线无松动,接线柱、线鼻子无过热变色;检查电机运转时无异常声响、异常振动。

5. 如何对 HXD_2 型机车车钩油润状况进行检查?

答:车钩各运动部位无卡滞,油润状态良好;钩体与复原装置接触面,钩耳与钩舌,钩锁销、钩锁杆和钩提杆转动部分,缓冲器与前后从板(或磨耗板及座)接触面,钩尾框与托板接触面的油润状态应良好,不得有缺油现象。

6. 如何检查 SS_{4G} 型机车电钥匙开关?

答:安装牢固,机械动作灵活,联锁开闭可靠。

7. 如何检查 SS_{4G} 型机车故障显示屏?

答:安装牢固。显示正确,插头、插座插接良好。

8. 如何检查 SS_{4G} 型机车端子柜?

答:(1)检查各插座,应无烧损、绝缘破坏、接触不良现象。(2)检查接线端子排所有导线接头应压接牢靠;螺栓紧固良好。

9. C3 修时如何对 HXD_2 型机车扫石器进行检查?

答:扫石器安装牢固,挡板完好;扫石器支架不允许有变形、裂纹;更新不良的扫石器橡胶管。扫石器安装板下端面距轨面高度有 110 mm,扫石器距轨面高度为 31 mm。

10. 如何检查 SS_{4G} 型机车防空转速度传感器装置?

答:(1)检查传感器插头外接绝缘无破损,插头插接牢固;光电传感器接线盒安装牢固。(2)下车校验光电传感器。

11. C1 修时如何检查 HXD_{3C} 型机车刮雨器?

答:检查刷杆、刷皮、喷淋管安装牢固;刷杆无锈蚀、破损及变形,刷皮、喷淋管完好,无老化、破损。刮雨器动作灵活,无卡滞、异声,快慢可调,复位正常;喷水装置良好,水箱储水量不少于 3/4,刮刷干净。

12. C1 修时如何检查 HXD_{3C} 型机车主电机通风机?

答:检查主电机通风机组各安装螺栓紧固;检查电机接线无松动,接线柱、线鼻子无过热变色。运转时,电机及通风机无异声、异常振动。

13. C3 修时如何检查 HXD_2 型机车变压器?

答:检查变压器箱体无变形,固定螺栓紧固,防缓标记清晰、无错位,所有密封件、箱体、放油阀及管路不许有泄漏,铭牌应完整、清晰、固定可靠。

14. C3 修时如何检查 HXD_2 型机车高压电流互感器?

答:检查高压电流互感器体无破损,表面完好、无损伤。表面清洁,不许有损伤。二次引线紧固件齐全,接线端子标志清晰,不许有缺损,紧固夹件不许有松动。

15. C3 修时如何检查 HXD_2 型机车牵引电机接线?

答:检查牵引电机接线连接紧固良好,接线盒无脱落,外观无过热、烧损、密封良好。牵引电机接线无过热、烧损,引线夹无松脱。

16. C3 修时如何检查 HXD_2 型机车受电弓框架?

答:检查框架无弯曲变形、裂纹;各杆接头无松动。各螺栓紧固,关节灵活无异声。

17. C3 修时如何检查 HXD_2 型机车主断路器绝缘子?

答:检查各瓷瓶清洁,无裂纹,安装牢固;绝缘子有裂痕、严重缺损等现象时更新。主断路器四周及安装座不漏雨;安装螺栓紧固无松动。

18. C4 修时如何检查 HXD_2 型机车受电弓弓头部分?

答:检查弓头、弓角不许有裂损、锈蚀、变形;弓角安装牢固,不许有变形,与滑板之间须平滑过渡;弓头支撑轴滑动轴承状态良好,活动部分动作灵活。橡胶弹簧元件不良者更新。

19. C3 修时如何对 HXD_2 型机车基础制动装置检查?

答:检查制动缓解性能良好;基础制动器及连接软管无漏风现象;闸瓦间隙在 7～9 mm 范围内。

20. 辅修时如何检查 SS_{4G} 型机车垂向油压减振器?

答:垂向油压减振器安装牢固,作用良好;油压减振器无泄漏变形,橡胶件良好;防尘帽完好,安装座不得裂损。

21. 辅修时如何检查 SS_{4G} 型机车辅助机组接线盒?

答:(1)打开接线盒盖,接线板清洁、无裂损,接线柱无松动,固定可靠。(2)内外接线端子紧固、防缓件齐全,无过热;接线绝缘良好,导线折损面积不大于原形的 10%。(3)接线盒盖齐全、完好,螺栓紧固良好。

22. HXD_2 型机车 C4 修时如何检查转向架构架?

答:构架油漆状态良好,不良处补漆。检查构架母材、焊缝、各安装座可见部分无裂损。转向架各部件紧固螺栓可见部分防缓标识清晰,不许有错位。检查轴箱止挡无变形、裂纹状态良好。

23. 辅修时如何检查 SS_{4G} 型机车高压隔离开关?

答:(1)清洁并仔细观察瓷瓶表面,是否有可见裂纹,有裂纹者必须更换,检查轴套应无裂损。(2)检查隔离闸刀与刀夹的接触性能是否良好。将隔离闸刀打开,检测刀夹在自由状态下两弹簧片间的距离≤7.5 mm,闸刀接触部分厚度≥9 mm。(3)分、合闸动作灵活,定位及锁闭良好。

24. C4 修时如何检查 HXD_2 型机车轮对踏面?

答:检查轮对踏面磨耗深度、轮缘厚度须符合技术要求。车轮踏面应符合下列要求:车轮踏面擦伤深度不超过 0.7 mm;车轮踏面上的缺陷或剥离长度不超过 40 mm,深度不超过 1 mm;车轮踏面磨耗深度不超过 7 mm;轮缘的垂直磨耗高度不超过 18 mm。

25. 辅修时如何检查 SS_{4G} 型机车低压继电器?

答:检查各继电器及接线,各部应清洁,接线安装牢固,线号齐全、清晰。各触头无烧痕、变形、铜瘤,联锁、胶木架无裂损,外罩完好无损。过流继电器指示件及复原装置作用良好,与触头动作配合准确，各调整部分漆封完好。

26. 如何检查 SS_{4G} 型机车电磁接触器和真空接触器？

答：接触器动、静触头无严重烧损，低压联锁盒无裂损、变形，灭弧罩内部无裂痕及破损，灭弧栅片无脱落。接触器动作灵活，无卡滞。真空接触器外观无异状，高压开关管无裂损，防尘罩完好无破损，线圈串联电阻焊接牢固，无过热、变色。

27. SS_{4G} 型机车电源柜不充电如何处理？

答：闭合交流电源自动开关 600QA，仍不充电，断和几次，确保其接触良好；如不行，将电源柜上 A、B 组转换开关置另一组；仍不充电，则闭合该节重联输出闸刀 668QS。

28. SS_{4G} 型机车蓄电池无输出电压如何处理？

答：闭合蓄电池自动开关 601QA，如不行，反复断合几次，确保其接触良好，仍无输出，则闭合该车重联闸刀 668QS。

29. 辅修时如何检查 SS_{4G} 型机车扳键开关？

答：(1)清扫开关表面的灰尘及杂物。(2)机械部件及电气线路应无机械损伤、绝缘损伤。(3)检查各扳键开关动作灵活、可靠。

30. 辅修时如何检查 SS_{4G} 型机车加热套？

答：(1)检查各电加热套绑扎牢固、无破损。(2)检查电线路绑扎牢固、无松脱。(3)试验电加热套工作良好。

31. 辅修时如何检查 SS_{4G} 型机车轴箱接地装置？

答：(1)接地装置完好，电刷无裂损，压力正常。电刷接触面积不小于 70%，碳刷原形长度不小于 18 mm，禁用 10 mm。(2)接地线固定螺栓与端盖绝缘良好。接地线截面积缺损不得大于原形的 10%。(3)接地铜轴安装牢固，并不得与外盖内孔相摩擦。

32. SS_{4G} 型机车车钩解体时，如何检修车钩？

答：(1)钩舌裂纹深不大于 2 mm 时，可用砂轮、半圆锉消除。其加工半径不小于 10 mm，与无裂纹部分表面过渡应圆滑，不得焊修。(2)钩舌、钩锁铁无变形、裂损。(3)组装时给油，开启或锁闭钩舌时，钩舌销在孔内转动自由，无卡滞现象。

33. 辅修时如何检查 SS_{4G} 型机车钩提杆？

答：(1)提杆、连杆无异状、变形、提钩灵活。(2)钩提杆凸台在提钩槽内不旷动，提钩槽无磨耗。(3)提杆座安装牢固，无异状。提杆锁板安装牢固。

34. 辅修时如何检查 SS_{4G} 型机车车钩复原装置?

答:(1)吊杆、托板无裂损、变形,摩擦面油润良好,吊杆摆动正常。(2)车钩复原装置复原作用良好。(3)托板上槽钢及垫片厚度应保证车钩水平。

35. SS_{4G} 型机车基础制动装置如何进行制动缓解试验?

答:(1)闸瓦无偏磨现象,制动、缓解作用良好。(2)缓解状态下检查闸瓦间隙为 6～9 mm。(3)各传动机构的移动或转动平稳,不得卡滞。

36. 辅修时如何检查 SS_{4G} 型机车轴箱?

答:(1)轴箱体无裂损,防缓件齐全,螺栓紧固。(2)轴箱盖等处不得漏油。漏油及温升高时,应解体外盖检查轴承、保持架、轴头挡板应良好,油脂状态正常。

37. 辅修时如何检查 SS_{4G} 型机车转向架及附件?

答:(1)轴箱体顶部凸面与构架侧底架下部的间隙不少于 32 mm。(2)构架与轴箱的垂直距离差同轴不大于 10 mm;同一转向架同一侧不大于 20 mm。

38. 辅修时如何检查 SS_{4G} 型机车砂箱及砂管?

答:(1)砂箱与座安装牢固,不得裂损,变形,螺栓紧固,防缓件齐全。砂箱盖严密,卡子齐全,作用良好。(2)撒砂管安装牢固、畅通,安全托铁完好。管嘴位置正确,砂管距轨面高度为 30～55 mm,距踏面距离 15～30 mm。

39. C3 修时如何检查 HXD_2 型机车大齿轮?

答:齿轮心与车轴的组合紧固,无松动、驰缓;齿面剥离<6 mm^2 剥离处不大于 1 处;剥离深度不大于 0.6 mm;齿轮崩角不多于 2 处;沿齿高方向<25%;沿齿宽方向<12%;齿面点蚀面积<20%,深度<0.3 mm。

40. C3 修时如何检查 HXD_2 型机车受电弓滑板?

答:检查滑板、托架无裂损、严重变形及锈蚀;滑板无松动及由电弧发生引起的变形或缺陷,滑板总高度≤25 mm 时更换。滑板高度差≤3 mm;滑板条安装牢固,各固定螺栓齐全紧固。

41. 辅修时如何检查 SS_{4G} 型机车牵引电动机电枢?

答:(1)换向器表面应光洁,无拉伤、无放电痕迹;片间无毛刺和积尘;端头无环火痕迹。(2)升高片应无开焊、过热及片间短路现象。(3)前压圈外包绝缘良好,无油垢及放电痕迹。(4)无纬带、换向器前端绝缘包扎不得开裂。

42. 辅修时如何外观检查 SS_{4G} 型机车辅助机组?

答:(1)电机机座、端盖、油盖不得裂损、变形。(2)各紧固螺栓不得松动,减振垫无松动,牢固可靠。(3)油管、油堵齐全。(4)定子绕组及连线可见部分绝缘完好,无过热、变色。

43. 辅修时 SS_{4G} 型机车辅助机组如何进行绝缘性能测试?

答:用 500 V 兆欧表测量绕组对地绝缘电阻值。接线板、接线柱间绝缘电阻不小于 50 MΩ。交流电机定子绕组对地及相间不小于 10 MΩ。直流电机定子绕组不小于 10 MΩ,电枢绕组不小于 5 MΩ。

44. 辅修时如何检查 SS_{4G} 型机车辅助机械?

答:(1)通风机风叶与风筒应完好,无裂纹、变形,风筒安装牢固、密贴,轴流风机风叶与风筒不得摩擦,转动平稳、无异声。(2)联轴器螺栓紧固良好,动作灵活、无卡滞。(3)油泵各部及各管接头完好,不得漏油。(4)冷风扇风叶无裂损,网罩无断条变形;外接电源无破损,绝缘良好。

45. 辅修时如何检查 SS_{4G} 型机车 DSA200 受电弓?

答:(1)所有紧固件应紧固,无松动;底架、上导杆、下导杆、上臂、下臂、滑板等无变形、断裂。(2)各零部件表面漆膜或涂层不得有起皮、脱落等现象。(3)各导电软连线应安装良好,无断裂和破损现象。(4)风管路及各接头连接处,不得有漏气现象;升弓装置及阻尼器无裂纹及泄漏现象,各风管路绑扎牢固无松动。

46. 辅修时如何检查 SS_{4G} 型机车真空主断路器?

答:(1)检查瓷瓶及密封件的外观,应无裂纹或瓷釉损坏,线缆无烧痕,固定螺栓齐全良好。高压主接地开关连接装置(触头弹簧)无损坏。用软布擦拭断路器外部,应无污渍。主断路器风缸四周及安装座不得漏雨。(2)检查紧固状态良好、无松动。(3)传动风缸及管路无漏风。(4)储风缸排水。

47. 辅修时如何检查 SS_{4G} 型机车避雷器?

答:(1)检查瓷瓶表面应光洁,不许有裂纹,安装牢固。瓷釉表面缺损在 3 cm^2 以下时涂快干绝缘漆处理。(2)检查顶盖安装螺栓紧固,密封良好;避雷器安装良好,不许开裂。(3)避雷器外露的铁质零件应除锈、涂漆处理。(4)用 2 500 V 兆欧表测量绝缘电阻值应不小于 1 000 MΩ。

48. 辅修时如何检查 SS_{4G} 型机车高压报警装置?

答:(1)定向感应接收天线系统的外壳应清洁。(2)检查装置的各紧固件应无松动现象。(3)装置自检正常,显示正确,声音清晰。(4)车顶绝缘检测装置应作用良好。

49. 辅修时如何检查 SS_{4G} 型机车电容器?

答:(1)电容器应无短路、断路现象,绝缘瓷件清洁完好,接线良好,安装牢固。(2)充油电容器无漏液及箱体膨胀现象。(3)测量各电容参数符合要求。(4)更换电容器时其参数应符合允差要求。

50. 辅修时如何检查 SS_{4G} 型机车 PFC 电容柜?

答:(1)外观检查,发现外罩损伤应修理或更换。检查装配螺栓、螺母,若发现松动,紧固。检查配线端子螺栓、母线固定螺栓等发现松动,紧固。检查电容发现漏油或外壳膨胀,更换。(2)检查柜子内部各部件紧固件应清洁、牢固无松动。(3)检查柜子内部各部件接线端子牢固无烧损现象,接线断股不超过 10%,外包绝缘无破损,铜母线无变形,线地、线间绝缘距离足够。(4)测量各电容参数符合要求。

51. 辅修时如何检查 SS_{4G} 型机车各保护继电器?

答:(1)各紧固件无松动,动作灵活可靠,各联锁开闭良好。(2)触头无变形、过热及烧损,轴、销、杆件无裂纹、变形及过量磨耗,弹簧无歪斜、疲劳,板座及支撑件良好。(3)指示件及复原装置作用良好,与触头动作配合准确,调整部漆封完好。(4)互换主回路接地继电器。

52. 辅修时如何检查 SS_{4G} 型机车自动过分相装置?

答:(1)检查感应接收器、接线盒齐全、安装牢固,无异常,连接电缆无断裂,转接插头无松动。(2)检查信号处理器开关良好,指示灯显示正常。(3)报警灯、蜂鸣器状态良好。(4)使用磁铁对自动过分相装置联机试验,指示灯显示正确,蜂鸣器鸣响。

53. 辅修时如何检查 SS_{4G} 型机车逻辑控制单元?

答:(1)外观检查应安装牢固,无外部损伤。各插件安装正确,各钮子开关作用良好,各连线、插座连接良好。检查各插件无烧损、放电痕迹。(2)检查面板各钮子开关位置正确,电源指示灯、输出指示灯应显示正常。(3)进行电空阀试验时,应注意各电空阀作用良好。(4)测试装置 110 V、12 V、5 V 电压正常。

54. 辅修时如何检查 SS_{4G} 型机车轮对?

答:(1)轮缘厚度不小于 23 mm,踏面磨耗不大于 7 mm。(2)踏面擦伤深度不大于 0.7 mm,踏面剥离不超过 1 mm×40 mm(深×长),轮缘垂直磨耗不大于 18 mm。(3)踏面探伤符合工艺要求。(4)检查注油孔螺栓无松动、脱落。

55. 辅修时如何检查 SS_{4G} 型机车传动齿轮箱?

答:(1)各螺栓紧固,防缓件齐全。(2)箱体无开焊、裂纹,鼓包或其他变形,有鼓包者开箱检查。(3)大、小领圈不得开裂,变形及缺损。上下合口配合良好,无严重甩油、漏油现象。

(4)齿轮箱油标尺良好,油质、油位符合要求。

56. 辅修时如何检查 SS_{4G} 型机车一系圆弹簧?

答:(1)不得裂损、倾斜、压死或间隙过大,受力均匀。(2)压盖与支座配合良好,螺栓紧固、防缓件齐全可靠。(3)各销、套不得锈蚀或窜动,其卡板状态良好。(4)安装位置正确、牢固,不得与轴箱碰磨。

57. 辅修时如何检查 SS_{4G} 型机车牵引电机悬挂装置?

答:(1)电机吊杆无裂损、严重弯曲,弯曲者校直后,须探伤检查合格后方准使用。螺母、垫圈、开口销完好。(2)电机吊杆销轴无裂损,润滑良好,油嘴完好,橡胶防尘圈良好,止板螺栓紧固,防缓件齐全。(3)橡胶堆圈无裂损、老化、变形,压盖无松动、严重变形。(4)向吊杆销轴注油润滑。

58. 辅修时如何检查 SS_{4G} 型机车牵引电机安全托铁?

答:(1)安装牢固可靠,座无裂损、开焊。(2)安全托铁上平面与电机吊耳下平面垂直间隙不小于 20 mm。(3)安全托铁与机壳的水平间隙不小于 10 mm。(4)安全托铁与电机吊耳的纵向搭接量不小于 20 mm,横向须完全搭接。

59. C3 修时如何检查 HXD_2 型机车辅助变流柜内部?

答:检查所有门、机架、内部区域、部件清洁无灰尘,柜门无变形,门轴、门锁、面板完整无破损;接地电缆完好无破损,连接紧固无松动;各插头、插座连接状态良好。各传感器外观检查良好,安装牢固,接线无破损、老化;电阻、熔断器、传感器等部件外观良好及接线紧固。

60. C4 修时如何检查 HXD_2 型机车轮缘润滑装置?

答:检查各部件安装良好,安装螺栓紧固无松动,各部件无变形、裂纹;油罐无严重变形、破损,喷嘴位置正确。检查风、油管路畅通,安装牢固,接头紧固、无破损、堵塞、泄漏,清洁喷嘴。油脂罐清洁,检查补充润滑油,润滑油不少于油罐容积的 2/3。

61. C4 修时如何检查 HXD_1 型机车高压接地开关?

答:(1)清洁并检查各部件外观,检查各紧固件紧固状态。(2)清洁闸刀表面,检查接地夹接触状态,测量接触长度,测量接触板与主断路器接触部分的厚度,并涂润滑脂。(3)检查接地开关安装螺栓与接地电器连接螺栓紧固状态。(4)检查软连线外观及紧固状态。(5)检查接地开关传动机构各部件动作状态。

62. 辅修时如何检查 SS_{4G} 型机车牵引电动机接线?

答:(1)开盖检查,接线柱线头应完整,接触良好,无过热、放电痕迹。(2)引出线固定可靠,绝缘子及套管清洁，无松动、裂损、灼伤现象。(3)各螺栓、螺母齐全，紧固良好，防缓件齐全良好。(4)接线盒盖、密封毡垫及安装螺栓齐全、紧固良好。(5)测量引出线与机座引线孔距离应不小于 10 mm。

63. 辅修时 SS4G 型机车辅助机组转子如何检查?

答:(1)转子转动灵活，无阻滞及摩擦现象，自冷风叶完好。(2)直流电机换向器工作面光洁、无毛刺、放电、拉伤痕迹，并清除沟槽内污垢。(3)直流电机换向器升高片无开焊及甩锡现象。(4)直流电机换向器前压圈外包绝缘良好，无油垢及放电痕迹。(5)直流电机电枢可见部分绝缘良好，无纬带无缺损、松动及过热、变色。

64. 辅修时 SS4G 型机车整流装置如何检查?

答:(1)检查触发线、换相电阻、换相电容外接线，应无过热、放电痕迹，快速熔断器瓷件清洁、完整，指示器无跳出。(2)检查各连接螺栓及母线紧固应无松动和发黑现象。(3)检查脉冲输出集成块插套应无松动，输入与输出导线之间不应相磨，或摆放太近(距离大于 25 mm)。(4)检查风速继电器动作应灵活可靠。(5)清扫风道、元件、面板、各电阻、电容、触发脉冲模块及支持绝缘子等处的灰尘。

65. 辅修时 SS4G 型机车位置转换开关如何检查?

答:(1)检查触头表面状态，接触线长度不小于 80%。消除触头烧痕及铜瘤，静触头调整螺栓、螺母漆封完好。主触头检修后应符合要求，并加适量导电膏或凡士林润滑。(2)转换开关的动触头及胶木座不得松动，应无放电、烧损、碳化现象。(3)辅助联锁触头无烧痕、松动，接触良好，压力适当，安装板及胶木件无裂损，弹簧无断裂，联锁推杆动作灵活。(4)各螺栓紧固，接线正确，铜排无裂损、软线折损面积不超过原形的 10%。各部清洁，各线号标志齐全清晰。(5)手按电空阀检查动作及漏风情况，应动作灵活，无卡滞，无漏风。

66. C3 修时如何检查 HXD3C 型机车基础制动装置?

答:(1)制动单元制动夹钳单元各部件不许有裂纹、变形、腐蚀及严重的污垢，制动闸片的最小厚度不小于 8 mm。(2)制动盘摩擦面不许有从内径贯穿到外径以及贯穿到散热筋片的穿透裂纹;不许使用带灼烧痕迹超过 1 cm^2 单个碎片，整个摩擦面上碎片总量超过 5 cm^2 的车轮制动盘。(3)制动盘摩擦面凹陷磨损不大于 2 mm，划痕深度不大于 1.5 mm，裂纹不允许超过相关规定。(4)制动闸片更换时，同一制动夹钳单元闸片厚度差不大于 2 mm。(5)制动缓解时，制动单元闸片与制动盘间隙两侧之和不大于 2～4 mm。

67. 辅修时 SS4G 型机车 PFC 开关柜如何检查?

答:(1)外观检查骨架、各电器设备应无损坏及灰尘附着。(2)检查柜子内部各部件紧固应牢固无松动。(3)检查柜子内部各部件接线端子牢固无烧损现象，接线断股不超过 10%，外包绝缘无破损，铜母线无变形，否则进行调整及更换。(4)检查各绝缘件应无污损。(5)检查电流互感器、电压传感器精度须分别符合 0.5 级，1 级的要求，不许有破损、变形以及绝缘损坏，否则更换。

68. 辅修时 SS4G 型机车抱轴箱如何检查?

答:(1)外观检查抱轴承箱体无裂损，合口密封垫完好，无脱落；螺栓安装紧固良好，抱轴承箱体不漏油。(2)检查毛线刷架安装良好，无折损；刷架弹簧安装到位，无折损，毛线刷不得脱落并与轴接触可靠。(3)抱轴瓦不得窜瓦，合金不得碾片、熔化，同一轴抱轴瓦左右径向间隙：0.2～1 mm，左右差小于 0.2 mm。(4)抱轴箱内油位在油标尺的最高位与最低位之间，油质良好无浑浊现象。(5)更换毛线架。

69. 辅修时 SS4G 型机车牵引杆如何检查?

答:(1)检查三角撑杆、三角架、牵引叉头、牵引座各安装螺栓紧固；防缓件、防尘圈、开口销完好。(2)牵引杆体无变形、裂损，焊接部位不得开裂。(3)定位圆柱销不得松动、窜出。(4)牵引杆销与牵引底座结合的槽面应密贴 。(5)给牵引杆销、牵引杆等叉头摩擦面和关节注入适量 3 号锂基脂。

70. 辅修时 SS4G 型机车车钩及防跳装置如何检查?

答:(1)车钩“三态”作用良好。(2)闭锁后钩舌尾部与锁铁垂直面接触高度不小于 40 mm。(3)钩舌与锁铁间隙不大于 6.5 mm。(4)车钩中心线距轨面高度应在 825～885 mm 内。(5)防跳装置各部无裂损、脱焊、锈蚀，作用良好。

71. 辅修时 SS4G 型机车手制动机如何检查?

答:(1)手轮转动灵活，无阻滞现象。制动、缓解性能良好。(2)链轮、链条状态良好，作用正常。(3)传动杆转轴、拉杆及安全托铁齐全，无裂损及严重变形，动作正常。(4)给转轴、链轮、链条注油。(5)手制动机传动机构无下沉及与电机通风口碰磨现象。

72. 辅修时 SS4G 型机车司机室如何检查?

答:(1)座椅完好，椅面无破损。(2)遮阳帘安装牢固，转动灵活，无破损，锁定机构完好。(3)隔墙、顶棚、地板完好。(4)头灯、辅照灯、标志灯及灯罩完好，不得漏雨。(5)司机台、窗玻璃完好。

73. 牵引电机内部如何检查?

答:整流子表面应无放电、烧伤痕迹，无过热现象。刷握及刷架圈安装位置正确、牢固，碳刷压力符合要求、无破损。各绝缘支柱应清洁，不得有放电现象，母线无破损，安装卡子无松动。电枢轴承、抱轴轴承密封良好，温升符合技术要求(55 ℃)，抱轴油箱内润滑油量正常。电机的通风应良好，通风网无堵塞、无破损、无异物。

74. 如何对 SS_{4G} 型机车进行排水作业？

答：排水部位：(1)主变压器室内主断路器储风缸、207 分水滤气器。(2)司机室内 205 分水滤气器。(3)车下总风缸 163、164、165、166 号排水塞门。

排水方法：必须保证总风缸内风压超过 8 kg，风压不足时，可先升弓打风，在降弓、断电情况下才能进行排水。

75. C3 修时如何对 HXD_2 型机车基础制动装置进行检修？

答：检查基础制动器无裂损、变形、缺陷；基础制动器安装螺栓防缓标记清晰、正确，弹垫状态良好。基础制动器连接软管无破损、龟裂现象，否则应予以更新。基础制动器防脱落装置状态良好，钢丝绳无断股现象，钢丝绳卡子安装牢固，状态良好。闸瓦厚度 15 mm(包括瓦背和摩擦体在内)。

76. C1 修时如何外观检查 HXD_2 型机车主压缩机电机？

答：检查电机机壳、地脚、接线盒、端盖、机座无裂损；各紧固螺母防缓垫应齐全无松动；电机安装牢固输电线无破损，机组外部清洁、无油垢；电机转向正确，轴承转动无异声。引接线、线鼻子固定牢靠，线号标志清晰；接线柱无放电灼痕、无松动、滑扣和歪斜。

77. 如何对 HXD_2 型机车牵引杆进行 C4 修？

答：牵引杆、牵引支座接触面无锈蚀、拉伤及明显磨损。牵引杆与牵引支座接触面积不小于 70%，装入量符合技术规定。牵引杆、牵引支座、托盘磁粉探伤检查，不许有裂损。更新牵引支座安装螺母。组装后，检查各紧固件的紧固状态。

78. 如何对 HXD_{3C} 型机车风源净化装置进行检查？

答：(1)外观检查干燥器各部件完整，无损坏、变形及裂纹，各安装件螺栓齐全紧固。(2)检查各连接管路防缓标记正常，安装牢固无变形、泄漏。各塞门开闭状态正确，双塔转换再生排气工作正常。(3)打开总风缸排水阀，进行排水作业，检查排水情况，发现有大量积水的及时通知检修处理。(4)检查空气干燥器电控器各部状态良好、显示正常，干燥器电空阀性能正常，接线无过热烧损，绝缘无老化，连接紧固。(5)冬季对干燥器排气阀自动加热装置状态重点检查，加热性能正常。

79. SS_{4G} 型机车 1.5 级以上正常 25 s 后牵引无流如何处理？

答：(1)确认显示屏是否有某一辅机灯亮，恢复相对应的三相自动开关。(2)确认风机工作正常，处理相应风速环节或人为顶死 556KA。(3)确认风机故障，将其对应的风机隔离开关置于故障位。(4)甩掉故障风机后，要使用电阻制动，须将其对应的两台电机隔离闸刀置下合位。

80. C4 修时如何检查 HXD_1 型机车接地装置?

答:清除接地装置上的灰尘和油垢,接地装置不许有裂损,外观检查轴箱接地线状态良好。检查接地装置接地线安装牢固,接线无接磨、老化和破损,各部件固定螺栓紧固良好,密封良好。检查弹簧、碳刷电线等外观状态须良好,检查接地线固定螺栓与端盖绝缘良好。检查摩擦盘外观状态,清除摩擦盘表面灰尘、油污,摩擦盘表面不许有连续的沟槽状划痕。组装后,检查轴端速度传感器接线及紧固状态,应安装牢固,放缓标记清晰。

81. C4 修时如何检查 HXD_{3C} 型机车轴箱?

答:(1)机车车载安全防护系统地面专家诊断分析中,轴承不许有异常。(2)轴箱接地装置状态良好。(3)按照维修保养手册要求补充轴箱轴承润滑脂。(4)轴箱轴承、抱轴箱轴承动态检查不许有异常。(5)位轴箱开盖检查,轴箱接地装置不许有裂损;绝缘件、密封件状态良好,轴承、密封罩状态良好。

82. C4 修时如何检查 HXD_{3C} 型机车驱动装置?

答:(1)外观检查抱轴箱不许有变形及开裂。(2)外观检查齿轮箱不许有裂纹、漏油;齿轮箱油位正常,润滑油不许有异常。通气器畅通。(3)机车车载安全防护系统地面专家诊断分析中,温升、振动不许有异常。(4)按照维修保养手册要求补充抱轴承润滑脂。(5)按照维修保养手册要求补充或更新齿轮箱润滑油。更新齿轮箱润滑油时,清洗磁性螺堵。

83. 如何检查 LV2600 型受电弓?

答:(1)所有紧固件应紧固,无松动;底架、框架、杆件、铰链座、滑板等无变形、断裂。风管路及接头紧固良好无泄漏。(2)各零部件表面漆膜或涂层不得有起皮、脱落等现象。(3)各导电软连线应安装良好,无断股、破损现象。(4)升弓弹簧状态良好,无裂纹。在降弓位置检查升弓弹簧,两边的张紧程度应一致。(5)中间有风管路的碳滑板碳条厚度不小于 5 mm,带护板滑板厚度不小于 20 mm。同一受电弓的两块滑板厚度差不大于 3 mm。(6)测量静态接触压力应为(70±10) N,升弓时间不大于 8 s,降弓时间不大于 7 s。

84. C4 修时如何检查 HXD_{3C} 型机车悬挂装置?

答:(1)外观检查电机吊杆不许有裂纹。(2)外观检查一、二系弹簧不许有裂损、压死。(3)外观检查油压减振器不许有裂损、泄漏。(4)电机吊杆橡胶关节不许有老化和开裂。(5)目视检查一、二系悬挂弹簧橡胶垫不许有老化和开裂。

85. 辅修时如何检查 SS_{4G} 型机车电线路?

答:(1)各部件线号齐全清晰、清洁,排列整齐,接线紧固。(2)线卡、绝缘件完好,防缓件齐全。(3)各母线、铜排无裂纹、过热,局部缺损不大于 10%,连接处应密贴,接触面搪锡。铜排间及对地距离符合有关规定。(4)各绝缘导线应清洁,无过热、老化、油浸变质等现象,线芯及编织线断股不大于10%，端部搪锡良好，线鼻子无过热现象，单股导线不得有裂纹。(5)检查各屏柜、中央端子排、重联线端子排绝缘无老化、破损，断股不大于10%，线鼻子与导线压接牢固，状态良好。(6)线道可见部分和线盒内均应清洁干燥，线束穿过隔板护板处的防护完好。(7)检查测量主、辅回路绝缘阻值：主回路用2 500 V兆欧表检测：不小于2 MΩ。辅助回路用500 V兆欧表检测：不小于0.3 MΩ。

86. 辅修时如何检查 SS_{4G} 型机车司机控制器及电空制动控制器？

答：(1)用干净的干棉布擦除司机控制器的污垢，直观检查应状态良好，各操作手柄应灵活，无过紧、卡滞或松旷现象。(2)用0.2～0.3 MPa的压缩空气吹扫各部及用毛刷清扫各部灰尘。(3)检查各紧固件应无松动，外表面镀层、油漆无脱落，绝缘件无裂纹。(4)检查定位簧片和定位杠杆应无松动变形，定位凸轮应无磨损过度。(5)检查主轴和换向轴凸轮应无裂纹、变形或脱落。(6)检查辅助触头盒应无烧损，插件应无异常。(7)检查电位器上的联轴器应无松动、脱落。(8)检查各连接线，接线应牢固，接线端子、线号齐全，标牌完整清晰，导线不得与其他机件碰磨，绝缘无破损。(9)检查防逆电装置作用良好。(10)互换司控器。

87. 辅修时如何检查 SS_{4G} 型机车空调机及暖风机？

答：(1)各紧固件紧固，空调机安装牢固，不漏雨。(2)各部接线正确，无短路、断路现象。(3)检查“冷、热”选择开关、风量选择开关、温度控制器等开关位置正确、作用良好。(4)各阀安装位置正确、作用良好。(5)压缩机电机、冷凝风机电机、蒸发风机电机、暖风机工作正常、无异声。(6)接触器、电容器、继电器、熔断器、电空阀作用良好。(7)电器板接触元件无过热、烧损、开焊现象。(8)管道安装正确、牢固，无泄漏现象。(9)蒸发器、冷凝器、稳压器作用良好。(10)过滤网清洗。(11)暖风机接线良好，外罩完好无损，开关、指示灯显示正常，取暖效果良好。

88. 辅修时如何检查 SS_{4G} 型机车仪表？

答：(1)各仪表显示正确，安装牢固，接线可靠，插头、插座连接良好。各仪表外壳、玻璃完整，刻度清晰，指针无弯曲、卡滞现象，照明良好。更换不良仪表。(2)检查司机室各风压表不超三个月，否则下车校验。(3)检查各种电表及其他风压表不超6个月，否则下车校验。(4)电压传感器、电流传感器清洁良好，安装牢固，作用良好。(5)制动缸压力传感器清扫，安装牢固，动作灵活可靠。(6)辅助空压机压力传感器、列车管压力传感器、均衡风缸压力传感器清扫，安装牢固，动作灵活可靠。(7)下车校验制动缸压力传感器。

89. 辅修时如何检查 SS_{4G} 型机车电源柜？

答：(1)检查各紧固件和接线端子应无松动、无松线掉线现象。(2)线束、铜排和导线应清洁，不许有过热、烧损和绝缘老化现象；线号齐全，清晰正确。线芯断股不得超过原形的10%，单股线芯不许有裂损。铜排应平直光洁，不许有裂损；局部缺损不得超过原形的5%，表面镀层良好，连接处密贴。(3)电源变压器、电抗器必须表面清洁。外部绝缘不许有变色、裂损、过热现象;接线须正确、紧固,线号清晰,无线圈短路、断路现象;铁芯及安装螺钉紧固。(4)检查电压表和电流表,在无电状态下,电压表和电流表的指针均应在零位,如果不在零位,将指针调至零位。(5)自动开关不许有破损,动作灵活,通断作用可靠。否则更换。(6)检查刀开关:刀片与刀夹光洁,压力适当,转动自如,接触线长度应在80%以上,夹力正常。刀片缺损宽度不大于原形的1/3。手柄不得松动。(7)钮子开关动作灵活,作用良好,不许有裂损,否则必须更换。(8)插座及端子排应清洁、完整,不许有裂损、烧伤,导线压接良好,接线紧固;插座插接牢靠,定位作用良好。(9)检查电阻、电容,电阻不许有变形、裂损、短路、断路,接头应焊接牢固,不行有过热变色及严重剥离,否则必须更换。如接头处有轻微破损,允许用环氧树脂涂封处理。电容内部不许有短路、断路,绝缘良好,否则必须更换。接线应紧固。(10)外观检查各晶闸管应清洁,连线及固定状态良好。(11)110 V电源控制箱检查。各电路板、电子插件洁净,插接可靠。20芯插头簧片无断裂、过热现象。(12)绝缘检测:用500 V兆欧表分别测量输入、输出回路对地绝缘电阻值应大于2 MΩ。(13)电源柜系统性能检查。用万用表分别插入相应的+48 V、+24 V、+15 V的测试插孔,测量其电压值均应在额定值的±5%范围内。

90. 辅修时如何检查SS4G型机车电子控制柜?

答:(1)电路板清洁,印刷电路清晰,不得有过热、变色。金属箔无脱起基板现象,框架安装牢固,不得松动。插件上元件无过热变色,电容无鼓包。元件焊接牢固,光滑,不得有虚焊、开焊及短路。插头簧片无断裂,弹性良好,胶木件无裂损。电子板插座安装牢固无裂损,引出线焊接正确良好。打开护板,检查电子插件与插座插接良好,固定螺栓紧固。(2)检查各电子插件及冷却风扇信号灯显示正确。(3)线束整洁,线号齐全,不得有短路过热现象,与机体无碰磨。接线端子完好。(4)开盖检查清扫插件箱,背面连线无松脱、破损、互磨,清扫冷却风扇。(5)检查电子板安装牢固,表面清洁,外接线牢固,无过热现象,线号齐全、标示清晰。各二极管、压敏电阻安装牢固,元件无过热、短路、断路。(6)检查甩单节装置安装牢固,接线无损伤,清洁良好。功能试验正常。(7)检查辅机保护装置安装牢固,清洁状况良好,接线无松动。装置功能良好。

91. 辅修时如何检查SS4G型机车缓冲装置?

答:(1)楔铁不得缩入,后挡板不得脱出。(2)托板完好,螺栓紧固,防缓件齐全。(3)从板与从板座、从板与弹簧箱应密贴,弹簧箱后座板与板座之间不得有1 mm以上的贯通间隙。(4)弹簧箱底部四角若发生裂纹时,可以焊修,但其裂纹长度不得超过100 mm。底部四个角的凸台出现裂损,一处裂损底板未脱出箱体时可以焊修,两处裂损应更换弹簧箱。箱体口部(楔铁端)裂纹不得焊修。(5)导框厚度不小于22 mm,可以预热堆焊修复。(6)弹簧箱底板不得窜出。

92. 辅修时如何检查SS4G型机车单元制动器?

答:(1)检查制动器箱体,应无裂损、变形,护罩滤网良好,检查孔盖齐全,安装牢固,螺杆防尘胶套无破损。(2)打开制动器侧门及观察孔,检查制动器可见销、套及防缓装置齐全完好。检查手轮止动器支架无变形、裂纹,拉环无变形,作用良好。拉出手轮止动器后,转动手轮应灵活。固定脱钩装置安装良好,防缓件齐全,棘钩处于开脱状态。(3)检查闸瓦托杆无变形、裂损,螺旋扭转弹簧无裂损,安装位置正确,扭转弹簧固定螺栓防缓件、平垫齐全、无松动。(4)检查闸瓦托无歪斜,闸瓦边缘不得超出轮对踏面外侧面,闸瓦厚度禁用限度 15 mm。(5)检查闸瓦安装正确,更换到限闸瓦,调整闸瓦间隙(包括闸瓦体厚度)。(6)闸瓦与闸瓦托配合不得松旷,闸瓦松旷时整修闸瓦钎,保证闸瓦安装后牢固无松动,闸瓦瓦背与闸瓦托局部间隙符合要求,否则应更换闸瓦或修整闸瓦托。(7)及时给制动机构各杆、销、套、活动摩擦面注油,保证制动装置油润良好。(8)交车前应做制动、缓解试验,确认制动器性能良好,无卡滞。制动系统泄漏符合规定。

93. 辅修时如何检查 SS_{4G} 型机车车体?

答:(1)外观检查无严重变形、破损,焊接处不得开裂。(2)表面局部脱漆应补漆处理。(3)上车梯子、扶手等完好。(4)车号、端标、段标志清楚。(5)走廊地板安装牢固无变形。(6)车体重联处橡胶完好,无裂损,过道走板完好。(7)后视镜面完好,动作灵活,管系无泄漏。

94. 辅修时如何检查 SS_{4G} 型机车总风软管?

答:(1)外观检查软管无老化、变形、裂纹、鼓包、磨损;联接器状态良好,卡子胶皮齐全;折角塞门作用良好。检查各管塞门及软管金属部分油漆标识须清晰。(2)在定压下试验 3 min,应无泄漏。列车软管以 1 000 kPa、总风软管以 1 200 kPa、平均软管以 700 kPa 进行水压试验 2 min,应无泄漏、局部鼓包现象,外径胀大量不超过 8 mm;总风软管外径胀大量不超过 2 mm。试验完毕拴挂检验牌。检验牌要求拴挂牢固,检验日期清晰,水压试验后有效期不超过 6 个月。

95. 如何对电子电源柜进行检查?

答:(1)电源柜 A、B 组转换开关作用良好。(2)各插件安装到位,螺栓紧固。(3)各单极自动开关和钮子开关位置正确。(4)蓄电池 667QS、666QS 和 668QS 闸刀接线紧固,作用良好,无放电痕迹,位置正确。(5)各插座接线紧固,电流表和电压表应完好、清洁,指示正确。(6)电子柜门密封良好。(7)电源柜平波电抗器及各接线无烧痕。

96. 对电机应重点检查哪些部位?

答:应注意检查机体安装螺栓、轴承护板、轴承盖、磁极、外罩和接线是否紧固。换向器表面应清洁光滑呈光亮的古铜色,不应有拉伤、烧损的痕迹。换向器焊接状态应良好,云母槽的深度符合规定。电刷无过限、裂纹和缺损,接触良好,弹簧压力适当,刷握与刷架无松动。电机各部应清洁,绝缘良好,线路完整,磁极气隙应均匀。电机的通风装置良好,通风网无堵塞、破损,无异物。检查带有传动皮带的电机时,应注意传动皮带无破损且紧松度适宜。

97. SS_{4G} 型机车低压电器试验前要做好哪些工作?

答:(1)确认车顶无人后锁闭车顶门。(2)检查各管路塞门在正常工作位置,总风缸压力不小于 700 kPa,机车制动缸压力 300 kPa。(3)高声呼唤:合 110 V 整流输出闸刀开关 666QS、蓄电池输出闸刀开关 667QS、蓄电池单极自动开关 601QA,各自动开关均在正常工作位,控制电压不小于 92.5 V。(4)将零压保护隔离开关 236QS,牵引风速故障开关 573QS、574QS 及制动风速故障隔离开关 589QS、590QS 置故障位,其他各故障隔离开关在正常工作位;(5)电子柜转换开关置 A 位;(6)自起劈相机隔离开关放手动位,司机控制器手柄置 0 位,辅助司机控制器置取出位。

98. 电力机车定期给油时,要对哪些处所进行给油?

答:(1)受电弓各轴承和摩擦处所、升弓风缸及其传动杆件的连接处。(2)主断路器分断开关的动、静触头和转动部分的摩擦处所。(3)各电机轴承。(4)制动风缸传动件连接处。(5)中心支承复原弹簧的各销。(6)手制动机各传动零部件和摩擦处。

99. 电力机车在过冬前,要对机车做好哪些工作?

答:(1)整修门窗、砂箱盖。(2)清扫并检修窗加热器和取暖设备。(3)检查牵制开关、门联锁风缸,并开盖补油。(4)中继阀等易冻部件配备防寒罩或加热套。(5)总风缸排水阀的胶垫更换为金属垫,并包扎防寒。(6)蓄电池电解液密度调整为 1.2～1.22。(7)压缩机油更换成冬季油,同时清洗空气压缩机油底壳。

100. C1 修时如何对 HXD_{3C} 型机车供电柜进行检查?

答:检查检查各电器设备安装牢固,外观无过热变色;检查各导线、接线柱接线牢固无过热变色;控制箱安装牢固,插座插接良好;插件安装紧固,转换开关外观良好;保险座安装良好,外观良好;接地隔离、集控隔离钮子开关置于投入位;电度表、保护显示灯状态良好,显示正确;空开安装良好,外观良好,置于闭合位;供电插座、集控插座安装良好;防水罩转动灵活,锁闭装置良好;内部无水迹,插座无裂损,各插孔良好,无锈蚀、退针、烧损。性能试验:进行直供电负载试验,供电电压 600×(1±5%) V。对提报过正常供电无法供出使用强迫供电正常的机车及提报过直供电故障信息的机车必须用直供电试验台对供电端进行负载试验。

S1　SS4 型机车车体的小修

1. 考场准备

要求考场内有一台与考试机型相一致的机车，且车下要有地沟，地沟上须设置渡板，便于对机车部件进行检查及检修，或考场内有一个与考试内容相一致的机车零部件，以及为检修该零部件所需的工作场地、检修试验台和检修工作台。考场环境整洁、明亮并设有隔离设施。

2. 材料工具准备

序　号	名　称	规　格	数　量	备　注
1	大锤		1 把	
2	手锤		1 把	
3	钳工常用工具		1 套	
4	检修专用工具		1 套	
5	钢卷尺		1 个	
6	铲污工具		1 套	
7	扁铲		1 把	

3. 考核要求

(1)被认定人入场后，向裁判报告姓名及所参加的工种及等级，由裁判告知题目，当被认定人告知裁判可以开始时，由裁判员开始计时。

(2)考核时间为 20 min，操作时必须按规定佩戴安全防护用品。

(3)被认定人作业期间，裁判员可以根据作业情况向被认定人提问，以确认被认定人对工艺的熟悉情况和确认故障点是否有依据。

(4)考核过程中，被认定人出现毁坏部件或受伤情况时，终止考试，成绩为零。

(5)考试完毕后，由被认定人告知裁判员考试结束，由裁判员结束计时。

4. 考核评分

(1)考评人员 3 名以上。

(2)评分程序及规则：考评员根据考生操作情况对照计分标准在评分表上给予记录评分。

(3)算分方法：采用百分制，满分 100 分，60 分及以上为及格。

职业技能认定

电力机车钳工（高级工）实作技能考核评分记录表

单位：________ 姓名：________ 准考证号：________ 工种：________ 级别：________

试题名称：SS4 型机车车体的小修

考核时间：20 min

操作开始时间： 时 分 操作结束时间： 时 分

项 目	考核内容及评分标准	扣分因素及扣分	得 分
操作程序（25 分）	1. 工序错乱扣 10 分		
	2. 工作中返工扣 15 分		
	3. 作业后未按要求恢复或清理作业场地扣 5 分		
作业质量（45 分）	1. 检修过程中，分解、组装顺序不对，每次扣 2 分		
	2. 检修过程中，对零部件清洗质量不合格，每件扣 2 分		
	3. 检修过程中，对零部件检查，漏检每项扣 1 分		
	4. 检修过程中，对零部件测量，漏测每项扣 2 分		
	5. 检修后检修质量不符合技术要求扣 45 分		
	6. 未填写检修记录或填写数据缺、漏、错项，每项扣 1 分		
工具使用（20 分）	1. 开工前未检查工、量具及设备，收工不整理，每件扣 2 分		
	2. 工、量具及设备使用不当，每次扣 2 分		
	3. 工、量具脱落，每次扣 2 分		
	4. 工具、设备损坏扣，每件扣 4 分		
作业安全（10 分）	1. 未按规定着装扣 2 分		
	2. 工作场地不整洁扣 2 分		
	3. 工件、工具摆放不整齐扣 2 分		
	4. 违章或违反安全事项，每次扣 4 分		
	5. 发生事故失格		
考核时间	1. 超过规定时间每超 1 min，扣 2 分		
	2. 超过规定时间 3 min 以上每分钟（不包括 3 min）扣 5 分		
	3. 超过规定时间 10 min 以上（不包括 10 min），停止考试		
合计（100 分）			

考评员签名： 认定人： 年 月 日

S2 SS4型机车轮轨润滑装置的中修

1. 考场准备

要求考场内有一台与考试机型相一致的机车，且车下要有地沟，地沟上须设置渡板，便于对机车部件进行检查及检修，或考场内有一个与考试内容相一致的机车零部件，以及为检修该零部件所需的工作场地、检修试验台和检修工作台。考场环境整洁、明亮并设有隔离设施。

2. 材料工具准备

序 号	名 称	规 格	数 量	备 注
1	手锤		1把	1
2	手电		1把	2
3	钳工常用工具		1套	3
4	电工常用工具		1套	4

3. 考核要求

(1)被认定人入场后，向裁判报告姓名及所参加的工种及等级，由裁判告知题目，当被认定人告知裁判可以开始时，由裁判员开始计时。

(2)考核时间为20 min，操作时必须按规定佩戴安全防护用品。

(3)被认定人作业期间，裁判员可以根据作业情况向被认定人提问，以确认被认定人对工艺的熟悉情况和确认故障点是否有依据。

(4)考核过程中，被认定人出现毁坏部件或受伤情况时，终止考试，成绩为零。

(5)考试完毕后，由被认定人告知裁判员考试结束，由裁判员结束计时。

4. 考核评分

(1)考评人员3名以上。

(2)评分程序及规则：考评员根据考生操作情况对照计分标准在评分表上给予记录评分。

(3)算分方法：采用百分制，满分100分，60分及以上为及格。

职业技能认定
电力机车钳工(高级工)实作技能考核评分记录表

单位:________ 姓名:________ 准考证号:________ 工种:________ 级别:________

试题名称:SS_4型机车轮轨润滑装置的中修

考核时间:20 min

操作开始时间: 时 分 操作结束时间: 时 分

项 目	考核内容及评分标准	扣分因素及扣分	得 分
操作程序(25分)	1. 工序错乱扣10分		
	2. 工作中返工扣15分		
	3. 作业后未按要求恢复或清理作业场地扣5分		
作业质量(45分)	1. 检修过程中,分解、组装顺序不对,每次扣2分		
	2. 检修过程中,对零部件清洗质量不合格,每件扣2分		
	3. 检修过程中,对零部件检查,漏检每项扣1分		
	4. 检修过程中,对零部件测量,漏测每项扣2分		
	5. 检修后检修质量不符合技术要求扣45分		
	6. 未填写检修记录或填写数据缺、漏、错项,每项扣1分		
工具使用(20分)	1. 开工前未检查工、量具及设备,收工不整理,每件扣2分		
	2. 工、量具及设备使用不当,每次扣2分		
	3. 工、量具脱落,每次扣2分		
	4. 工具、设备损坏扣,每件扣4分		
作业安全(10分)	1. 未按规定着装扣2分		
	2. 工作场地不整洁扣2分		
	3. 工件、工具摆放不整齐扣2分		
	4. 违章或违反安全事项,每次扣4分		
	5. 发生事故失格		
考核时间	1. 超过规定时间每超1 min,扣2分		
	2. 超过规定时间3 min以上每分钟(不包括3 min)扣5分		
	3. 超过规定时间10 min以上(不包括10 min),停止考试		
合计(100分)			

考评员签名: 认定人: 年 月 日

S3 SS4型机车主断路器的小修

1. 考场准备

要求考场内有一台与考试机型相一致的机车，且车下要有地沟，地沟上须设置渡板，便于对机车部件进行检查及检修，或考场内有一个与考试内容相一致的机车零部件，以及为检修该零部件所需的工作场地、检修试验台和检修工作台。考场环境整洁、明亮并设有隔离设施。

2. 材料工具准备

序 号	名 称	规 格	数 量	备 注
1	快干绝缘漆		1瓶	
2	手锤		1把	
3	手电		1只	
4	毛刷		1把	
5	电工常用工具		1套	
6	开口扳手		1套	
7	兆欧表		1台	

3. 考核要求

(1)被认定人入场后，向裁判报告姓名及所参加的工种及等级，由裁判告知题目，当被认定人告知裁判可以开始时，由裁判员开始计时。

(2)考核时间为20 min，操作时必须按规定佩戴安全防护用品。

(3)被认定人作业期间，裁判员可以根据作业情况向被认定人提问，以确认被认定人对工艺的熟悉情况和确认故障点是否有依据。

(4)考核过程中，被认定人出现毁坏部件或受伤情况时，终止考试，成绩为零。

(5)考试完毕后，由被认定人告知裁判员考试结束，由裁判员结束计时。

4. 考核评分

(1)考评人员3名以上。

(2)评分程序及规则：考评员根据考生操作情况对照计分标准在评分表上给予记录评分。

(3)算分方法：采用百分制，满分100分，60分及以上为及格。

职业技能认定
电力机车钳工(高级工)实作技能考核评分记录表

单位:__________ 姓名:__________ 准考证号:__________ 工种:__________ 级别:__________

试题名称:SS_4 型机车主断路器的小修

考核时间:20 min

操作开始时间: 时 分 操作结束时间: 时 分

项 目	考核内容及评分标准	扣分因素及扣分	得 分
操作程序(25 分)	1. 工序错乱扣 10 分		
	2. 工作中返工扣 15 分		
	3. 作业后未按要求恢复或清理作业场地扣 5 分		
作业质量(45 分)	1. 检修过程中,分解、组装顺序不对,每次扣 2 分		
	2. 检修过程中,对零部件清洗质量不合格,每件扣 2 分		
	3. 检修过程中,对零部件检查,漏检每项扣 1 分		
	4. 检修过程中,对零部件测量,漏测每项扣 2 分		
	5. 检修后检修质量不符合技术要求扣 45 分		
	6. 未填写检修记录或填写数据缺、漏、错项,每项扣 1 分		
工具使用(20 分)	1. 开工前未检查工、量具及设备,收工不整理,每件扣 2 分		
	2. 工、量具及设备使用不当,每次扣 2 分		
	3. 工、量具脱落,每次扣 2 分		
	4. 工具、设备损坏扣,每件扣 4 分		
作业安全(10 分)	1. 未按规定着装扣 2 分		
	2. 工作场地不整洁扣 2 分		
	3. 工件、工具摆放不整齐扣 2 分		
	4. 违章或违反安全事项,每次扣 4 分		
	5. 发生事故失格		
考核时间	1. 超过规定时间每超 1 min,扣 2 分		
	2. 超过规定时间 3 min 以上每分钟(不包括 3 min)扣 5 分		
	3. 超过规定时间 10 min 以上(不包括 10 min),停止考试		
合计(100 分)			

考评员签名: 认定人: 年 月 日

S4　SS4 型机车电线路的小修

1. 考场准备

要求考场内有一台与考试机型相一致的机车，且车下要有地沟，地沟上须设置渡板，便于对机车部件进行检查及检修，或考场内有一个与考试内容相一致的机车零部件，以及为检修该零部件所需的工作场地、检修试验台和检修工作台。考场环境整洁、明亮并设有隔离设施。

2. 材料工具准备

序　号	名　称	规　格	数　量	备　注
1	手电		1 只	
2	电工常用工具		1 套	
3	钳工常用工具		1 套	
4	兆欧表		1 台	

3. 考核要求

(1)被认定人入场后，向裁判报告姓名及所参加的工种及等级，由裁判告知题目，当被认定人告知裁判可以开始时，由裁判员开始计时。

(2)考核时间为 20 min，操作时必须按规定佩戴安全防护用品。

(3)被认定人作业期间，裁判员可以根据作业情况向被认定人提问，以确认被认定人对工艺的熟悉情况和确认故障点是否有依据。

(4)考核过程中，被认定人出现毁坏部件或受伤情况时，终止考试，成绩为零。

(5)考试完毕后，由被认定人告知裁判员考试结束，由裁判员结束计时。

4. 考核评分

(1)考评人员 3 名以上。

(2)评分程序及规则：考评员根据考生操作情况对照计分标准在评分表上给予记录评分。

(3)算分方法：采用百分制，满分 100 分，60 分及以上为及格。

职业技能认定

电力机车钳工(高级工)实作技能考核评分记录表

单位:________ 姓名:________ 准考证号:________ 工种:________ 级别:________

试题名称:SS_4 型机车电线路的小修

考核时间:20 min

操作开始时间: 时 分 操作结束时间: 时 分

项 目	考核内容及评分标准	扣分因素及扣分	得 分
操作程序(25分)	1. 工序错乱扣 10 分		
	2. 工作中返工扣 15 分		
	3. 作业后未按要求恢复或清理作业场地扣 5 分		
作业质量(45分)	1. 检修过程中,分解、组装顺序不对,每次扣 2 分		
	2. 检修过程中,对零部件清洗质量不合格,每件扣 2 分		
	3. 检修过程中,对零部件检查,漏检每项扣 1 分		
	4. 检修过程中,对零部件测量,漏测每项扣 2 分		
	5. 检修后检修质量不符合技术要求扣 45 分		
	6. 未填写检修记录或填写数据缺、漏、错项,每项扣 1 分		
工具使用(20分)	1. 开工前未检查工、量具及设备,收工不整理,每件扣 2 分		
	2. 工、量具及设备使用不当,每次扣 2 分		
	3. 工、量具脱落,每次扣 2 分		
	4. 工具、设备损坏扣,每件扣 4 分		
作业安全(10分)	1. 未按规定着装扣 2 分		
	2. 工作场地不整洁扣 2 分		
	3. 工件、工具摆放不整齐扣 2 分		
	4. 违章或违反安全事项,每次扣 4 分		
	5. 发生事故失格		
考核时间	1. 超过规定时间每超 1 min,扣 2 分		
	2. 超过规定时间 3 min 以上每分钟(不包括 3 min)扣 5 分		
	3. 超过规定时间 10 min 以上(不包括 10 min),停止考试		
合计(100分)			

考评员签名: 认定人: 年 月 日

S5　HXD1 型机车轴箱的 C4 修

1. 考场准备

要求考场内有一台与考试机型相一致的机车，且车下要有地沟，地沟上须设置渡板，便于对机车部件进行检查及检修，或考场内有一个与考试内容相一致的机车零部件，以及为检修该零部件所需的工作场地、检修试验台和检修工作台。考场环境整洁、明亮并设有隔离设施。

2. 材料工具准备

序　号	名　称	规　格	数　量	备　注
1	铜锤		1 把	
2	手锤		1 把	
3	手电		1 只	
4	撬棍		1 根	
5	检修专用工具		1 套	
6	检修专用量具		1 套	
7	钳工常用工具		1 套	

3. 考核要求

(1)被认定人入场后，向裁判报告姓名及所参加的工种及等级，由裁判告知题目，当被认定人告知裁判可以开始时，由裁判员开始计时。

(2)考核时间为 20 min，操作时必须按规定佩戴安全防护用品。

(3)被认定人作业期间，裁判员可以根据作业情况向被认定人提问，以确认被认定人对工艺的熟悉情况和确认故障点是否有依据。

(4)考核过程中，被认定人出现毁坏部件或受伤情况时，终止考试，成绩为零。

(5)考试完毕后，由被认定人告知裁判员考试结束，由裁判员结束计时。

4. 考核评分

(1)考评人员 3 名以上。

(2)评分程序及规则：考评员根据考生操作情况对照计分标准在评分表上给予记录评分。

(3)算分方法：采用百分制，满分 100 分，60 分及以上为及格。

职业技能认定
电力机车钳工(高级工)实作技能考核评分记录表

单位:__________ 姓名:__________ 准考证号:__________ 工种:__________ 级别:__________

试题名称:HXD_1 型机车轴箱的 C4 修

考核时间:20 min

操作开始时间: 时 分 操作结束时间: 时 分

项 目	考核内容及评分标准	扣分因素及扣分	得 分
操作程序(25 分)	1. 工序错乱扣 10 分		
	2. 工作中返工扣 15 分		
	3. 作业后未按要求恢复或清理作业场地扣 5 分		
作业质量(45 分)	1. 检修过程中,分解、组装顺序不对,每次扣 2 分		
	2. 检修过程中,对零部件清洗质量不合格,每件扣 2 分		
	3. 检修过程中,对零部件检查,漏检每项扣 1 分		
	4. 检修过程中,对零部件测量,漏测每项扣 2 分		
	5. 检修后检修质量不符合技术要求扣 45 分		
	6. 未填写检修记录或填写数据缺、漏、错项,每项扣 1 分		
工具使用(20 分)	1. 开工前未检查工、量具及设备,收工不整理,每件扣 2 分		
	2. 工、量具及设备使用不当,每次扣 2 分		
	3. 工、量具脱落,每次扣 2 分		
	4. 工具、设备损坏扣,每件扣 4 分		
作业安全(10 分)	1. 未按规定着装扣 2 分		
	2. 工作场地不整洁扣 2 分		
	3. 工件、工具摆放不整齐扣 2 分		
	4. 违章或违反安全事项,每次扣 4 分		
	5. 发生事故失格		
考核时间	1. 超过规定时间每超 1 min,扣 2 分		
	2. 超过规定时间 3 min 以上每分钟(不包括 3 min)扣 5 分		
	3. 超过规定时间 10 min 以上(不包括 10 min),停止考试		
合计(100 分)			

考评员签名: 认定人: 年 月 日

S6 HXD1型机车基础制动装置的C4修

1. 考场准备

要求考场内有一台与考试机型相一致的机车，且车下要有地沟，地沟上须设置渡板，便于对机车部件进行检查及检修，或考场内有一个与考试内容相一致的机车零部件，以及为检修该零部件所需的工作场地、检修试验台和检修工作台。考场环境整洁、明亮并设有隔离设施。

2. 材料工具准备

序 号	名 称	规 格	数 量	备 注
1	大锤		1把	
2	铜锤		1把	
3	撬棍		1根	
4	风动扳手		1把	
5	检修专用工具		1套	
6	检修专用量具		1套	
7	钳工常用工具		1套	

3. 考核要求

(1)被认定人入场后，向裁判报告姓名及所参加的工种及等级，由裁判告知题目，当被认定人告知裁判可以开始时，由裁判员开始计时。

(2)考核时间为20 min，操作时必须按规定佩戴安全防护用品。

(3)被认定人作业期间，裁判员可以根据作业情况向被认定人提问，以确认被认定人对工艺的熟悉情况和确认故障点是否有依据。

(4)考核过程中，被认定人出现毁坏部件或受伤情况时，终止考试，成绩为零。

(5)考试完毕后，由被认定人告知裁判员考试结束，由裁判员结束计时。

4. 考核评分

(1)考评人员3名以上。

(2)评分程序及规则：考评员根据考生操作情况对照计分标准在评分表上给予记录评分。

(3)算分方法：采用百分制，满分100分，60分及以上为及格。

职业技能认定
电力机车钳工(高级工)实作技能考核评分记录表

单位:________ 姓名:________ 准考证号:________ 工种:________ 级别:________

试题名称:HXD_1 型机车基础制动装置的 C4 修

考核时间:20 min

操作开始时间: 时 分 操作结束时间: 时 分

项 目	考核内容及评分标准	扣分因素及扣分	得 分
操作程序(25 分)	1. 工序错乱扣 10 分		
	2. 工作中返工扣 15 分		
	3. 作业后未按要求恢复或清理作业场地扣 5 分		
作业质量(45 分)	1. 检修过程中,分解、组装顺序不对,每次扣 2 分		
	2. 检修过程中,对零部件清洗质量不合格,每件扣 2 分		
	3. 检修过程中,对零部件检查,漏检每项扣 1 分		
	4. 检修过程中,对零部件测量,漏测每项扣 2 分		
	5. 检修后检修质量不符合技术要求扣 45 分		
	6. 未填写检修记录或填写数据缺、漏、错项,每项扣 1 分		
工具使用(20 分)	1. 开工前未检查工、量具及设备,收工不整理,每件扣 2 分		
	2. 工、量具及设备使用不当,每次扣 2 分		
	3. 工、量具脱落,每次扣 2 分		
	4. 工具、设备损坏扣,每件扣 4 分		
作业安全(10 分)	1. 未按规定着装扣 2 分		
	2. 工作场地不整洁扣 2 分		
	3. 工件、工具摆放不整齐扣 2 分		
	4. 违章或违反安全事项,每次扣 4 分		
	5. 发生事故失格		
考核时间	1. 超过规定时间每超 1 min,扣 2 分		
	2. 超过规定时间 3 min 以上每分钟(不包括 3 min)扣 5 分		
	3. 超过规定时间 10 min 以上(不包括 10 min),停止考试		
合计(100 分)			

考评员签名: 认定人: 年 月 日

S7　SS4 型机车车顶其他电器件的小修

1. 考场准备

要求考场内有一台与考试机型相一致的机车，且车下要有地沟，地沟上须设置渡板，便于对机车部件进行检查及检修，或考场内有一个与考试内容相一致的机车零部件，以及为检修该零部件所需的工作场地、检修试验台和检修工作台。考场环境整洁、明亮并设有隔离设施。

2. 材料工具准备

序　号	名　称	规　格	数　量	备　注
1	快干绝缘漆		1 瓶	
2	手锤		1 把	
3	手电		1 只	
4	毛刷		1 把	
5	电工常用工具		1 套	
6	开口扳手		1 套	
7	毛巾		1 条	
8	兆欧表		1 台	

3. 考核要求

(1)被认定人入场后，向裁判报告姓名及所参加的工种及等级，由裁判告知题目，当被认定人告知裁判可以开始时，由裁判员开始计时。

(2)考核时间为 20 min，操作时必须按规定佩戴安全防护用品。

(3)被认定人作业期间，裁判员可以根据作业情况向被认定人提问，以确认被认定人对工艺的熟悉情况和确认故障点是否有依据。

(4)考核过程中，被认定人出现毁坏部件或受伤情况时，终止考试，成绩为零。

(5)考试完毕后，由被认定人告知裁判员考试结束，由裁判员结束计时。

4. 考核评分

(1)考评人员 3 名以上。

(2)评分程序及规则：考评员根据考生操作情况对照计分标准在评分表上给予记录评分。

(3)算分方法：采用百分制，满分 100 分，60 分及以上为及格。

职业技能认定
电力机车钳工(高级工)实作技能考核评分记录表

单位:__________ 姓名:__________ 准考证号:__________ 工种:__________ 级别:__________

试题名称:SS_4 型机车车顶其他电器件的小修

考核时间:20 min

操作开始时间:　时　分　　　　操作结束时间:　时　分

项　目	考核内容及评分标准	扣分因素及扣分	得　分
操作程序(25分)	1. 工序错乱扣10分		
	2. 工作中返工扣15分		
	3. 作业后未按要求恢复或清理作业场地扣5分		
作业质量(45分)	1. 检修过程中,分解、组装顺序不对,每次扣2分		
	2. 检修过程中,对零部件清洗质量不合格,每件扣2分		
	3. 检修过程中,对零部件检查,漏检每项扣1分		
	4. 检修过程中,对零部件测量,漏测每项扣2分		
	5. 检修后检修质量不符合技术要求扣45分		
	6. 未填写检修记录或填写数据缺、漏、错项,每项扣1分		
工具使用(20分)	1. 开工前未检查工、量具及设备,收工不整理,每件扣2分		
	2. 工、量具及设备使用不当,每次扣2分		
	3. 工、量具脱落,每次扣2分		
	4. 工具、设备损坏扣,每件扣4分		
作业安全(10分)	1. 未按规定着装扣2分		
	2. 工作场地不整洁扣2分		
	3. 工件、工具摆放不整齐扣2分		
	4. 违章或违反安全事项,每次扣4分		
	5. 发生事故失格		
考核时间	1. 超过规定时间每超1 min,扣2分		
	2. 超过规定时间3 min以上每分钟(不包括3 min)扣5分		
	3. 超过规定时间10 min以上(不包括10 min),停止考试		
合计(100分)			

考评员签名:　　　　　　认定人:　　　　　　年　月　日

S8　HXD1 型机车驱动装置的 C4 修

1. 考场准备

要求考场内有一台与考试机型相一致的机车，且车下要有地沟，地沟上须设置渡板，便于对机车部件进行检查及检修，或考场内有一个与考试内容相一致的机车零部件，以及为检修该零部件所需的工作场地、检修试验台和检修工作台。考场环境整洁、明亮并设有隔离设施。

2. 材料工具准备

序　号	名　称	规　格	数　量	备　注
1	铜锤		1 把	
2	手锤		1 把	
3	手电		1 只	
4	撬棍		1 根	
5	检修专用工具		1 套	
6	检修专用量具		1 套	
7	钳工常用工具		1 套	

3. 考核要求

(1)被认定人入场后，向裁判报告姓名及所参加的工种及等级，由裁判告知题目，当被认定人告知裁判可以开始时，由裁判员开始计时。

(2)考核时间为 20 min，操作时必须按规定佩戴安全防护用品。

(3)被认定人作业期间，裁判员可以根据作业情况向被认定人提问，以确认被认定人对工艺的熟悉情况和确认故障点是否有依据。

(4)考核过程中，被认定人出现毁坏部件或受伤情况时，终止考试，成绩为零。

(5)考试完毕后，由被认定人告知裁判员考试结束，由裁判员结束计时。

4. 考核评分

(1)考评人员 3 名以上。

(2)评分程序及规则：考评员根据考生操作情况对照计分标准在评分表上给予记录评分。

(3)算分方法：采用百分制，满分 100 分，60 分及以上为及格。

职业技能认定
电力机车钳工(高级工)实作技能考核评分记录表

单位:__________ 姓名:__________ 准考证号:__________ 工种:__________ 级别:__________

试题名称:HXD1 型机车驱动装置的 C4 修

考核时间:20 min

操作开始时间: 时 分 操作结束时间: 时 分

项 目	考核内容及评分标准	扣分因素及扣分	得 分
操作程序(25 分)	1. 工序错乱扣 10 分		
	2. 工作中返工扣 15 分		
	3. 作业后未按要求恢复或清理作业场地扣 5 分		
作业质量(45 分)	1. 检修过程中,分解、组装顺序不对,每次扣 2 分		
	2. 检修过程中,对零部件清洗质量不合格,每件扣 2 分		
	3. 检修过程中,对零部件检查,漏检每项扣 1 分		
	4. 检修过程中,对零部件测量,漏测每项扣 2 分		
	5. 检修后检修质量不符合技术要求扣 45 分		
	6. 未填写检修记录或填写数据缺、漏、错项,每项扣 1 分		
工具使用(20 分)	1. 开工前未检查工、量具及设备,收工不整理,每件扣 2 分		
	2. 工、量具及设备使用不当,每次扣 2 分		
	3. 工、量具脱落,每次扣 2 分		
	4. 工具、设备损坏扣,每件扣 4 分		
作业安全(10 分)	1. 未按规定着装扣 2 分		
	2. 工作场地不整洁扣 2 分		
	3. 工件、工具摆放不整齐扣 2 分		
	4. 违章或违反安全事项,每次扣 4 分		
	5. 发生事故失格		
考核时间	1. 超过规定时间每超 1 min,扣 2 分		
	2. 超过规定时间 3 min 以上每分钟(不包括 3 min)扣 5 分		
	3. 超过规定时间 10 min 以上(不包括 10 min),停止考试		
合计(100 分)			

考评员签名: 认定人: 年 月 日

S9　HXD1 型机车牵引装置的 C4 修

1. 考场准备

要求考场内有一台与考试机型相一致的机车，且车下要有地沟，地沟上须设置渡板，便于对机车部件进行检查及检修，或考场内有一个与考试内容相一致的机车零部件，以及为检修该零部件所需的工作场地、检修试验台和检修工作台。考场环境整洁、明亮并设有隔离设施。

2. 材料工具准备

序　号	名　称	规　格	数　量	备　注
1	大锤		1把	
2	手锤		1把	
3	铜锤		1把	
4	撬棍		1根	
5	风动扳手		1把	
6	活动扳手		1把	
7	管钳子		1把	

3. 考核要求

(1)被认定人入场后，向裁判报告姓名及所参加的工种及等级，由裁判告知题目，当被认定人告知裁判可以开始时，由裁判员开始计时。

(2)考核时间为 20 min，操作时必须按规定佩戴安全防护用品。

(3)被认定人作业期间，裁判员可以根据作业情况向被认定人提问，以确认被认定人对工艺的熟悉情况和确认故障点是否有依据。

(4)考核过程中，被认定人出现毁坏部件或受伤情况时，终止考试，成绩为零。

(5)考试完毕后，由被认定人告知裁判员考试结束，由裁判员结束计时。

4. 考核评分

(1)考评人员 3 名以上。

(2)评分程序及规则：考评员根据考生操作情况对照计分标准在评分表上给予记录评分。

(3)算分方法：采用百分制，满分 100 分，60 分及以上为及格。

职业技能认定
电力机车钳工(高级工)实作技能考核评分记录表

单位:________ 姓名:________ 准考证号:________ 工种:________ 级别:________

试题名称:HXD_1 型机车牵引装置的 C4 修

考核时间:20 min

操作开始时间: 时 分 操作结束时间: 时 分

项 目	考核内容及评分标准	扣分因素及扣分	得 分
操作程序(25 分)	1. 工序错乱扣 10 分		
	2. 工作中返工扣 15 分		
	3. 作业后未按要求恢复或清理作业场地扣 5 分		
作业质量(45 分)	1. 检修过程中,分解、组装顺序不对,每次扣 2 分		
	2. 检修过程中,对零部件清洗质量不合格,每件扣 2 分		
	3. 检修过程中,对零部件检查,漏检每项扣 1 分		
	4. 检修过程中,对零部件测量,漏测每项扣 2 分		
	5. 检修后检修质量不符合技术要求扣 45 分		
	6. 未填写检修记录或填写数据缺、漏、错项,每项扣 1 分		
工具使用(20 分)	1. 开工前未检查工、量具及设备,收工不整理,每件扣 2 分		
	2. 工、量具及设备使用不当,每次扣 2 分		
	3. 工、量具脱落,每次扣 2 分		
	4. 工具、设备损坏扣,每件扣 4 分		
作业安全(10 分)	1. 未按规定着装扣 2 分		
	2. 工作场地不整洁扣 2 分		
	3. 工件、工具摆放不整齐扣 2 分		
	4. 违章或违反安全事项,每次扣 4 分		
	5. 发生事故失格		
考核时间	1. 超过规定时间每超 1 min,扣 2 分		
	2. 超过规定时间 3 min 以上每分钟(不包括 3 min)扣 5 分		
	3. 超过规定时间 10 min 以上(不包括 10 min),停止考试		
合计(100 分)			

考评员签名: 认定人: 年 月 日

S10 HXD1 型机车悬挂装置的 C4 修

1. 考场准备

要求考场内有一台与考试机型相一致的机车，且车下要有地沟，地沟上须设置渡板，便于对机车部件进行检查及检修，或考场内有一个与考试内容相一致的机车零部件，以及为检修该零部件所需的工作场地、检修试验台和检修工作台。考场环境整洁、明亮并设有隔离设施。

2. 材料工具准备

序 号	名 称	规 格	数 量	备 注
1	铜锤		1 把	
2	手锤		1 把	
3	手电		1 只	
4	撬棍		1 根	
5	检修专用工具		1 套	
6	检修专用量具		1 套	
7	钳工常用工具		1 套	

3. 考核要求

(1)被认定人入场后，向裁判报告姓名及所参加的工种及等级，由裁判告知题目，当被认定人告知裁判可以开始时，由裁判员开始计时。

(2)考核时间为 20 min，操作时必须按规定佩戴安全防护用品。

(3)被认定人作业期间，裁判员可以根据作业情况向被认定人提问，以确认被认定人对工艺的熟悉情况和确认故障点是否有依据。

(4)考核过程中，被认定人出现毁坏部件或受伤情况时，终止考试，成绩为零。

(5)考试完毕后，由被认定人告知裁判员考试结束，由裁判员结束计时。

4. 考核评分

(1)考评人员 3 名以上。

(2)评分程序及规则：考评员根据考生操作情况对照计分标准在评分表上给予记录评分。

(3)算分方法：采用百分制，满分 100 分，60 分及以上为及格。

职业技能认定
电力机车钳工(高级工)实作技能考核评分记录表

单位:________ 姓名:________ 准考证号:________ 工种:________ 级别:________

试题名称:HXD_1 型机车悬挂装置的 C4 修

考核时间:20 min

操作开始时间: 时 分 操作结束时间: 时 分

项 目	考核内容及评分标准	扣分因素及扣分	得 分
操作程序(25分)	1. 工序错乱扣 10 分		
	2. 工作中返工扣 15 分		
	3. 作业后未按要求恢复或清理作业场地扣 5 分		
作业质量(45分)	1. 检修过程中,分解、组装顺序不对,每次扣 2 分		
	2. 检修过程中,对零部件清洗质量不合格,每件扣 2 分		
	3. 检修过程中,对零部件检查,漏检每项扣 1 分		
	4. 检修过程中,对零部件测量,漏测每项扣 2 分		
	5. 检修后检修质量不符合技术要求扣 45 分		
	6. 未填写检修记录或填写数据缺、漏、错项,每项扣 1 分		
工具使用(20分)	1. 开工前未检查工、量具及设备,收工不整理,每件扣 2 分		
	2. 工、量具及设备使用不当,每次扣 2 分		
	3. 工、量具脱落,每次扣 2 分		
	4. 工具、设备损坏扣,每件扣 4 分		
作业安全(10分)	1. 未按规定着装扣 2 分		
	2. 工作场地不整洁扣 2 分		
	3. 工件、工具摆放不整齐扣 2 分		
	4. 违章或违反安全事项,每次扣 4 分		
	5. 发生事故失格		
考核时间	1. 超过规定时间每超 1 min,扣 2 分		
	2. 超过规定时间 3 min 以上每分钟(不包括 3 min)扣 5 分		
	3. 超过规定时间 10 min 以上(不包括 10 min),停止考试		
合计(100分)			

考评员签名: 认定人: 年 月 日

S11　HXD1 型机车制动柜的 C4 修

1. 考场准备

要求考场内有一台与考试机型相一致的机车，且车下要有地沟，地沟上须设置渡板，便于对机车部件进行检查及检修，或考场内有一个与考试内容相一致的机车零部件，以及为检修该零部件所需的工作场地、检修试验台和检修工作台。考场环境整洁、明亮并设有隔离设施。

2. 材料工具准备

序　号	名　称	规　格	数　量	备　注
1	手电		1只	
2	电工常用工具		1套	
3	钳工常用工具		1套	

3. 考核要求

(1)被认定人入场后，向裁判报告姓名及所参加的工种及等级，由裁判告知题目，当被认定人告知裁判可以开始时，由裁判员开始计时。

(2)考核时间为 20 min，操作时必须按规定佩戴安全防护用品。

(3)被认定人作业期间，裁判员可以根据作业情况向被认定人提问，以确认被认定人对工艺的熟悉情况和确认故障点是否有依据。

(4)考核过程中，被认定人出现毁坏部件或受伤情况时，终止考试，成绩为零。

(5)考试完毕后，由被认定人告知裁判员考试结束，由裁判员结束计时。

4. 考核评分

(1)考评人员 3 名以上。

(2)评分程序及规则：考评员根据考生操作情况对照计分标准在评分表上给予记录评分。

(3)算分方法：采用百分制，满分 100 分，60 分及以上为及格。

职业技能认定
电力机车钳工(高级工)实作技能考核评分记录表

单位:________ 姓名:________ 准考证号:________ 工种:________ 级别:________

试题名称:HXD_1 型机车制动柜的 C4 修

考核时间:20 min

操作开始时间: 时 分　　　　操作结束时间: 时 分

项 目	考核内容及评分标准	扣分因素及扣分	得 分
操作程序(25分)	1. 工序错乱扣 10 分		
	2. 工作中返工扣 15 分		
	3. 作业后未按要求恢复或清理作业场地扣 5 分		
作业质量(45分)	1. 检修过程中,分解、组装顺序不对,每次扣 2 分		
	2. 检修过程中,对零部件清洗质量不合格,每件扣 2 分		
	3. 检修过程中,对零部件检查,漏检每项扣 1 分		
	4. 检修过程中,对零部件测量,漏测每项扣 2 分		
	5. 检修后检修质量不符合技术要求扣 45 分		
	6. 未填写检修记录或填写数据缺、漏、错项,每项扣 1 分		
工具使用(20分)	1. 开工前未检查工、量具及设备,收工不整理,每件扣 2 分		
	2. 工、量具及设备使用不当,每次扣 2 分		
	3. 工、量具脱落,每次扣 2 分		
	4. 工具、设备损坏扣,每件扣 4 分		
作业安全(10分)	1. 未按规定着装扣 2 分		
	2. 工作场地不整洁扣 2 分		
	3. 工件、工具摆放不整齐扣 2 分		
	4. 违章或违反安全事项,每次扣 4 分		
	5. 发生事故失格		
考核时间	1. 超过规定时间每超 1 min,扣 2 分		
	2. 超过规定时间 3 min 以上每分钟(不包括 3 min)扣 5 分		
	3. 超过规定时间 10 min 以上(不包括 10 min),停止考试		
合计(100分)			

考评员签名:　　　　认定人:　　　　年 月 日

S12 HXD1 型机车刮雨器的 C4 修

1. 考场准备

要求考场内有一台与考试机型相一致的机车，且车下要有地沟，地沟上须设置渡板，便于对机车部件进行检查及检修，或考场内有一个与考试内容相一致的机车零部件，以及为检修该零部件所需的工作场地、检修试验台和检修工作台。考场环境整洁、明亮并设有隔离设施。

2. 材料工具准备

序　号	名　称	规　格	数　量	备　注
1	手电		1 只	
2	电工常用工具		1 套	
3	钳工常用工具		1 套	

3. 考核要求

(1)被认定人入场后，向裁判报告姓名及所参加的工种及等级，由裁判告知题目，当被认定人告知裁判可以开始时，由裁判员开始计时。

(2)考核时间为 20 min，操作时必须按规定佩戴安全防护用品。

(3)被认定人作业期间，裁判员可以根据作业情况向被认定人提问，以确认被认定人对工艺的熟悉情况和确认故障点是否有依据。

(4)考核过程中，被认定人出现毁坏部件或受伤情况时，终止考试，成绩为零。

(5)考试完毕后，由被认定人告知裁判员考试结束，由裁判员结束计时。

4. 考核评分

(1)考评人员 3 名以上。

(2)评分程序及规则：考评员根据考生操作情况对照计分标准在评分表上给予记录评分。

(3)算分方法：采用百分制，满分 100 分，60 分及以上为及格。

职业技能认定
电力机车钳工(高级工)实作技能考核评分记录表

单位:＿＿＿＿ 姓名:＿＿＿＿ 准考证号:＿＿＿＿ 工种:＿＿＿＿ 级别:＿＿＿＿

试题名称:HXD_1 型机车刮雨器的 C4 修

考核时间:20 min

操作开始时间: 时 分 操作结束时间: 时 分

项　目	考核内容及评分标准	扣分因素及扣分	得　分
操作程序(25 分)	1. 工序错乱扣 10 分		
	2. 工作中返工扣 15 分		
	3. 作业后未按要求恢复或清理作业场地扣 5 分		
作业质量(45 分)	1. 检修过程中,分解、组装顺序不对,每次扣 2 分		
	2. 检修过程中,对零部件清洗质量不合格,每件扣 2 分		
	3. 检修过程中,对零部件检查,漏检每项扣 1 分		
	4. 检修过程中,对零部件测量,漏测每项扣 2 分		
	5. 检修后检修质量不符合技术要求扣 45 分		
	6. 未填写检修记录或填写数据缺、漏、错项,每项扣 1 分		
工具使用(20 分)	1. 开工前未检查工、量具及设备,收工不整理,每件扣 2 分		
	2. 工、量具及设备使用不当,每次扣 2 分		
	3. 工、量具脱落,每次扣 2 分		
	4. 工具、设备损坏扣,每件扣 4 分		
作业安全(10 分)	1. 未按规定着装扣 2 分		
	2. 工作场地不整洁扣 2 分		
	3. 工件、工具摆放不整齐扣 2 分		
	4. 违章或违反安全事项,每次扣 4 分		
	5. 发生事故失格		
考核时间	1. 超过规定时间每超 1 min,扣 2 分		
	2. 超过规定时间 3 min 以上每分钟(不包括 3 min)扣 5 分		
	3. 超过规定时间 10 min 以上(不包括 10 min),停止考试		
合计(100 分)			

考评员签名: 认定人: 年 月 日

S13　HXD2 型机车基础制动装置的 C4 修

1. 考场准备

要求考场内有一台与考试机型相一致的机车，且车下要有地沟，地沟上须设置渡板，便于对机车部件进行检查及检修，或考场内有一个与考试内容相一致的机车零部件，以及为检修该零部件所需的工作场地、检修试验台和检修工作台。考场环境整洁、明亮并设有隔离设施。

2. 材料工具准备

序　号	名　称	规　格	数　量	备　注
1	铜锤		1 把	
2	手锤		1 把	
3	手电		1 只	
4	撬棍		1 根	
5	检修专用工具		1 套	
6	检修专用量具		1 套	
7	钳工常用工具		1 套	

3. 考核要求

(1)被认定人入场后，向裁判报告姓名及所参加的工种及等级，由裁判告知题目，当被认定人告知裁判可以开始时，由裁判员开始计时。

(2)考核时间为 20 min，操作时必须按规定佩戴安全防护用品。

(3)被认定人作业期间，裁判员可以根据作业情况向被认定人提问，以确认被认定人对工艺的熟悉情况和确认故障点是否有依据。

(4)考核过程中，被认定人出现毁坏部件或受伤情况时，终止考试，成绩为零。

(5)考试完毕后，由被认定人告知裁判员考试结束，由裁判员结束计时。

4. 考核评分

(1)考评人员 3 名以上。

(2)评分程序及规则：考评员根据考生操作情况对照计分标准在评分表上给予记录评分。

(3)算分方法：采用百分制，满分 100 分，60 分及以上为及格。

职业技能认定
电力机车钳工(高级工)实作技能考核评分记录表

单位:__________ 姓名:__________ 准考证号:__________ 工种:__________ 级别:__________

试题名称:HXD_2 型机车基础制动装置的 C4 修

考核时间:20 min

操作开始时间: 时 分 操作结束时间: 时 分

项 目	考核内容及评分标准	扣分因素及扣分	得 分
操作程序(25分)	1. 工序错乱扣 10 分		
	2. 工作中返工扣 15 分		
	3. 作业后未按要求恢复或清理作业场地扣 5 分		
作业质量(45分)	1. 检修过程中,分解、组装顺序不对,每次扣 2 分		
	2. 检修过程中,对零部件清洗质量不合格,每件扣 2 分		
	3. 检修过程中,对零部件检查,漏检每项扣 1 分		
	4. 检修过程中,对零部件测量,漏测每项扣 2 分		
	5. 检修后检修质量不符合技术要求扣 45 分		
	6. 未填写检修记录或填写数据缺、漏、错项,每项扣 1 分		
工具使用(20分)	1. 开工前未检查工、量具及设备,收工不整理,每件扣 2 分		
	2. 工、量具及设备使用不当,每次扣 2 分		
	3. 工、量具脱落,每次扣 2 分		
	4. 工具、设备损坏扣,每件扣 4 分		
作业安全(10分)	1. 未按规定着装扣 2 分		
	2. 工作场地不整洁扣 2 分		
	3. 工件、工具摆放不整齐扣 2 分		
	4. 违章或违反安全事项,每次扣 4 分		
	5. 发生事故失格		
考核时间	1. 超过规定时间每超 1 min,扣 2 分		
	2. 超过规定时间 3 min 以上每分钟(不包括 3 min)扣 5 分		
	3. 超过规定时间 10 min 以上(不包括 10 min),停止考试		
合计(100分)			

考评员签名: 认定人: 年 月 日

S14　HXD2 型机车车体的 C4 修

1. 考场准备

要求考场内有一台与考试机型相一致的机车，且车下要有地沟，地沟上须设置渡板，便于对机车部件进行检查及检修，或考场内有一个与考试内容相一致的机车零部件，以及为检修该零部件所需的工作场地、检修试验台和检修工作台。考场环境整洁、明亮并设有隔离设施。

2. 材料工具准备

序　号	名　称	规　格	数　量	备　注
1	大锤		1 把	
2	手锤		1 把	
3	钳工常用工具		1 套	
4	检修专用工具		1 套	
5	钢卷尺		1 个	
6	铲污工具		1 套	
7	扁铲		1 把	

3. 考核要求

(1)被认定人进入场后，向裁判报告姓名及所参加的工种及等级，由裁判告知题目，当被认定人告知裁判可以开始时，由裁判员开始计时。

(2)考核时间为 20 min，操作时必须按规定佩戴安全防护用品。

(3)被认定人作业期间，裁判员可以根据作业情况向被认定人提问，以确认被认定人对工艺的熟悉情况和确认故障点是否有依据。

(4)考核过程中，被认定人出现毁坏部件或受伤情况时，终止考试，成绩为零。

(5)考试完毕后，由被认定人告知裁判员考试结束，由裁判员结束计时。

4. 考核评分

(1)考评人员 3 名以上。

(2)评分程序及规则：考评员根据考生操作情况对照计分标准在评分表上给予记录评分。

(3)算分方法：采用百分制，满分 100 分，60 分及以上为及格。

职业技能认定

电力机车钳工(高级工)实作技能考核评分记录表

单位:_________　姓名:_________　准考证号:_________　工种:_________　级别:_________

试题名称:HXD$_2$ 型机车车体的 C4 修

考核时间:20 min

操作开始时间:　　时　　分　　　　　　　　操作结束时间:　　时　　分

项　目	考核内容及评分标准	扣分因素及扣分	得　分
操作程序(25 分)	1. 工序错乱扣 10 分		
	2. 工作中返工扣 15 分		
	3. 作业后未按要求恢复或清理作业场地扣 5 分		
作业质量(45 分)	1. 检修过程中,分解、组装顺序不对,每次扣 2 分		
	2. 检修过程中,对零部件清洗质量不合格,每件扣 2 分		
	3. 检修过程中,对零部件检查,漏检每项扣 1 分		
	4. 检修过程中,对零部件测量,漏测每项扣 2 分		
	5. 检修后检修质量不符合技术要求扣 45 分		
	6. 未填写检修记录或填写数据缺、漏、错项,每项扣 1 分		
工具使用(20 分)	1. 开工前未检查工、量具及设备,收工不整理,每件扣 2 分		
	2. 工、量具及设备使用不当,每次扣 2 分		
	3. 工、量具脱落,每次扣 2 分		
	4. 工具、设备损坏扣,每件扣 4 分		
作业安全(10 分)	1. 未按规定着装扣 2 分		
	2. 工作场地不整洁扣 2 分		
	3. 工件、工具摆放不整齐扣 2 分		
	4. 违章或违反安全事项,每次扣 4 分		
	5. 发生事故失格		
考核时间	1. 超过规定时间每超 1 min,扣 2 分		
	2. 超过规定时间 3 min 以上每分钟(不包括 3 min)扣 5 分		
	3. 超过规定时间 10 min 以上(不包括 10 min),停止考试		
合计(100 分)			

考评员签名:　　　　　　　　　　　　认定人:　　　　　　　　　　　　年　　月　　日

S15　HXD2型机车司机室、机械间的C4修

1. 考场准备

要求考场内有一台与考试机型相一致的机车，且车下要有地沟，地沟上须设置渡板，便于对机车部件进行检查及检修，或考场内有一个与考试内容相一致的机车零部件，以及为检修该零部件所需的工作场地、检修试验台和检修工作台。考场环境整洁、明亮并设有隔离设施。

2. 材料工具准备

序　号	名　称	规　格	数　量	备　注
1	铜锤		1把	
2	手锤		1把	
3	手电		1只	
4	撬棍		1根	
5	检修专用工具		1套	
6	检修专用量具		1套	
7	钳工常用工具		1套	

3. 考核要求

(1)被认定人入场后，向裁判报告姓名及所参加的工种及等级，由裁判告知题目，当被认定人告知裁判可以开始时，由裁判员开始计时。

(2)考核时间为20 min，操作时必须按规定佩戴安全防护用品。

(3)被认定人作业期间，裁判员可以根据作业情况向被认定人提问，以确认被认定人对工艺的熟悉情况和确认故障点是否有依据。

(4)考核过程中，被认定人出现毁坏部件或受伤情况时，终止考试，成绩为零。

(5)考试完毕后，由被认定人告知裁判员考试结束，由裁判员结束计时。

4. 考核评分

(1)考评人员3名以上。

(2)评分程序及规则：考评员根据考生操作情况对照计分标准在评分表上给予记录评分。

(3)算分方法：采用百分制，满分100分，60分及以上为及格。

职业技能认定
电力机车钳工(高级工)实作技能考核评分记录表

单位:________ 姓名:________ 准考证号:________ 工种:________ 级别:________

试题名称:HXD_2 型机车司机室、机械间的 C4 修

考核时间:20 min

操作开始时间: 时 分 操作结束时间: 时 分

项 目	考核内容及评分标准	扣分因素及扣分	得 分
操作程序(25 分)	1. 工序错乱扣 10 分		
	2. 工作中返工扣 15 分		
	3. 作业后未按要求恢复或清理作业场地扣 5 分		
作业质量(45 分)	1. 检修过程中,分解、组装顺序不对,每次扣 2 分		
	2. 检修过程中,对零部件清洗质量不合格,每件扣 2 分		
	3. 检修过程中,对零部件检查,漏检每项扣 1 分		
	4. 检修过程中,对零部件测量,漏测每项扣 2 分		
	5. 检修后检修质量不符合技术要求扣 45 分		
	6. 未填写检修记录或填写数据缺、漏、错项,每项扣 1 分		
工具使用(20 分)	1. 开工前未检查工、量具及设备,收工不整理,每件扣 2 分		
	2. 工、量具及设备使用不当,每次扣 2 分		
	3. 工、量具脱落,每次扣 2 分		
	4. 工具、设备损坏扣,每件扣 4 分		
作业安全(10 分)	1. 未按规定着装扣 2 分		
	2. 工作场地不整洁扣 2 分		
	3. 工件、工具摆放不整齐扣 2 分		
	4. 违章或违反安全事项,每次扣 4 分		
	5. 发生事故失格		
考核时间	1. 超过规定时间每超 1 min,扣 2 分		
	2. 超过规定时间 3 min 以上每分钟(不包括 3 min)扣 5 分		
	3. 超过规定时间 10 min 以上(不包括 10 min),停止考试		
合计(100 分)			

考评员签名: 认定人: 年 月 日

S16　HXD3C 型机车高压隔离开关的 C4 修

1. 考场准备

要求考场内有一台与考试机型相一致的机车，且车下要有地沟，地沟上须设置渡板，便于对机车部件进行检查及检修，或考场内有一个与考试内容相一致的机车零部件，以及为检修该零部件所需的工作场地、检修试验台和检修工作台。考场环境整洁、明亮并设有隔离设施。

2. 材料工具准备

序　号	名　称	规　格	数　量	备　注
1	快干绝缘漆		1 瓶	
2	手锤		1 把	
3	手电		1 只	
4	毛刷		1 把	
5	电工常用工具		1 套	
6	开口扳手		1 套	
7	毛巾		1 条	

3. 考核要求

(1)被认定人入场后，向裁判报告姓名及所参加的工种及等级，由裁判告知题目，当被认定人告知裁判可以开始时，由裁判员开始计时。

(2)考核时间为 20 min，操作时必须按规定佩戴安全防护用品。

(3)被认定人作业期间，裁判员可以根据作业情况向被认定人提问，以确认被认定人对工艺的熟悉情况和确认故障点是否有依据。

(4)考核过程中，被认定人出现毁坏部件或受伤情况时，终止考试，成绩为零。

(5)考试完毕后，由被认定人告知裁判员考试结束，由裁判员结束计时。

4. 考核评分

(1)考评人员 3 名以上。

(2)评分程序及规则：考评员根据考生操作情况对照计分标准在评分表上给予记录评分。

(3)算分方法：采用百分制，满分 100 分，60 分及以上为及格。

职业技能认定
电力机车钳工(高级工)实作技能考核评分记录表

单位:__________ 姓名:__________ 准考证号:__________ 工种:__________ 级别:__________

试题名称:HXD_{3C}型机车高压隔离开关的C4修

考核时间:20 min

操作开始时间: 时 分 操作结束时间: 时 分

项 目	考核内容及评分标准	扣分因素及扣分	得 分
操作程序(25分)	1. 工序错乱扣10分 2. 工作中返工扣15分 3. 作业后未按要求恢复或清理作业场地扣5分		
作业质量(45分)	1. 检修过程中,分解、组装顺序不对,每次扣2分 2. 检修过程中,对零部件清洗质量不合格,每件扣2分 3. 检修过程中,对零部件检查,漏检每项扣1分 4. 检修过程中,对零部件测量,漏测每项扣2分 5. 检修后检修质量不符合技术要求扣45分 6. 未填写检修记录或填写数据缺、漏、错项,每项扣1分		
工具使用(20分)	1. 开工前未检查工、量具及设备,收工不整理,每件扣2分 2. 工、量具及设备使用不当,每次扣2分 3. 工、量具脱落,每次扣2分 4. 工具、设备损坏扣,每件扣4分		
作业安全(10分)	1. 未按规定着装扣2分 2. 工作场地不整洁扣2分 3. 工件、工具摆放不整齐扣2分 4. 违章或违反安全事项,每次扣4分 5. 发生事故失格		
考核时间	1. 超过规定时间每超1 min,扣2分 2. 超过规定时间3 min以上每分钟(不包括3 min)扣5分 3. 超过规定时间10 min以上(不包括10 min),停止考试		
合计(100分)			

考评员签名: 认定人: 年 月 日

S17　HXD3C 型机车高压接地开关的 C4 修

1. 考场准备

要求考场内有一台与考试机型相一致的机车，且车下要有地沟，地沟上须设置渡板，便于对机车部件进行检查及检修，或考场内有一个与考试内容相一致的机车零部件，以及为检修该零部件所需的工作场地、检修试验台和检修工作台。考场环境整洁、明亮并设有隔离设施。

2. 材料工具准备

序　号	名　称	规　格	数　量	备　注
1	快干绝缘漆		1 瓶	
2	手锤		1 把	
3	手电		1 只	
4	毛刷		1 把	
5	电工常用工具		1 套	
6	开口扳手		1 套	
7	毛巾		1 条	

3. 考核要求

(1)被认定人入场后，向裁判报告姓名及所参加的工种及等级，由裁判告知题目，当被认定人告知裁判可以开始时，由裁判员开始计时。

(2)考核时间为 20 min，操作时必须按规定佩戴安全防护用品。

(3)被认定人作业期间，裁判员可以根据作业情况向被认定人提问，以确认被认定人对工艺的熟悉情况和确认故障点是否有依据。

(4)考核过程中，被认定人出现毁坏部件或受伤情况时，终止考试，成绩为零。

(5)考试完毕后，由被认定人告知裁判员考试结束，由裁判员结束计时。

4. 考核评分

(1)考评人员 3 名以上。

(2)评分程序及规则：考评员根据考生操作情况对照计分标准在评分表上给予记录评分。

(3)算分方法：采用百分制，满分 100 分，60 分及以上为及格。

职业技能认定
电力机车钳工(高级工)实作技能考核评分记录表

单位:＿＿＿＿＿ 姓名:＿＿＿＿＿ 准考证号:＿＿＿＿＿ 工种:＿＿＿＿＿ 级别:＿＿＿＿＿

试题名称:HXD_{3C}型机车高压接地开关的C4修

考核时间:20 min

操作开始时间: 时 分 操作结束时间: 时 分

项　目	考核内容及评分标准	扣分因素及扣分	得　分
操作程序(25分)	1. 工序错乱扣10分		
	2. 工作中返工扣15分		
	3. 作业后未按要求恢复或清理作业场地扣5分		
作业质量(45分)	1. 检修过程中,分解、组装顺序不对,每次扣2分		
	2. 检修过程中,对零部件清洗质量不合格,每件扣2分		
	3. 检修过程中,对零部件检查,漏检每项扣1分		
	4. 检修过程中,对零部件测量,漏测每项扣2分		
	5. 检修后检修质量不符合技术要求扣45分		
	6. 未填写检修记录或填写数据缺、漏、错项,每项扣1分		
工具使用(20分)	1. 开工前未检查工、量具及设备,收工不整理,每件扣2分		
	2. 工、量具及设备使用不当,每次扣2分		
	3. 工、量具脱落,每次扣2分		
	4. 工具、设备损坏扣,每件扣4分		
作业安全(10分)	1. 未按规定着装扣2分		
	2. 工作场地不整洁扣2分		
	3. 工件、工具摆放不整齐扣2分		
	4. 违章或违反安全事项,每次扣4分		
	5. 发生事故失格		
考核时间	1. 超过规定时间每超1 min,扣2分		
	2. 超过规定时间3 min以上每分钟(不包括3 min)扣5分		
	3. 超过规定时间10 min以上(不包括10 min),停止考试		
合计(100分)			

考评员签名: 认定人: 年 月 日

S18 DSA200型受电弓的检修

1. 考场准备

要求考场内有一台与考试机型相一致的机车，且车下要有地沟，地沟上须设置渡板，便于对机车部件进行检查及检修，或考场内有一个与考试内容相一致的机车零部件，以及为检修该零部件所需的工作场地、检修试验台和检修工作台。考场环境整洁、明亮并设有隔离设施。

2. 材料工具准备

序号	名称	规格	数量	备注
1	油枪		1把	
2	扭矩扳手	15 N	1把	
3	扭矩扳手	60 N	1把	
4	撬棍		1根	
5	高度尺	0～3 m	1个	
6	弹簧秤	100 N	1把	
7	钳工常用工具		1套	
8	秒表		1个	

3. 考核要求

(1)被认定人入场后，向裁判报告姓名及所参加的工种及等级，由裁判告知题目，当被认定人告知裁判可以开始时，由裁判员开始计时。

(2)考核时间为20 min，操作时必须按规定佩戴安全防护用品。

(3)被认定人作业期间，裁判员可以根据作业情况向被认定人提问，以确认被认定人对工艺的熟悉情况和确认故障点是否有依据。

(4)考核过程中，被认定人出现毁坏部件或受伤情况时，终止考试，成绩为零。

(5)考试完毕后，由被认定人告知裁判员考试结束，由裁判员结束计时。

4. 考核评分

(1)考评人员3名以上。

(2)评分程序及规则：考评员根据考生操作情况对照计分标准在评分表上给予记录评分。

(3)算分方法：采用百分制，满分100分，60分及以上为及格。

职业技能认定
电力机车钳工（高级工）实作技能考核评分记录表

单位：__________ 姓名：__________ 准考证号：__________ 工种：__________ 级别：__________

试题名称：DSA200 型受电弓的检修

考核时间：20 min

操作开始时间：　　时　　分　　　　　　　　操作结束时间：　　时　　分

项　目	考核内容及评分标准	扣分因素及扣分	得　分
操作程序（25 分）	1. 工序错乱扣 10 分		
	2. 工作中返工扣 15 分		
	3. 作业后未按要求恢复或清理作业场地扣 5 分		
作业质量（45 分）	1. 检修过程中，分解、组装顺序不对，每次扣 2 分		
	2. 检修过程中，对零部件清洗质量不合格，每件扣 2 分		
	3. 检修过程中，对零部件检查，漏检每项扣 1 分		
	4. 检修过程中，对零部件测量，漏测每项扣 2 分		
	5. 检修后检修质量不符合技术要求扣 45 分		
	6. 未填写检修记录或填写数据缺、漏、错项，每项扣 1 分		
工具使用（20 分）	1. 开工前未检查工、量具及设备，收工不整理，每件扣 2 分		
	2. 工、量具及设备使用不当，每次扣 2 分		
	3. 工、量具脱落，每次扣 2 分		
	4. 工具、设备损坏扣，每件扣 4 分		
作业安全（10 分）	1. 未按规定着装扣 2 分		
	2. 工作场地不整洁扣 2 分		
	3. 工件、工具摆放不整齐扣 2 分		
	4. 违章或违反安全事项，每次扣 4 分		
	5. 发生事故失格		
考核时间	1. 超过规定时间每超 1 min，扣 2 分		
	2. 超过规定时间 3 min 以上每分钟（不包括 3 min）扣 5 分		
	3. 超过规定时间 10 min 以上（不包括 10 min），停止考试		
合计（100 分）			

考评员签名：　　　　　　　　　　　　认定人：　　　　　　　　　　　　年　　月　　日

S19 HXD2 型机车受电弓 C4 修的升降弓特性试验

1. 考场准备

要求考场内有一台与考试机型相一致的机车，且车下要有地沟，地沟上须设置渡板，便于对机车部件进行检查及检修，或考场内有一个与考试内容相一致的机车零部件，以及为检修该零部件所需的工作场地、检修试验台和检修工作台。考场环境整洁、明亮并设有隔离设施。

2. 材料工具准备

序 号	名 称	规 格	数 量	备 注
1	油枪		1 把	
2	扭矩扳手	15 N	1 把	
3	扭矩扳手	60 N	1 把	
4	撬棍		1 根	
5	高度尺	0～3 m	1 个	
6	弹簧秤	100 N	1 把	
7	钳工常用工具		1 套	
8	秒表		1 个	

3. 考核要求

(1)被认定人入场后，向裁判报告姓名及所参加的工种及等级，由裁判告知题目，当被认定人告知裁判可以开始时，由裁判员开始计时。

(2)考核时间为 20 min，操作时必须按规定佩戴安全防护用品。

(3)被认定人作业期间，裁判员可以根据作业情况向被认定人提问，以确认被认定人对工艺的熟悉情况和确认故障点是否有依据。

(4)考核过程中，被认定人出现毁坏部件或受伤情况时，终止考试，成绩为零。

(5)考试完毕后，由被认定人告知裁判员考试结束，由裁判员结束计时。

4. 考核评分

(1)考评人员 3 名以上。

(2)评分程序及规则：考评员根据考生操作情况对照计分标准在评分表上给予记录评分。

(3)算分方法：采用百分制，满分 100 分，60 分及以上为及格。

职业技能认定
电力机车钳工(高级工)实作技能考核评分记录表

单位:________ 姓名:________ 准考证号:________ 工种:________ 级别:________

试题名称:HXD_2型机车受电弓C4修的升降弓特性试验

考核时间:20 min

操作开始时间: 时 分 操作结束时间: 时 分

项 目	考核内容及评分标准	扣分因素及扣分	得 分
操作程序(25分)	1. 工序错乱扣10分		
	2. 工作中返工扣15分		
	3. 作业后未按要求恢复或清理作业场地扣5分		
作业质量(45分)	1. 检修过程中,分解、组装顺序不对,每次扣2分		
	2. 检修过程中,对零部件清洗质量不合格,每件扣2分		
	3. 检修过程中,对零部件检查,漏检每项扣1分		
	4. 检修过程中,对零部件测量,漏测每项扣2分		
	5. 检修后检修质量不符合技术要求扣45分		
	6. 未填写检修记录或填写数据缺、漏、错项,每项扣1分		
工具使用(20分)	1. 开工前未检查工、量具及设备,收工不整理,每件扣2分		
	2. 工、量具及设备使用不当,每次扣2分		
	3. 工、量具脱落,每次扣2分		
	4. 工具、设备损坏扣,每件扣4分		
作业安全(10分)	1. 未按规定着装扣2分		
	2. 工作场地不整洁扣2分		
	3. 工件、工具摆放不整齐扣2分		
	4. 违章或违反安全事项,每次扣4分		
	5. 发生事故失格		
考核时间	1. 超过规定时间每超1 min,扣2分		
	2. 超过规定时间3 min以上每分钟(不包括3 min)扣5分		
	3. 超过规定时间10 min以上(不包括10 min),停止考试		
合计(100分)			

考评员签名: 认定人: 年 月 日

S20　HXD2 型机车车钩的 C4 修

1. 考场准备

要求考场内有一台与考试机型相一致的机车，且车下要有地沟，地沟上须设置渡板，便于对机车部件进行检查及检修，或考场内有一个与考试内容相一致的机车零部件，以及为检修该零部件所需的工作场地、检修试验台和检修工作台。考场环境整洁、明亮并设有隔离设施。

2. 材料工具准备

序　号	名　称	规　格	数　量	备　注
1	大锤		1 把	
2	手锤		1 把	
3	钢丝刷		1 把	
4	撬棍		1 根	
5	车钩检查样板尺		1 把	
6	车钩高度专用测尺		1 把	
7	游标卡尺		1 把	
8	钳工常用工具		1 套	
9	检修专用工具		1 套	

3. 考核要求

(1)被认定人入场后，向裁判报告姓名及所参加的工种及等级，由裁判告知题目，当被认定人告知裁判可以开始时，由裁判员开始计时。

(2)考核时间为 20 min，操作时必须按规定佩戴安全防护用品。

(3)被认定人作业期间，裁判员可以根据作业情况向被认定人提问，以确认被认定人对工艺的熟悉情况和确认故障点是否有依据。

(4)考核过程中，被认定人出现毁坏部件或受伤情况时，终止考试，成绩为零。

(5)考试完毕后，由被认定人告知裁判员考试结束，由裁判员结束计时。

4. 考核评分

(1)考评人员 3 名以上。

(2)评分程序及规则：考评员根据考生操作情况对照计分标准在评分表上给予记录评分。

(3)算分方法：采用百分制，满分 100 分，60 分及以上为及格。

职业技能认定
电力机车钳工(高级工)实作技能考核评分记录表

单位:________ 姓名:________ 准考证号:________ 工种:________ 级别:________

试题名称:HXD_2型机车车钩的C4修

考核时间:20 min

操作开始时间:　时　分　　　　操作结束时间:　时　分

<table>
<tr><th>项　目</th><th>考核内容及评分标准</th><th>扣分因素及扣分</th><th>得　分</th></tr>
<tr><td rowspan="3">操作
程序
(25分)</td><td>1. 工序错乱扣10分</td><td rowspan="3"></td><td rowspan="3"></td></tr>
<tr><td>2. 工作中返工扣15分</td></tr>
<tr><td>3. 作业后未按要求恢复或清理作业场地扣5分</td></tr>
<tr><td rowspan="6">作业
质量
(45分)</td><td>1. 检修过程中,分解、组装顺序不对,每次扣2分</td><td rowspan="6"></td><td rowspan="6"></td></tr>
<tr><td>2. 检修过程中,对零部件清洗质量不合格,每件扣2分</td></tr>
<tr><td>3. 检修过程中,对零部件检查,漏检每项扣1分</td></tr>
<tr><td>4. 检修过程中,对零部件测量,漏测每项扣2分</td></tr>
<tr><td>5. 检修后检修质量不符合技术要求扣45分</td></tr>
<tr><td>6. 未填写检修记录或填写数据缺、漏、错项,每项扣1分</td></tr>
<tr><td rowspan="4">工具
使用
(20分)</td><td>1. 开工前未检查工、量具及设备,收工不整理,每件扣2分</td><td rowspan="4"></td><td rowspan="4"></td></tr>
<tr><td>2. 工、量具及设备使用不当,每次扣2分</td></tr>
<tr><td>3. 工、量具脱落,每次扣2分</td></tr>
<tr><td>4. 工具、设备损坏扣,每件扣4分</td></tr>
<tr><td rowspan="5">作业
安全
(10分)</td><td>1. 未按规定着装扣2分</td><td rowspan="5"></td><td rowspan="5"></td></tr>
<tr><td>2. 工作场地不整洁扣2分</td></tr>
<tr><td>3. 工件、工具摆放不整齐扣2分</td></tr>
<tr><td>4. 违章或违反安全事项,每次扣4分</td></tr>
<tr><td>5. 发生事故失格</td></tr>
<tr><td rowspan="3">考核
时间</td><td>1. 超过规定时间每超1 min,扣2分</td><td rowspan="3"></td><td rowspan="3"></td></tr>
<tr><td>2. 超过规定时间3 min以上每分钟(不包括3 min)扣5分</td></tr>
<tr><td>3. 超过规定时间10 min以上(不包括10 min),停止考试</td></tr>
<tr><td>合计
(100分)</td><td></td><td></td><td></td></tr>
</table>

考评员签名:　　　　　　　　认定人:　　　　　　　　年　　月　　日

S21　HXD2 型机车受电弓 C4 修的静态压力特性试验

1. 考场准备

要求考场内有一台与考试机型相一致的机车，且车下要有地沟，地沟上须设置渡板，便于对机车部件进行检查及检修，或考场内有一个与考试内容相一致的机车零部件，以及为检修该零部件所需的工作场地、检修试验台和检修工作台。考场环境整洁、明亮并设有隔离设施。

2. 材料工具准备

序　号	名　称	规　格	数　量	备　注
1	手电		1 只	
2	常用工具		1 套	
3	工卡量具		1 套	

3. 考核要求

(1)被认定人入场后，向裁判报告姓名及所参加的工种及等级，由裁判告知题目，当被认定人告知裁判可以开始时，由裁判员开始计时。

(2)考核时间为 20 min，操作时必须按规定佩戴安全防护用品。

(3)被认定人作业期间，裁判员可以根据作业情况向被认定人提问，以确认被认定人对工艺的熟悉情况和确认故障点是否有依据。

(4)考核过程中，被认定人出现毁坏部件或受伤情况时，终止考试，成绩为零。

(5)考试完毕后，由被认定人告知裁判员考试结束，由裁判员结束计时。

4. 考核评分

(1)考评人员 3 名以上。

(2)评分程序及规则：考评员根据考生操作情况对照计分标准在评分表上给予记录评分。

(3)算分方法：采用百分制，满分 100 分，60 分及以上为及格。

职业技能认定
电力机车钳工(高级工)实作技能考核评分记录表

单位:＿＿＿＿　姓名:＿＿＿＿　准考证号:＿＿＿＿　工种:＿＿＿＿　级别:＿＿＿＿

试题名称:HXD_2 型机车受电弓 C4 修的静态压力特性试验

考核时间:20 min

操作开始时间:　　时　　分　　　　操作结束时间:　　时　　分

项　目	考核内容及评分标准	扣分因素及扣分	得　分
操作程序(25 分)	1. 工序错乱扣 10 分		
	2. 工作中返工扣 15 分		
	3. 作业后未按要求恢复或清理作业场地扣 5 分		
作业质量(45 分)	1. 检修过程中,分解、组装顺序不对,每次扣 2 分		
	2. 检修过程中,对零部件清洗质量不合格,每件扣 2 分		
	3. 检修过程中,对零部件检查,漏检每项扣 1 分		
	4. 检修过程中,对零部件测量,漏测每项扣 2 分		
	5. 检修后检修质量不符合技术要求扣 45 分		
	6. 未填写检修记录或填写数据缺、漏、错项,每项扣 1 分		
工具使用(20 分)	1. 开工前未检查工、量具及设备,收工不整理,每件扣 2 分		
	2. 工、量具及设备使用不当,每次扣 2 分		
	3. 工、量具脱落,每次扣 2 分		
	4. 工具、设备损坏扣,每件扣 4 分		
作业安全(10 分)	1. 未按规定着装扣 2 分		
	2. 工作场地不整洁扣 2 分		
	3. 工件、工具摆放不整齐扣 2 分		
	4. 违章或违反安全事项,每次扣 4 分		
	5. 发生事故失格		
考核时间	1. 超过规定时间每超 1 min,扣 2 分		
	2. 超过规定时间 3 min 以上每分钟(不包括 3 min)扣 5 分		
	3. 超过规定时间 10 min 以上(不包括 10 min),停止考试		
合计(100 分)			

考评员签名:　　　　　　　　认定人:　　　　　　　　年　　月　　日

第四部分　技　　师

1. 小修时如何检查 SS4G 型机车车顶盖?

答:(1)顶盖无裂损、变形,各部螺栓紧固、齐全。(2)车顶盖密封条不得破裂,顶盖不得漏雨。

2. 小修时如何检查 SS4G 型机车接地装置?

答:接地杆完好,绝缘可靠。接地线折损面积不大于 10%。

3. 小修时如何检查 SS4G 型机车排障器?

答:(1)安装牢固可靠,无严重变形、裂损。脚踏板牢固。(2)距轨面高度 75~120 mm。

4. 小修时如何检查 SS4G 型机车轮缘喷油器?

答:(1)油管路及卡子齐全、可靠,紧固件紧固。(2)风管无裂损、泄漏现象,接头螺母紧固,无泄漏。

5. 小修时如何检查 SS4G 型机车门联锁?

答:(1)安装牢固,动作灵活、工作可靠,作用良好,无漏泄、卡滞现象。(2)互换门联锁。

6. 小修时如何检查 SS4G 型机车风笛?

答:(1)安装牢固,音响正常。(2)风笛操作阀作用良好,风路畅通,无泄漏。

7. 小修时如何检查 SS4G 型机车撒砂装置?

答:(1)安装牢固,作用良好,下砂通畅。(2)风路畅通,管卡齐全,固定牢固;连接软管无破损。

8. 如何调整 DSA200 型受电弓下臂导杆?

答:(1)用扳手扭动下臂导杆的调整螺母,可以使下臂上下移动,最佳位置是调整到下臂落下后与支撑下臂的橡胶柱恰好相贴,无间隙。(2)调整好后,用扳手将两端的调整螺母紧固。

9. 如何对 SS4G 型机车滑套整体组装?

答:将传动螺母夹在虎钳上,并涂以润滑脂,套上滑套,旋紧棘轮后装螺盖,三者彼此旋紧后再装沉头紧定螺钉；用油枪向滑套油杯中加注润滑脂。

10. 如何组装 SS_{4G} 型机车摩擦减振器？

答：(1)在压装机具上将检修好的各件按解体的相反顺序装配，当圆簧自由高较低或三角芯杆摩擦面较光滑时，应加垫调整压力。(2)组装后的减振器各连接处防缓件应完整、紧固，并调整两端球铰中心距为 640 mm。

11. 如何解体 SS_{4G} 型机车摩擦减振器？

答：(1)解体前整体用钢丝刷清扫污垢、锈斑，解体后各部件内部应再次用汽油清除污垢，清洁度符合有关标准。(2)将减振器水平放置在压装机具上并卡住弹簧外罩，用 17 mm 扳手拧下连接螺栓，松开机具，取下外罩、圆簧、垫等；用 17 mm 扳手拧下螺栓，轻缓撬下取出定位板。

12. 中修机车试运后如何检查 SS_{4G} 型机车抱轴承装置？

答：(1)试运后检查抱轴瓦温度不许超过(50＋0.6t) ℃(t 为环境温度)。各处密封良好，不得滴漏。(2)打开检查孔盖，检查集油器状态；检查油位应正常。

13. 中修机车试运后如何调整 SS_{4G} 型机车轮轨润滑装置？

答：机车试运后，调整喷嘴端部距踏面距离，对喷脂器为 30～40 mm，喷嘴距轮缘为 30～40 mm。

14. SS_{4G} 型机车牵引装置组装后应检查哪些？

答：(1)组装后检查各紧固件、防缓件完好，不许有松弛。(2)检查压盖与牵引座，间隙为 8～12 mm。

15. SS_{4G} 型机车齿轮箱装车后如何检查？

答：(1)动车或试运中，齿轮箱内部不许有异声、过热现象，试运后检查箱体不许有鼓包、开裂。(2)目视检查齿轮箱是否漏油。检查齿轮箱油位应符合要求。

16. C1 修时如何检查 HXD_{3C} 型机车微油过滤器？

答：检查安装牢固无破损，各部件齐全、紧固。接头紧固密封性能良好，无泄漏。检查微油过滤器顶部状态指示器颜色，若为红色需进行滤芯清洗或更换。打开微油过滤器底部手动排污阀，排气并排空油污。

17. C3 修时如何检修 HXD_2 型机车车顶百叶窗？

答：外观检查车顶百叶窗及滤网无破损、锈蚀，安装牢固；拆下滤网，清洁百叶窗及滤网；安装滤网，检查防脱卡是否能卡到位。滤网无损坏，破损必须更换。

18. C3修时如何检查 HXD_2 型机车高压隔离开关锁闭机构?

答:检查锁闭机构完好、锁紧牢固,不许有松动现象。将钥匙按到底,逆时针旋转,锁闭机构解锁;顺时针旋转,锁闭机构锁闭。解锁或锁闭后,钥匙能轻松取下。

19. C3修时如何检查 HXD_2 型机车牵引杆体?

答:检查牵引杆体表有无腐蚀,如果有腐蚀,用一张低粒度分布的砂纸去除腐蚀,去除腐蚀部分后,给牵引杆重新上漆,牵引杆腐蚀深度不超过 0.5 mm。

20. C3修时如何检修 HXD_2 型机车受电弓阻尼器?

答:检查阻尼器状态良好,当有漏油、磨损、动作不灵活时更换;阻尼器防尘盖、保护套、接头、锁紧螺母齐全,作用良好,保护套破损必须更换。

21. 小修时如何检查 SS_{4G} 型机车各门窗?

答:(1)开启灵活,关闭严密,不得漏雨。受震动不得自动开启,走廊玻璃完好,密封条完好,破损更新。(2)门窗锁闭作用良好。(3)百叶窗、滤尘网良好无破损。

22. 小修时如何检查调整 SS_{4G} 型机车轮缘喷油器喷嘴?

答:(1)喷嘴齐全、牢固可靠。安装座良好,安装牢固,防缓件齐全。喷脂量适中,位置正确。进行喷脂试验,性能良好。(3)调整喷嘴位置:距踏面 23 mm。

23. C4修时如何检修 HXD_{3D} 型机车轮对?

答:(1)车轴进行探伤检查,不许有超标缺陷。(2)轮对尺寸超限、探伤缺陷超标及其他需要轮对解体检修时,按相关技术要求执行。(3)轮对内侧距须符合限度要求。

24. 小修时如何检查 SS_{4G} 型机车固态润滑装置?

答:(1)固态润滑装置安装座焊接牢固、无裂纹。(2)各连接螺栓无松动,润滑棒正对轮缘根部,角度正确。(3)筒体端部距轮缘跟部距离为 22 mm,距轮缘 40～50 mm。

25. HXD_{3D} 型机车C4修时如何检查驱动装置?

答:(1)外观检查空心轴、连杆盘不许有裂纹,连杆关节橡胶不许有开裂、外蹿。传动销和紧固螺栓不许松动。(2)齿轮箱外观检查不许有裂纹、漏油,齿轮箱油位显示正常,润滑油不许有异常;油标标识清晰,观察玻璃不许有裂损。(3)机车车载安全防护系统地面专家诊断分析中,温升、振动不许有异常。

26. 如何从 SS_{4G} 型机车车顶拆下受电弓?

答:(1)松开车顶母线与受电弓之间连接软编织线的紧固螺栓,拆下软线。(2)松开受电弓底座与三个支撑绝缘子间的固定螺栓，取下螺母和垫片。(3)将吊装用的钢丝绳装入受电弓底座上的吊装孔，用天吊将受电弓从车顶吊下，轻轻工作小车上，然后，运送到解体的地点。

27. 如何更换 SS4G 型机车受电弓滑板？

答：(1)用两个扳手，一把扳手固定住滑板上进气嘴的备帽，另一把扳手松开进气嘴与风管间的锁紧螺母，取下黑色的风管。(2)用一把一字螺丝刀顶在滑板的安装螺栓顶部一字键槽内，用一把扳手松开滑板与弓头之间的四个锁紧螺母，取下滑板。(3)按照拆卸相反顺序安装新滑板。

28. 如何调整 SS4G 型机车受电弓静态接触力？

答：弓升起后，车顶的工作者用手将升起的受电弓拉到 1 600 mm 处，将弹簧秤与受电弓的顶管相连，即通过弹簧秤将升弓高度限制在车顶上方 1 600 mm 处。手松开后，弹簧秤刻度应显示为 65～75 N 之间。如果接触力偏小，则将阀盘上的压力控制阀备冒松开后，调整螺杆向右旋转；接触力偏大，则反之。

29. 如何调整 SS4G 型机车受电弓升弓时间？

答：(1)呼唤司机升弓。(2)待受电弓上臂抬起时开始计时，受电弓升到 2 000 mm 高时，计时结束。升弓时间为 4.8～5.4 s；升弓时间偏小，则右旋阀盘左侧的节流阀，偏大，则反之。

30. 如何调整 SS4G 型机车受电弓最大升弓高度？

答：(1)将受电弓升到最高处，放好 0～3 000 mm 的高度尺。(2)用高度尺测量受电弓的最大高度是否为(3 000±150) mm。(3)如不符合标准，则通过调整传动线绳的两个调整螺母进行调节。如果高度偏低，则缩短线绳；如果高度偏高，则反之。

31. 如何对中修后的 SS4G 型机车高压连接器进行检查？

答：两台机车连接后进行。(1)两台高压连接器对接后高低差不大于 30 mm；最大退程为 240 mm。(2)对接后导电杆两端之间电阻值不大于 650 μΩ。(3)对接后母线接线端之间电阻值不大于 850 μΩ。

32. 如何检查并校准机车控制监视系统显示屏？

答：(1)外观检查显示屏不许有裂纹、破损，功能正常，固定螺栓不许有松动。(2)校准触摸屏坐标，X/Y 轴坐标不许有严重错位；校准微机显示屏日期、时间。机车有监控屏时，以监控屏为准，不许超过±15 s。(3)微机显示屏与 TCMS 间的 RS485 通信正常，微机系统工作正常。

33. 如何检查 SS4G 型机车缓冲器？

答：(1)外观检查箱体，箱体内距大于 189 mm 时更新，前端口有裂纹时更新，其他部位裂纹可焊修。底部磨耗处应焊修恢复原形。(2)检查底板四角挂耳磨耗,大于 2 mm 时焊修,底板耳部及长孔周围有裂纹时更新。检查楔块及压头有裂纹时更新,磨耗大于 3 mm 时焊修磨光。(3)检查橡胶片、各隔板的状态。橡胶片开裂、老化严重或厚度小于 32 mm 时更新;各隔板有裂纹时更新,磨耗大于 3 mm 时焊修磨光。

34. 如何组装 SS_{4G} 型机车基础制动装置的杠杆?

答:(1)分别将两杠杆放入箱体内,注意左、右方向;将组装好的滑套摩擦面涂以润滑脂放入箱体内。(2)接通 0.3 MPa 压缩空气压缩圆锥弹簧(或用撬棍),再先后穿上上、下螺销(涂润滑脂),注意下部螺销中间应有两各隔套,上部螺销螺母应在非棘钩侧。(3)装上垫片、螺母,用专用扳手紧固。

35. 如何对 SS_{4G} 型机车轮轨润滑装置进行试验?

答:(1)工作风压在 300～900 kPa 内喷油脂过程应正常。(2)在喷嘴前方用白纸检查油脂液雾化应良好,均匀分布。(3)各部件及管路不得有漏油、漏风现象。

36. 中修电力机车齿轮箱应做到哪些?

答:(1)在转向架上拆卸和组装齿轮箱体时,应注意吊装状态及人身安全。(2)箱体应轻拿稳放,并且不得任意敲打。(3)给箱体放油和注油时,不得随意抛洒,以保持场地整洁。

37. 电力机车轮对如何检修?

答:(1)用电磁探伤器对齿部进行探伤检查,并予以记录,有裂纹的齿轮应更新。(2)用电磁探伤器对车轴可见部分进行探伤,并予以记录。有横向裂纹者更新,轴身部分深度不大于 1 mm 的轴向裂纹允许旋修或铲沟消除。(3)用超声波探伤仪对车轴可见部分进行探伤并予以记录,有裂纹者更新。

38. 如何吹扫 SS_{4G} 型机车辅助风管路?

答:(1)将风源分别接入与电空阀 240YV、241YV、250YV、251YV 出风口相连的风管路管口,吹扫撒砂管。(2)将风源接入与分水滤气器 205 出气管相连的管路管口,吹扫雨刷器及风笛管路。(3)将风源接入与 19YV、20YV 相连接的轮喷管管口,吹扫轮喷管路。

39. C1 修时如何检查 HXD_{3C} 型机车车体?

答:检查检查各车顶盖无变形、破损、锈蚀;车体油漆无损伤。脱漆后补漆处理。上车梯子、扶手等完好。车号、端标、段标等完好。司机室、走廊地板安装牢固,无变形塌陷。接地线安装牢固,无过热、烧损,断股不超过原形的 10%。

40. C3 修时如何检查 HXD_2 型机车受电弓支持绝缘子?

答:检查各绝缘子清洁,无裂纹,安装牢固;上、下金属安装座无松动,滑脱,绝缘伞套无变形、撕裂、老化、失效;各螺栓紧固良好、无松动。

41. 高压电压互感器解体前应进行哪些检查?

答:(1)用钢丝绳挂住高压电压互感器的吊钩上,用天车将互感器吊放在专用检修台位上。(2)检查出线端子 A、X、a1、x1 各瓷瓶是否有裂纹、灼痕;油箱及管路部分是否有渗漏油现象,记录之,并更换各处密封垫。(3)测量线圈间及对地绝缘电阻值。(4)测量各线圈冷态直流电阻值。

42. 如何检测自动降弓装置?

答:将自动降弓阀外部清扫干净后解体,用酒精清扫内部,检查弹簧无永久变形,膜板无破裂、老化,内部风道平衡孔无堵塞,阀体无裂损变形。检测时,一人在司机室内而另一人在车顶,打开检测阀受电弓应能自动降下。将受电弓升起后,车顶的工作者用手将升起的受电弓拉到 1 000 mm 处,然后将检测阀调至 TEXT 位,升弓机械装置内的压力应立即下降,自动降弓装置动作,并在自动降弓装置的压力开关处伴有明显的排气声,受电弓在 1 s 内迅速降到降弓位。如果以上操作不能达到标准,则对自动降弓装置进行检查并排除故障。

43. 如何对列车供电柜控制箱进行性能检测?

答:(1)控制箱电源检查、状态输入检查、通电运行状态检查、闭环调试、开放角测试、保护测试,功能正常。(2)列车供电柜绝缘试验:用 2 500 V 兆欧表测量,主电路对地绝缘电阻值不小于 10 MΩ;用 500 V 兆欧表测量,辅助电路对地绝缘电阻值不小于 10 MΩ。(3)列车供电柜空载试验:输出电压为 DC (600±30) V。(4)列车供电柜负载试验(在整车试验时进行):负载试验,输出电压为 DC (600±30) V,输出电流为(667±34) A。(5)列车供电柜保护试验:接地保护功能正常。

44. 如何对钩尾框进行检修?

答:(1)探伤检查钩尾框,各处有横裂纹,框角处裂纹,后部圆弧处裂纹及销孔向前发展的裂纹不得焊修,其他部位裂纹焊修时须有增强焊波。(2)测量钩尾框宽度合厚度的磨耗,厚度磨耗大于 3 mm 时,宽度及其他部位磨耗大于 4 mm 时,应纵向分层堆焊并磨平。尾框厚度小于 22 mm 时应更换。(3)外观检查扁销孔下方的穿销螺栓止挡,两外侧面销孔周围不平整时应修整,有裂纹时应焊修,销孔直径大于 ϕ26 mm 时焊修。

45. 如何对车钩进行检修?

答:(1)探伤检查钩锁铁、钩舌推铁、钩锁销,有裂纹时更换,磨耗大于 2 mm 时焊修,弯曲变形时更换,钩锁销的下锁销、下锁销体及下锁销钩之间应联接可靠、转动灵活。(2)探伤检查钩舌销、牵引扁销、车钩吊杆及均衡梁,有裂纹时更换;钩舌销弯曲时应加热调修并探伤复查;检测牵引扁销尺寸小于(96×36)mm 时更换。目视检查牵引扁销穿销螺栓,有弯曲、裂纹、直径小于 ϕ18 mm 或螺纹不良时更新。

46. 如何对 HXD3D 型机车辅助机组进行性能试验?

答:(1)电动机转动灵活,运转平稳,不许有异音,转子与定子间不许有摩擦,空转运转 30 min 后,轴承温升不超过 50K。(2)电动机在三相电源平衡时,其空载电流中任何一相与三相平均值的偏差不大于三相平均值的 10%,转速正常。(3)牵引通风机、复合冷却器通风机在额定工况下作通电试验 30 min,运转须平稳,不许有异声,风叶与风筒不许有摩擦现象。叶轮转向(风向)正确,转速正常。振动值不大于 4.6 mm/s。

47. 基础制动装置组装后,如何对其进行检查试验?

答:(1)外观检查箱内外各部件紧固,防缓件完好,手动调节灵活,棘钩作用良好。(2)将检修完毕的单个制动器分别吊装到构架的相应位置上,接好风管及接通 0.6 MPa 的压缩空气,用肥皂水逐个检查制动器及风管路的泄漏。(3)落车调平构架以后,调整闸瓦定位弹簧螺钉使闸瓦上、下端与轮踏面间隙均匀,间隙正常值为 6~9 mm,同时复查闸瓦方向是否正确。(4)接通试验管路装置进行制动器制动合缓解的充风试验,检查其工作性能;当风压不超过 600 kPa,闸瓦与轮箍踏面间隙不超过 12 mm。

48. C4 修时如何检修 HXD3D 型机车受电弓?

答:(1)检查气囊及气路不得泄漏。(2)在最小工作气压 375 kPa 下,弓头须能顺利上升至最大高度且无呆滞现象。(3)受电弓在工作高度(从落弓位算起)300~2 200 mm 范围内及额定工作气压下,受电弓的接触压力及接触压力差(不带阻尼器)须符合技术规定。(4)在额定工作气压下,滑板从落弓位上升至 1 400 mm,所需时间 6.4 s(不计充气时间),滑板从 1 400 mm 下降到落弓位所需时间不大于 4 s,升弓时须平稳、不冲网,降弓时能迅速脱离接触网导线而后再缓慢落至止挡。(5)受电弓自动降弓系统密封良好,功能正常。(6)外露的铁质零件须进行除锈、涂漆处理。

49. 如何对 SS4 型机车主断路器进行试验?

答:(1)在额定控制电压下,350~900 kPa 动作气压范围内,主断路均应能正常分、合;在最大气压 900 kPa 时,分、合闸的最小动作电压值符合限度规定。(2)在额定控制电压、额定工作气压下,主断路器分、合闸时间符合限度规定。(3)隔离开关在闭合和打开时缓冲良好。(4)在最大气压 900 kPa 时,各阀及管路不得泄漏。

50. SS4 型机车中修后如何进行正线试运转?

答:机车中修后须在正线试运转。机车以半负荷运行 25 km 后,再以满负荷运行,往返距离不少于 90 km,观察各部件运用中的工作状态,均应正常。(1)在满磁场时各牵引电动机电流分配不均匀度不超过 15%。(2)试运中应经常观察各部件工作状态,应不得漏油、漏风、过热及不正常的气味或声响,轴箱上部中间位置的温升不得超过 30K,抱轴瓦温度不得超过$(50+0.6t)$ ℃(t 为环境温度)。(3)试运后对机车进行全面检查和必要的调整。

51. 小修时如何对 SS_{4G} 型机车辅助机组进行绝缘性能测试?

答:用 500 V 兆欧表测量绕组对地绝缘电阻值。接线板、接线柱间绝缘电阻不小于 50 MΩ。交流电机定子绕组对地及相间不小于 10 MΩ。直流电机定子绕组不小于 10 MΩ,电枢绕组不小于 5 MΩ。

52. 如何对 HXD_1 型机车受电弓进行试验?

答:(1)将气囊及气路与容积相当的储气缸相连,并充以 400 kPa 的额定气压后关闭气源,10 min 后气缸中的气压下降不超过 5%。(2)在最小工作气压 375 kPa 下,弓头须能顺利上升至最大高度且无卡滞现象。(3)测量受电弓在工作高度(从落弓位算起) 220～2 250 mm 范围内及额定工作气压下,受电弓的接触压力及接触压力差(不带阻尼器)须符合规定。(4)测量在额定工作气压下,滑板从落弓位上升至 2 250 mm 所需时间(不计充气时间);测量滑板从 2 250 mm 下降到落弓位所需时间 6～10 s。

53. 小修时如何检查 SS_{4G} 型机车受电弓?

答:(1)所有紧固件应紧固,无松动;底架、上导杆、下导杆、上臂、下臂、滑板等无变形、断裂。(2)各零部件表面漆膜或涂层不得有起皮、脱落等现象。(3)各导电软连线应安装良好,无断裂和破损现象。(4)风管路及各接头连接处,不得有漏气现象;升弓装置及阻器无裂缝及泄漏,各风管路绑扎牢固无松动。

54. 小修时如何检查 SS_{4G} 型机车主断路器?

答:(1)检查瓷瓶及密封件的外观,应无裂纹或瓷釉损坏,线缆无烧痕,固定螺栓齐全良好。高压主接地开关连接装置(触头弹簧)无损坏。用软布擦拭断路器外部,应无污渍。主断路器风缸四周及安装座不得漏雨。(2)检查紧固状态良好、无松动。(3)传动风缸及管路无漏风。(4)储风缸排水。

55. 小修时如何检查 SS_{4G} 型机车避雷器?

答:(1)检查瓷瓶表面应光洁,不许有裂纹,安装牢固。瓷釉表面缺损在 3 cm^2 以下时可涂快干绝缘漆处理。(2)检查顶盖安装螺栓紧固、密封良好;避雷器单元与上下安装座安装良好,不许开裂;接地片安装牢固。(3)避雷外露的铁质零件应除锈、涂漆处理。(4)用 2 500 V 兆欧表测量绝缘电阻值应不小于 1 000 MΩ。

56. 小修时如何检查 SS_{4G} 型机车高压报警装置?

答:(1)定向感应接收天线系统的外壳应清洁。(2)检查装置的各紧固件应无松动现象。(3)装置自检正常,显示正确,声音清晰。(4)车顶绝缘检测装置应作用良好。

57. 小修时如何检查 SS_{4G} 型机车电容器?

答:(1)电容器应无短路、断路现象,绝缘瓷件清洁完好,接线良好,安装牢固。(2)充油电容器无漏液及箱体膨胀现象。(3)测量各电容参数符合要求。(4)更换电容器时其参数应符合允差要求。

58. C1 修时如何对 HXD_{3C} 型机车 110 V 电源装置进行检查?

答:检查装置外观无异常。透过柜体侧面检查变压器、电抗器安装良好,外观无过热、烧损、放电痕迹。各接线连接良好,绝缘层无老化、破损、过热痕迹,线束防接磨良好。各转换开关动作灵活、外观良好。自动开关外观良好,处于闭合位。单元选择开关在自动位。两组装置工作时蓄电池充电正常。

59. C3 修时如何对 HXD_2 型机车干燥塔进行检查?

答:检查干燥塔安装可靠,螺栓紧固良好,各部无泄漏。滤网版无破损;压紧弹簧无锈蚀、断裂、变形。吸附剂(分子筛)破碎、严重污染变色或排泄口形成白色沉淀时全部更换。当出气腔生成白色粉末时应查明原因,清除粉尘、填补干燥剂或更换干燥剂,同时解体清洁出气止回阀及粉尘过滤器滤芯。各阀体完好,动作灵活无卡滞、泄漏。

60. C4 修时如何对 HXD_2 型机车悬挂装置进行检查?

答:外观检查调整垫、弹簧垫、橡胶垫无裂纹、变形,安装牢固无松动和缺件。检查橡胶关节、二系橡胶垫、横向止挡状态良好,二系悬挂弹簧橡胶垫、二系止档橡胶件无老化、开裂。检查弹簧状态良好,不得有裂纹、折断、倾斜,不得裂损、压死或间隙过大,受力均匀、簧圈不得接触,圆簧有裂损时应更换。压盖与支座配合良好,螺栓紧固。组装后,确认一、二系弹簧的标识,检查各紧固件的紧固状态。

61. 中修时如何检查 SS_{4G} 型机车牵引电动机?

答:(1)检查电机零部件是否齐全或破损;检查换向器表面是否有烧痕、凹凸、隔片发黑、环火现象等;检查电机有无窜油现象。(2)用 1 000 V 兆欧表测量主极、换向极、补偿绕组对地绝缘电阻值。(3)将百分表用磁性表座固定在机座上,测量换向器表面圆跳动量。(4)检查电枢轴向窜动量。将电机吊具装到电机轴头上,将百分表磁座定位在端盖上,测头触及传动端轴头端面,用撬棍插入吊具的圆孔中,沿轴向来回推拉电枢,则百分表的摆动量即为电枢轴向窜动量。(5)空转检查:接通低压直流电,使电机运转(转速 50～150 r/min),检查电机轴承状态和电机振动状态。

62. C4 修时如何检查 HXD_1 型机车主断路器?

答:(1)测量真空断路器闭合时主电路电阻值,不大于 200 μΩ。(2)在规定条件下进行分合闸动作试验,控制电压 77 V 与 138 V 时,气压 450 kPa 与 1 000 kPa 条件下,断路器均能正确完成分、合闸操作。(3)在额定工作条件下测量主断路器分、合闸时间,须符合规定。(4)测量主断路器主电路对地绝缘电阻值,主断路器主电路对地绝缘电阻值须不小于500 MΩ。

63. 中修时如何检修 SS4G 型机车高压电压互感器?

答:(1)更新各处橡胶元件。(2)检查器身,用干净的变压器油冲洗器身,器身应达到清洁,不许有残留异物,外观检查线圈绝缘不许有破损、过热、老化现象。(3)清扫检查油箱体、箱盖。检查油箱体各焊缝不许有开焊;箱体上各字母牌、铭牌应完好;箱体内部不许有异物。更新低压套管,安装应牢固,测量原、次边绝缘电阻值。(4)检查高压套管,将 A 瓷瓶用棉丝擦干净,其外观按相关工艺检修。(5)检查吸湿器,用棉丝将吸湿器玻璃罩擦拭干净,检查玻璃罩不许有裂纹、破损,否则应更新,在下部罩中注入 0.2 kg 净化过的变压器油,然后加满干燥的变色硅胶于吸湿器玻璃罩中。

64. 中修时如何检修 SS4G 型机车高压电流互感器?

答:(1)瓷瓶按相关工艺检修。(2)防雨罩完好无破损、无老化,防雨性能良好。(3)拆除接地线及连线,用万用表测量原次边通断情况,二次线圈冷态直流电阻在 20 ℃时为 0.064×(1+5%) Ω。用 2 500 V 兆欧表测量其原次边绕阻对地及原次边间绝缘电阻值应符合限度要求,原边对地应大于 500 MΩ,次边对地应大于 200 MΩ,原次边线圈间应大于 200 MΩ。(4)瓷瓶法兰盘及瓷瓶顶盖密封良好,各紧固件无松动现象。

65. 如何检查 SS4G 型机车受电弓传动线绳?

答:(1)松开传动线绳两端的两个调整受电弓升弓高度的调整螺母,取下螺母和垫片。(2)松开传动线绳上压板的两个紧固螺栓,取下压板、螺栓、垫片和螺母。(3)松开传动线绳两侧导板的四个紧固螺栓,取下导板、螺栓、垫片、螺母。(4)将传动线绳取下,检查线绳无破损、断股,否则更换。(5)安装线绳,将传动线绳放入导板的槽内,两端对齐,将传动线绳的压板平放在下臂的线绳键槽上,放上螺栓后,用扳手紧固将升弓装置与传动线绳相连,并在线绳两端拧上调整螺母,安装后在线绳上涂油。

66. 如何对 SS4G 型机车受电弓进行试验台性能测试?

答:(1)气囊与气路的气密性试验:将气囊与容积为 1 L 的储气缸相连,并充以 500 kPa 的额定气压后关闭气源,10 min 后气缸中的气压下降不超过 5%。将气囊充以 750 kPa 的额定气压,要求气囊外观检查良好、无裂纹,外径膨胀符合规定。(2)将受电弓安装到受电弓性能试验台上进行性能试验。在最小工作气压 375 kPa 下,弓头须能顺利上升至最大高度而不许有卡滞现象。操纵试验台,做受电弓升降弓试验,受电弓在工作高度 300~1 900 mm 范围内及额定气压下,受电弓的接触压力及接触压力差须符合规定。

67. 中修时如何检修 SS_{4G} 型机车避雷器?

答:(1)避雷器从机车上拆下送专业组工作场地。(2)清洗擦拭避雷器各部。(3)绝缘子按相关工艺检修。(4)检查顶盖安装螺栓紧固、密封良好;避雷器单元与上下安装座安装良好,不许有开裂等不良状态;接地片安装牢固;避雷器喷出口不得有缺口、开裂现象,否则应更新。(5)避雷器外露的铁质零件应除锈、涂漆处理。

68. 中修时如何检修 SS_{4G} 型机车车顶电器?

答:(1)用去污粉擦拭瓷瓶,瓷瓶表面应光洁,不许有裂纹,安装牢固。瓷瓶表面缺损表面积在 3 cm^2以下时,可涂快干绝缘漆处理;若缺损面积大于 3 cm^2时,还须经 75 kV 耐电压试验,合格后方可继续使用。缺损表面积大于 30 cm^2时,应更换新品。(2)检查导电杆,不许有裂纹、锈蚀,连接紧固,接触良好,软连线不许有过热、变色,其折损截面不大于 10%,否则应更新。(3)清扫、检查接地装置。接地刀夹、接地杆及连线应完好,导线截面积不小于 25 mm^2,中间不许有接头,其截面折损面积不大于原形的 10%。各接地点及车体各部接地线连接应紧固、可靠。接地杆须经 75 kV 耐电压试验。(4)清扫、检查穿墙瓷瓶及一次侧高压电流互感器。(5)单次中修时,对一次侧高压电压互感器的检修。

69. 中修时如何检修 SS_{4G} 型机车扳键开关?

答:(1)将经过检修试验合格的扳键开关按解体的反序安装到位。(2)组装后用万用表测量各触点导通良好,分合关系正确。(3)要求各紧固件齐全可靠,接线紧固正确。(4)各开关动作灵活,位置正确,自复、定位及联销机构作用良好,通断作用可靠。(5)检查各触指接线正确,布线整齐,线号齐全、清晰,接线环焊接牢固。电线无烧损、老化,断股不大于原形的 1/10,否则应更换。

70. 小修时如何检查 SS_{4G} 型机车手制动机?

答:(1)手轮转动灵活,无阻滞现象。制动、缓解性能良好。(2)链轮、链条状态良好,作用正常。(3)传动杆转轴、拉杆及安全托铁齐全,无裂损及严重变形,动作正常。(4)给转轴、链轮、链条注油。(5)手制动机传动机构无下沉及与电机通风口碰磨现象。

71. 小修时如何检查 SS_{4G} 型机车司机室?

答:(1)座椅完好,椅面无破损。(2)遮阳帘安装牢固,转动灵活,无破损,锁定机构完好。(3)隔墙、顶棚、地板完好。(4)头灯、辅照灯、标志灯及灯罩完好,不得漏雨。(5)司机台、窗玻璃完好。

72. C4 修时如何检查 HXD_1 型机车车体?

答:(1)检查车顶盖安装及密封状态。(2)检查排障器外观及安装状态,测量距轨面高度。(3)检查脚踏、扶手外观及安装状态。(4)检查车体底架各梁及牵引座、各减振器安装座外观及焊接状态，检查车钩箱下部拉杆座焊接状态。(5)清洁车顶各进风口、车顶侧各进风口的防护栅，更新顶盖与车体连接的自锁式螺母及垫圈。(6)清洁并检查风挡胶皮、过道渡板、闭门器、中央走廊地板及地板锁安装及外观完好状态。(7)车体外标识正确、清晰、完整，油漆无严重破损、剥落、锈蚀等。

73. SS_4 型机车进行落成试验前，须做哪些工作？

答：(1)拆除高压电压互感器的接地点及变压器 X 端接地点，闭合主断路器，关好车顶门，用 2 500 V 兆欧表测量网侧电路对地绝缘电阻值，应不小于 100 MΩ。(2)将牵引电动机隔离开关置中立位，用 2 500 V 兆欧表测量牵引绕组对地绝缘电阻值，应不小于 3 MΩ。(3)用 2 500 V 兆欧表测量牵引电路对地绝缘电阻值，应不小于 2 MΩ。(4)用 500 V 兆欧表测量辅助电路对地绝缘电阻值，应不小于 0.5 MΩ。(5)测量绝缘电阻后，将拆除的导线恢复，主接地隔离闸刀 95QS、96QS，辅接地隔离开关 237QS，牵引电机隔离开关 19QS、29QS、39QS、49QS 置运行位，断开主断路器。(6)将辅库用开关 235QS 置库用位，引入库内三相交流电源，用单台压缩机打风，总风缸压力从 0 升至 900 kPa 的时间不大于 6 min。(7)控制电压不低于96 V，零压保护隔离开关、受电弓风压隔离开关置故障位，其余各隔离开关及转换开关均置运行位，调整主断路器风压 750 kPa。(8)关好车顶门，司机控制器置零位。

74. 日常要对 SS_{4G} 型机车哪些处所进行给油？

答：(1)车钩：钩舌销、牵引销、钩颈摩擦板、车钩复原弹簧导框、提钩杆与钩锁铰链处，提钩杆各座销。(2)转向架：轮缘喷油器、各种旁承的摩擦面、旁承的 U 形框和滑台的穿销处。手制动机的传动杆铰链处，制动缸活塞杆套筒、闸瓦间隙自动调整器的行程导轨、滚轮、控制提杆 V 形架与传动柄之间的铰链处。(3)基础制动装置的传动杆件圆销、闸瓦穿销、棘轮及停车制动装置各部件。(4)牵引电动机轴承及吊杆上下销、齿轮箱，中央支承复原装置各销。

75. SS_4 型机车落成试验时如何进行故障状态试验？

答：(1)劈相机切除后，1 位牵引风机 3MA 分相启动。将 242QS 开关置通风机位，闭合劈相机按键开关，567kA、533KT、205KM、213KM 吸合。(2)牵引或制动风机故障试验：第一牵引或制动风机故障，将 575QS 或 581QS 置故障位，12KM、22KM 不能吸合；第二牵引或制动风机故障，将 576QS 或 582QS 置故障位，32KM、42KM 不能吸合。(3)PFC 主电路故障试验：分别拉掉故障隔离闸刀开关 119QS、159QS、129QS、169QS 相应 114KM、154KM、124KM、164KM 不能吸合；或将 572QS 置故位作总切除。(4)蓄电池或 DC 110 V 稳压电源故障：切除本节车电源柜负载闸刀 667QS，合上重联闸刀 668QS 及自动开关 617QA，司机台电压表 658PV 应指示它节车控制电压。

76. C4 修时如何检查 HXD_1 型机车司机室？

答：(1)清洁并检查司机室门窗及部件、门锁、地板、标识件等车附件，检查司机室门及机械间门密封橡胶条状态。(2)清洁前窗玻璃,检查外观状态和四周密封性能。(3)检查侧窗外观及安装状态,侧窗活动窗与固定窗间密封条。检查活动窗动作状态及锁紧功能。(4)检查司机操纵台面板、柜体、铭牌状态及安装螺栓紧固状态。(5)清洁并检查司机室内顶、侧墙、后墙装饰板外观及固定状态。(6)清洁司机室座椅,检查外观及安装状态,试验功能。(7)检查刮雨器外观状态,测试性能。检查喷淋系统密封性。(8)清洁遮阳帘,试验功能。(9)清洁喇叭筒、喇叭体、膜片,试验喇叭功能。检查外观态及紧固状态。(10)试验脚踏开关及连接器等控制部件功能。

77. C3 修时 HXD_2 型机车如何检查牵引杆?

答:牵引杆、牵引支座接触面无锈蚀、拉伤及明显磨损。牵引杆与牵引支座接触面积不小于 70%,装入量符合技术规定。牵引杆、牵引支座、托盘磁粉探伤检查,不许有裂损。更新牵引支座安装螺母。组装后,检查各紧固件的紧固状态。

78. C1 修时如何检查 HXD_{3C} 型机车 6A 系统?

答:清扫、检查漏流监测模块、电源线、通信线、插头表面清洁无积尘。模块安装牢固,外观无过热、烧损,指示灯无裂损。电源线、通信线外观无过热烧损,防护良好,插头连接安装牢固。清扫、检查外部接口板、供电监测板插件安装良好。检查 6A 主机插头、线束插头连接牢固,插头外观无过热、烧损。线束外观良好,防护良好。直供电试验时确认 6A 系统显示屏【列供】显示界面显示情况,【列供】显示界面显示正常。操作 6A 系统显示屏查看故障记录并分析处理。操作 6A 系统显示屏进行自检并打印自检报告。

79. C3 修时如何检修 HXD_2 型机车冷却水散热器?

答:打开冷却水散热器外罩,松开固定卡子,取下滤网用刷子对散热器、滤网进行清洁,清理异物,用大功率吸尘器吸尘,保证散热器、滤网无堵塞;滤网破损必须更换;散热器无泄漏、堵塞,散热片无变形;检查水管状态良好,无老化、泄漏,连接部件无泄漏;外观检查温度传感器及接线良好。

80. C3 修时如何外观检查 HXD_2 型机车司机室、机械间、生活间?

答:检查司机室地板、机械间地板、生活间地板应平整,各固定螺钉须紧固可靠。司机室进机械间门槛安装牢固无变形,门槛与地面密封良好。挡水板与地面密封胶皮状态良好。各门状态良好、密封良好、锁闭良好、门碰子良好。过道门闭门器状态良好。各座椅、休息床、遮阳帘、烟灰缸、资料袋状态良好,安装牢固。休息床安全防护带状态良好,安装牢固。添乘座椅支架状态良好,安装牢固。机械间登车梯安装牢固状态良好。防挤手胶皮安装牢固,状态良好,胶皮无老化、破损。

81. 中修时如何检修 SS_{4G} 型机车高压绝缘子?

答:(1)绝缘子表面光洁,有裂纹者更新。瓷质绝缘子表面缺损须进行绝缘处理,缺损面积大于 3 cm^2时，须通过 75 kV 工频耐电压试验；累计缺损面积达到 25 cm^2或非瓷质绝缘子缺损深度达到 1 mm 时须更新。环氧树脂、硅橡胶绝缘子清洗干净，绝缘子伞套表面单个缺陷面积不应大于 25 mm^2，深度不大于 1 mm，凸起和合缝应清理平整，凸起高度不大于 0.8 mm，总缺陷面积应不大于绝缘子总面积的 0.2%。结构高度为 315 mm 的绝缘子的爬电距离不小于 750 mm，结构高度为 400 mm 的绝缘子的爬电距离不小于 1 000 mm。(2)铁质零件不许有裂纹、锈蚀，螺纹完好，与绝缘体浇铸牢固，不许有裂缝、掉块现象。绝缘子安装须正确、牢固，安装螺栓的防锈胶帽不能缺少。绝缘子上、下金属附件同轴度不应大于 1.5 mm。

82. 中修时如何检修 SS4G 型机车高压连接器？

答：(1)用汽油清扫检查羊角和喇叭形头部，表面清洁，不许有裂损。(2)用汽油清扫顶杆和轴套、限位键。要求各部件不许有变形、裂损。(3)用汽油清扫盖板装配，检查盖板、喉箍不许有变形、裂损，弹簧不许有疲劳现象。(4)用汽油清扫支承座体，检查各部不许有变形、裂损，作用良好。(5)检查锁止器，不许有变形、裂损。(6)清扫检查连接线、分流线，不许有过热、氧化及断股现象。否则应更新。(7)更新波纹管和不良圆弹簧。(8)支持瓷瓶按相关工艺检修。(9)检查各外露铁件，如有脱漆现象，应重新涂刷瓷漆。

83. 中修 SS4G 型机车高压连接器时应做到哪些？

答：(1)工作场地应保持整洁。(2)按规定穿戴安全用品和使用劳保用品。(3)工作前，要认真检查所使用工具，严禁使用不合格工具。(4)用汽油清洗时严禁明火，并注意室内通风情况。(5)登高作业时，禁止穿高跟鞋或塑料底鞋。(6)使用仪器设备时，试验人员应熟悉其性能，否则不能使用。

84. 中修时如何检修 SS4G 型机车高压隔离开关？

答：(1)各部清洁，各紧固件齐全、完好、紧固。(2)绝缘子按相关工艺执行；(3)高压隔离开关须能闭合到位。两刀夹弹簧片间的距离为 6～7 mm。闸刀接触部分的厚度不小于 8.5 mm。(4)联锁触头清洁，系统状态及功能良好。安全接地纺织线不许有脱股、破损及断裂现象。(5)手轮装置状态须良好。(6)润滑各滑动配合面及连杆销。(7)整体检修完成后必须进行性能测试，各技术参数及动作性能须满足高压隔离开关试验规定。

85. 中修时如何检修 SS4G 型机车主断路器？

答：(1)传动机构各部件不许有裂纹、变形。各销、套、孔配合完好，不许有严重磨损。紧固件扭紧力矩适当。弹簧有裂损、疲劳者更换。编织线断股不超过原形 5%。(2)活塞往复运动时不许有阻滞现象。空气过滤器清洁，气路畅通，不许有漏风现象。(3)取出活塞，清洁检查气缸与缓冲器内壁，不许有严重拉伤，涂抹润滑油，更新密封件。(4)辅助开关、电磁阀、插座清洁，不许有裂损，安装牢固，接线不许有松动和脱落。电磁阀动作正常，不许有泄漏。联锁触头清洁，不许有严重烧损、裂损、变形，通断正常。用万用表测量分合闸线圈阻值：TDVA-360/25

型主断合闸线圈为 1 880×(1±5%) Ω,分闸线圈为 940×(1±5%) Ω。(5)水平瓷绝缘子、支持瓷绝缘子表面光洁,有裂纹者更新。外观完好,内孔光洁,与金属件结合牢固,密封良好,并按绝缘子相关工艺检修。打开支持绝缘子灭弧室,检查绝缘内壁是否有凝露水珠或受潮等不良迹象,有则更换支持绝缘子。(6)传动绝缘杆有裂纹、变形者更新。(7)计数器完好,动作灵活,计数正确。(8)高压部分密封完好。(9)清洁不畅通的空气过滤器。(10)传动机构与传动机构添加润滑油脂。(11)进行真空主断路器试验,要求如下:减压阀气压整定值为 700～680 kPa,风压继电器动作气压值为(450±20) kPa。

86. 中修时如何对 SS4G 型机车主断路器进行性能试验?

答:(1)在允许的控制电压、工作气压的各种极端情况下,主断路器均能正常可靠地分合各 10 次。(2)在额定控制电压 DC 110 V、额定工作气压下真空主断路器分、合闸时间和开断时间须符合限度要求。(3)气压强度试验:断路器的储风缸须能承受 1 000 kPa 的压力,不许有机械损伤。(4)在最大工作气压 1 000 kPa 时,各阀及管路不许有泄漏。(5)动、静触头接触电阻不大于 80 μΩ。(6)真空管极间绝缘电阻值(1 000 V 兆欧表)不小于 200 MΩ。主电路对地绝缘电阻值(2 500 V 兆欧表)不小于 500 MΩ。(7)进行工频耐电压试验:主电路对地 75 kV;控制电路对地 1.5 kV。不许有击穿、闪络现象。(8)真空管极间须通过有关规定的工频耐电压试验。

87. 中修时如何对 SS4G 型机车避雷器进行性能试验?

答:(1)用 2 500 V 兆欧表测量避雷器对地绝缘电阻,应不小于 5 000 MΩ。(2)直流参考电压测定。当流过避雷器的电流达到规定的 1 mA 时,读取避雷器两端间的电压不小于 58 kV。(3)直流泄漏电流测定,在避雷器两端施加 43.5 kV,读取流过避雷器的泄漏电流,其值不得超过 50 μA。(4)交流参考电压测定,对避雷器的阻性电流 1 mA 时,读取电压的峰值,其值不得小丁 56 kV。(5)试验时瓷瓶应该是干燥、清洁的。以上试验读取数值后应立即降低电压,切断电源。在读数时不允许长时间停留。测参考电压时不得超过 1 min,测试过程应尽可能快。

88. 中修时如何对 SS4G 型机车高压电器柜进行性能试验?

答:(1)绝缘电阻及耐压试验:用 2 500 V 兆欧表测量主电路对地绝缘电阻值不小于 5 MΩ;用 500 V 兆欧表测量控制电路对地绝缘电阻值不小于 5 MΩ;主电路对地耐电压试验,设定耐压试验台漏泄电流为 10 mA,电压 3.8 kV,时间 1 min。控制电路对地耐电压试验 1.0 kV,时间 1 min。(2)动作性能及气密性检查:在综合试验台上接通试验台控制电源和压缩电源,分别在额定直流电压 110 V、额定风压 0.5 MPa;最低直流电压 88 V,最低风压 0.4 MPa;最高直流电压 121 V、额定风压 0.5 MPa 下,检查试验各电器动作应正常,不许有卡滞现象,在最高风压 0.65 MPa 下,检查风管路不许有泄漏。

89. 中修时如何对 SS4G 型机车低压电器柜进行性能试验?

答: 整柜绝缘电阻的测定:(1)测量低压电器柜辅助回路对地绝缘电阻值。用过渡插头短接各接插件插头引出线并接地，用细铜丝短接各辅助电路接线端子，用500 V兆欧表测量辅助回路对地绝缘电阻值应不小于5 MΩ。如若有接地或绝缘低时应查找故障处所，进行必要的处理。(2)测量控制回路对地绝缘电阻值。将控制回路接线端子短接，用500 V兆欧表测量插头引出线对地绝缘电阻值应不小于2 MΩ，否则应查找故障、进行必要的处理。将屏柜与试验台装置相连接，按规定的程序进行下列试验：各部件逻辑动作性能检查，其逻辑关系正确。最低工作电压(88 V)下的动作性能应符合有关技术要求。时间继电器延时值的测定，延时值应正确。各联锁接触电阻测试与判定，其值应在规定范围之内。

90. 中修时如何对SS4G型机车位置转换开关进行性能试验？

答：(1)用测力计(弹簧称)测量并调整单个主触头压力应为39～49 N。(2)用塞尺检查并调整主触头触指超程，应为2～3 mm。(3)检查并调整主触头接触线长度，单个主触头接触应力线长度应不小于14 mm。(4)必要时进行单个主触头接触电阻测量，应不大于200 μΩ(参考值)。(5)动作性能试验：在最小工作气压375 kPa下，转换开关动作须正常，转动须灵活，不许有阻滞现象。(6)泄漏试验：在最大工作气压650 kPa风压下，检查风缸、电空阀、风管路均不得有泄漏。(7)绝缘电阻测定：用2 500 V兆欧表测量各导体间及对地绝缘电阻值不小于6 MΩ。(8)工频耐压试验：主电路不同极间及对地进行电压3 800 V，时间1 min耐电压试验，控制回路各极间及对地进行电压1 300 V，时间1 min的耐压试验，不许有击穿、闪络现象。

91. 小修时如何检查SS4G型机车电子控制柜？

答：(1)电路板清洁，印刷电路清晰，不得有过热、变色。金属箔无脱起基板现象，框架安装牢固，不得松动。插件上元件无过热变色，电容无鼓包。元件焊接牢固，光滑，不得有虚焊、开焊及短路。插头簧片无断裂，弹性良好，胶木件无裂损。电子板插座安装牢固无裂损，引出线焊接正确良好。打开护板，检查电子插件与插座插接良好，固定螺栓紧固。(2)检查各电子插件及冷却风扇信号灯显示正确。(3)线束整洁，线号齐全，不得有短路过热现象，与机体无碰磨。接线端子完好。(4)开盖检查清扫插件箱，背面连线无松脱、破损、互磨，清扫冷却风扇。(5)检查电子板安装牢固，表面清洁，外接线牢固，无过热现象，线号齐全、标示清晰。各二极管、压敏电阻安装牢固，元件无过热、短路、断路。(6)检查甩单节装置安装牢固，接线无损伤，清洁良好。功能试验正常。(7)检查辅机保护装置安装牢固，清洁状况良好，接线无松动。装置功能良好。

92. 小修时如何检查SS4G型机车单元制动器？

答：(1)检查制动器箱体，应无裂损、变形，护罩滤网良好，检查孔盖齐全，安装牢固，螺杆防尘胶套无破损。(2)打开制动器侧门及观察孔，检查制动器可见销、套及防缓装置齐全完好。检查手轮止动器支架无变形、裂纹，拉环无变形，作用良好。拉出手轮止动器后，转动手轮应灵活。固定脱钩装置安装良好，防缓件齐全，棘钩处于开脱状态。(3)检查闸瓦托杆无变形、裂损，螺旋扭转弹簧无裂损，安装位置正确，扭转弹簧固定螺栓防缓件、平垫齐全、无松动。(4)检查闸瓦托无歪斜，闸瓦边缘不得超出轮对踏面外侧面，闸瓦厚度禁用限度 15 mm。(5)检查闸瓦安装正确，更换到限闸瓦，调整闸瓦间隙。(6)闸瓦与闸瓦托配合不得松旷，闸瓦松旷时整修闸瓦钎，保证闸瓦安装后牢固无松动，闸瓦瓦背与闸瓦托局部间隙符合要求，否则应更换闸瓦或修整闸瓦托。(7)及时给制动机构各杆、销、套、活动摩擦面注油，保证制动装置油润良好。(8)交车前应做制动、缓解试验，确认制动器性能良好，无卡滞，制动系统泄漏符合规定。

93. 小修时如何检查 SS4G 型机车车体？

答：(1)外观检查无严重变形、破损，焊接处不得开裂。(2)表面局部脱漆应补漆处理。(3)上车梯子、扶手等完好。(4)车号、端标、段标志清楚。(5)走廊地板安装牢固无变形。(6)车体重联处橡胶完好，无裂损，过道走板完好。(7)后视镜面完好，动作灵活，管系无泄漏。

94. 如何对 SS4G 型机车的列车软管、总风软管及平均软管检查试验？

答：(1)外观检查软管无老化、变形、裂纹、鼓包、磨损；联接器状态良好，卡子胶皮齐全；折角塞门作用良好。检查各管塞门及软管金属部分油漆标识须清晰。(2)在定压下试验 3 min，应无泄漏。列车软管以 1 000 kPa、总风软管以 1 200 kPa、平均软管以 700 kPa 进行水压试验2 min，应无泄漏、局部鼓包现象，外径胀大量不超过 8 mm；总风软管外径胀大量不超过 2 mm。试验完毕拴挂检验牌。检验牌要求拴挂牢固，检验日期清晰，水压试验后有效期不超过 6 个月。

95. SS4G 型机车低压试验时要做好哪些工作？

答：(1)确认车顶无人后锁闭车顶门。(2)各管路塞门在正常工作位置，总风缸压力不小于 700 kPa，机车制动缸压力 300 kPa。(3)高声呼唤：合 110 V 整流输出闸刀开关 666QS、蓄电池输出闸刀开关 667QS、蓄电池单极自动开关 601QA，各自动开关均在正常工作位，控制电压不小于 92.5 V。(4)将零压保护隔离开关 236QS，牵引风速故障开关 573QS、574QS 及制动风速故障隔离开关 589QS、590QS 置故障位，其他各故障隔离开关在正常工作位。(5)电子柜转换开关置 A 位。(6)自起劈相机隔离开关放手动位，司机控制器手柄置 0 位，辅助司机控制器置取出位。

96. SS4G 型机车哪些处所要定期进行给油？

答：(1)受电弓各轴承和摩擦处所、升弓风缸及其传动杆件的连接处。(2)主断路器分断开关的动、静触头和转动部分的摩擦处所。(3)各电机轴承。(4)制动风缸传动件连接处。(5)中心支承复原弹簧的各销。(6)手制动机各传动零部件和摩擦处。

97. 牵引电动机组装后如何进行性能试验？

答：(1)在 70%的最高转速下空载运行正、反向各运行 30 min，观察空载电流及电机振动情况，检查电刷下不得有火花出现。轴承运行应平稳、轻快，不得有异声及甩油。最高稳定温升不超过 55K。(2)使用专用测试仪进行电刷中性位的检查及调整。(3)电枢重新绑扎无纬带或经过处理凸片的电机，应以 2 300 r/min 超速试验 2 min，试验后应不许有任何足以影响电机正常运行的损伤。(4)空载试验换向不良时须进行换向试验。试验应在电机热状态下；仅在最深削弱磁场下，作正、反两个方向 6 个点(额定电流、最大电流、最高转速)，检查火花等级，须符合有关技术要求。

98. C1 修时如何对 HXD3C 型机车制动柜进行检查？

答：检查所有接头、连接紧固件不漏风，紧固螺栓不松动，连接线及插座紧固。EPCU 的过滤器进行排水。检查模块接地线紧固，无破损及接磨。支架安装六角螺栓没有松动、缺失。支承板无变形、腐蚀或明显的污物等损伤，支承板背面空气管路连接密封性良好，无泄漏。单个设备和支承板之间连接状态良好，无泄漏。各模块安装紧固状态良好，无外壳变形、腐蚀或明显的污物等损伤。电缆组件的电气接口连接正确。卡口型插头没有松动。电气接口没有出现如热负荷或绝缘损坏等损伤。制动机自检及性能试验正常。

99. C3 修时如何对 HXD2 型机车主压缩机进行检查？

答：检查接合处无泄漏；各处无破坏性外伤、裂损、变形；各部件固定可靠；不得有泄漏及翅片堵塞和灰尘、异物堆积现象；工作时油位应在视油镜上下限之间，停机时油位不低于下限，油位指示器目视应洁净；真空指示器显示红色时，必须清洁或更换滤芯，并复位指示器；滤芯含油时须更换滤芯，修复或更换进气阀；水过滤器和油过滤器排泄阀 120 s 排泄一次，每次排泄 2 s；接线正确无松动，无短路、断路。

100. HXD2 型机车受电弓升不起应如何处理？

答：检查受电弓无法升起时，按如下步骤进行检查：检查风压不低于 550 kPa，受电弓隔离塞门位置正确；检查控制管路阀的位置是否正确，检查微机柜上断路器在正常位，库用转换开关在正常位，检查接地开关在正常位，高压隔离开关在正常位；检查通用柜上库用断路器在断开位；检查受电弓未隔离，主断未隔离；检查主界面提示栏，按提示进行相关操作；如完成以上检查和操作后仍无法升弓，进行整车断电，再上电重复操作，如仍无法升弓，隔离故障受电弓，使用另一台受电弓。

S1　SS4 型机车受电弓的中修

1. 考场准备

要求考场内有一台与考试机型相一致的机车，且车下要有地沟，地沟上须设置渡板，便于对机车部件进行检查及检修，或考场内有一个与考试内容相一致的机车零部件，以及为检修该零部件所需的工作场地、检修试验台和检修工作台。考场环境整洁、明亮并设有隔离设施。

2. 材料工具准备

序　号	名　称	规　格	数　量	备　注
1	油枪		1 把	
2	扭矩扳手	15 N	1 把	
3	扭矩扳手	60 N	1 把	
4	撬棍		1 根	
5	高度尺	0～3 m	1 个	
6	弹簧秤	100 N	1 把	
7	钳工常用工具		1 套	
8	秒表		1 个	
9	铜棒		1 根	
10	活扳手	8 寸	1 把	
11	钢直尺	300 mm	1 把	
12	受电弓试验台			
13	储气缸			

3. 考核要求

(1)被认定人入场后，向裁判报告姓名及所参加的工种及等级，由裁判告知题目，当被认定人告知裁判可以开始时，由裁判员开始计时。

(2)考核时间为 20 min，操作时必须按规定佩戴安全防护用品。

(3)被认定人作业期间，裁判员可以根据作业情况向被认定人提问，以确认被认定人对工艺的熟悉情况和确认故障点是否有依据。

(4)考核过程中，被认定人出现毁坏部件或受伤情况时，终止考试，成绩为零。

(5)考试完毕后，由被认定人告知裁判员考试结束，由裁判员结束计时。

4. 考核评分

(1)考评人员 3 名以上。

(2)评分程序及规则：考评员根据考生操作情况对照计分标准在评分表上给予记录评分。

(3)算分方法：采用百分制，满分 100 分，60 分及以上为及格。

职业技能认定
电力机车钳工(高级工)实作技能考核评分记录表

单位:________ 姓名:________ 准考证号:________ 工种:________ 级别:________

试题名称:SS_4 型机车受电弓的中修

考核时间:20 min

操作开始时间: 时 分 操作结束时间: 时 分

项 目	考核内容及评分标准	扣分因素及扣分	得 分
操作程序(25分)	1. 工序错乱扣10分		
	2. 工作中返工扣15分		
	3. 作业后未按要求恢复或清理作业场地扣5分		
作业质量(45分)	1. 检修过程中,分解、组装顺序不对,每次扣2分		
	2. 检修过程中,对零部件清洗质量不合格,每件扣2分		
	3. 检修过程中,对零部件检查,漏检每项扣1分		
	4. 检修过程中,对零部件测量,漏测每项扣2分		
	5. 检修后检修质量不符合技术要求扣45分		
	6. 未填写检修记录或填写数据缺、漏、错项,每项扣1分		
工具使用(20分)	1. 开工前未检查工、量具及设备,收工不整理,每件扣2分		
	2. 工、量具及设备使用不当,每次扣2分		
	3. 工、量具脱落,每次扣2分		
	4. 工具、设备损坏扣,每件扣4分		
作业安全(10分)	1. 未按规定着装扣2分		
	2. 工作场地不整洁扣2分		
	3. 工件、工具摆放不整齐扣2分		
	4. 违章或违反安全事项,每次扣4分		
	5. 发生事故失格		
考核时间	1. 超过规定时间每超1 min,扣2分		
	2. 超过规定时间3 min以上每分钟(不包括3 min)扣5分		
	3. 超过规定时间10 min以上(不包括10 min),停止考试		
合计(100分)			

考评员签名: 认定人: 年 月 日

S2 SS4 型机车低压柜检修

1. 考场准备

要求考场内有一台与考试机型相一致的机车，且车下要有地沟，地沟上须设置渡板，便于对机车部件进行检查及检修，或考场内有一个与考试内容相一致的机车零部件，以及为检修该零部件所需的工作场地、检修试验台和检修工作台。考场环境整洁、明亮并设有隔离设施。

2. 材料工具准备

序 号	名 称	规 格	数 量	备 注
1	手电		1只	
2	毛刷		1把	
3	电工常用工具		1套	
4	钳工常用工具		1套	

3. 考核要求

(1)被认定人入场后，向裁判报告姓名及所参加的工种及等级，由裁判告知题目，当被认定人告知裁判可以开始时，由裁判员开始计时。

(2)考核时间为 10 min，操作时必须按规定佩戴安全防护用品。

(3)被认定人作业期间，裁判员可以根据作业情况向被认定人提问，以确认被认定人对工艺的熟悉情况和确认故障点是否有依据。

(4)考核过程中，被认定人出现毁坏部件或受伤情况时，终止考试，成绩为零。

(5)考试完毕后，由被认定人告知裁判员考试结束，由裁判员结束计时。

4. 考核评分

(1)考评人员 3 名以上。

(2)评分程序及规则：考评员根据考生操作情况对照计分标准在评分表上给予记录评分。

(3)算分方法：采用百分制，满分 100 分，60 分及以上为及格。

职业技能认定
电力机车钳工(技师)实作技能考核评分记录表

单位:__________ 姓名:__________ 准考证号:__________ 工种:__________ 级别:__________

试题名称:SS_4 型机车低压柜检修

考核时间:20 min

操作开始时间: 时 分 操作结束时间: 时 分

项　目	考核内容及评分标准	扣分因素及扣分	得　分
操作程序(25 分)	1. 工序错乱扣 6 分		
	2. 工作中返工扣 10 分		
	3. 作业后未按要求恢复、整理扣 4 分		
作业质量(45 分)	1. 检修过程中,分解、组装顺序不对,每次扣 2 分		
	2. 检修过程中,对零部件清洗质量不合格,每件扣 2 分		
	3. 检修过程中,对零部件检查,漏检每项扣 1 分		
	4. 检修过程中,对零部件测量,漏测每项扣 2 分		
	5. 检修后检修质量不符合技术要求扣 45 分		
	6. 未填写检修记录或填写数据缺、漏、错项,每项扣 1 分		
工具使用(20 分)	1. 开工前未检查工、量具及设备,收工不整理,每件扣 2 分		
	2. 工、量具及设备使用不当,每次扣 2 分		
	3. 工、量具脱落,每次扣 2 分		
	4. 工具、设备损坏扣,每件扣 4 分		
作业安全(10 分)	1. 未按规定着装扣 2 分		
	2. 工作场地不整洁扣 2 分		
	3. 工件、工具摆放不整齐扣 2 分		
	4. 违章或违反安全事项,每次扣 4 分		
	5. 发生事故失格		
考核时间	1. 超过规定时间每超 1 min,扣 2 分		
	2. 超过规定时间 3 min 以上每分钟(不包括 3 min)扣 5 分		
	3. 超过规定时间 5 min 以上(不包括 5 min),停止考试		
合计(100 分)			

考评员签名: 认定人: 年 月 日

S3　SS4 型机车高压柜检修

1. 考场准备

要求考场内有一台与考试机型相一致的机车，且车下要有地沟，地沟上须设置渡板，便于对机车部件进行检查及检修，或考场内有一个与考试内容相一致的机车零部件，以及为检修该零部件所需的工作场地、检修试验台和检修工作台。考场环境整洁、明亮并设有隔离设施。

2. 材料工具准备

序　号	名　称	规　格	数　量	备　注
1	手电		1 只	
2	毛刷		1 把	
3	电工常用工具		1 套	
4	钳工常用工具		1 套	

3. 考核要求

(1)被认定人入场后，向裁判报告姓名及所参加的工种及等级，由裁判告知题目，当被认定人告知裁判可以开始时，由裁判员开始计时。

(2)考核时间为 10 分钟，操作时必须按规定佩戴安全防护用品。

(3)被认定人作业期间，裁判员可以根据作业情况向被认定人提问，以确认被认定人对工艺的熟悉情况和确认故障点是否有依据。

(4)考核过程中，被认定人出现毁坏部件或受伤情况时，终止考试，成绩为零。

(5)考试完毕后，由被认定人告知裁判员考试结束，由裁判员结束计时。

4. 考核评分

(1)考评人员 3 名以上。

(2)评分程序及规则：考评员根据考生操作情况对照计分标准在评分表上给予记录评分。

(3)算分方法：采用百分制，满分 100 分，60 分及以上为及格。

职业技能认定
电力机车钳工(技师)实作技能考核评分记录表

单位:________　姓名:________　准考证号:________　工种:________　级别:________

试题名称:SS_4 型机车高压柜检修

考核时间:20 min

操作开始时间:　　时　　分　　　　　　　　操作结束时间:　　时　　分

项　目	考核内容及评分标准	扣分因素及扣分	得　分
操作程序(25分)	1. 工序错乱扣6分		
	2. 工作中返工扣10分		
	3. 作业后未按要求恢复、整理扣4分		
作业质量(45分)	1. 检修过程中,分解、组装顺序不对,每次扣2分		
	2. 检修过程中,对零部件清洗质量不合格,每件扣2分		
	3. 检修过程中,对零部件检查,漏检每项扣1分		
	4. 检修过程中,对零部件测量,漏测每项扣2分		
	5. 检修后检修质量不符合技术要求扣45分		
	6. 未填写检修记录或填写数据缺、漏、错项,每项扣1分		
工具使用(20分)	1. 开工前未检查工、量具及设备,收工不整理,每件扣2分		
	2. 工、量具及设备使用不当,每次扣2分		
	3. 工、量具脱落,每次扣2分		
	4. 工具、设备损坏扣,每件扣4分		
作业安全(10分)	1. 未按规定着装扣2分		
	2. 工作场地不整洁扣2分		
	3. 工件、工具摆放不整齐扣2分		
	4. 违章或违反安全事项,每次扣4分		
	5. 发生事故失格		
考核时间	1. 超过规定时间每超1 min,扣2分		
	2. 超过规定时间3 min以上每分钟(不包括3 min)扣5分		
	3. 超过规定时间5 min以上(不包括5 min),停止考试		
合计(100分)			

考评员签名:　　　　　　　　　　认定人:　　　　　　　　　　年　　月　　日

S4　SS4 型机车牵引装置的中修

1. 考场准备

要求考场内有一台与考试机型相一致的机车，且车下要有地沟，地沟上须设置渡板，便于对机车部件进行检查及检修，或考场内有一个与考试内容相一致的机车零部件，以及为检修该零部件所需的工作场地、检修试验台和检修工作台。考场环境整洁、明亮并设有隔离设施。

2. 材料工具准备

序　号	名　称	规　格	数　量	备　注
1	大锤		1 把	
2	手锤		1 把	
3	手电		1 只	
4	撬棍		1 根	
5	检修专用工具		1 套	
6	检修专用量具		1 套	
7	钳工常用工具		1 套	

3. 考核要求

(1)被认定人入场后，向裁判报告姓名及所参加的工种及等级，由裁判告知题目，当被认定人告知裁判可以开始时，由裁判员开始计时。

(2)考核时间为 20 min，操作时必须按规定佩戴安全防护用品。

(3)被认定人作业期间，裁判员可以根据作业情况向被认定人提问，以确认被认定人对工艺的熟悉情况和确认故障点是否有依据。

(4)考核过程中，被认定人出现毁坏部件或受伤情况时，终止考试，成绩为零。

(5)考试完毕后，由被认定人告知裁判员考试结束，由裁判员结束计时。

4. 考核评分

(1)考评人员 3 名以上。

(2)评分程序及规则：考评员根据考生操作情况对照计分标准在评分表上给予记录评分。

(3)算分方法：采用百分制，满分 100 分，60 分及以上为及格。

职业技能认定
电力机车钳工(技师)实作技能考核评分记录表

单位:__________ 姓名:__________ 准考证号:__________ 工种:__________ 级别:__________

试题名称:SS_4 型机车牵引装置的中修

考核时间:20 min

操作开始时间:　时　分　　　　操作结束时间:　时　分

项　目	考核内容及评分标准	扣分因素及扣分	得　分
操作程序(25 分)	1. 工序错乱扣 10 分		
	2. 工作中返工扣 15 分		
	3. 作业后未按要求恢复或清理作业场地扣 5 分		
作业质量(45 分)	1. 检修过程中,分解、组装顺序不对,每次扣 2 分		
	2. 检修过程中,对零部件清洗质量不合格,每件扣 2 分		
	3. 检修过程中,对零部件检查,漏检每项扣 1 分		
	4. 检修过程中,对零部件测量,漏测每项扣 2 分		
	5. 检修后检修质量不符合技术要求扣 45 分		
	6. 未填写检修记录或填写数据缺、漏、错项,每项扣 1 分		
工具使用(20 分)	1. 开工前未检查工、量具及设备,收工不整理,每件扣 2 分		
	2. 工、量具及设备使用不当,每次扣 2 分		
	3. 工、量具脱落,每次扣 2 分		
	4. 工具、设备损坏扣,每件扣 4 分		
作业安全(10 分)	1. 未按规定着装扣 2 分		
	2. 工作场地不整洁扣 2 分		
	3. 工件、工具摆放不整齐扣 2 分		
	4. 违章或违反安全事项,每次扣 4 分		
	5. 发生事故失格		
考核时间	1. 超过规定时间每超 1 min,扣 2 分		
	2. 超过规定时间 3 min 以上每分钟(不包括 3 min)扣 5 分		
	3. 超过规定时间 10 min 以上(不包括 10 min),停止考试		
合计(100 分)			

考评员签名:　　　　认定人:　　　　年　月　日

S5　SS4 型机车基础制动装置的中修

1. 考场准备

要求考场内有一台与考试机型相一致的机车，且车下要有地沟，地沟上须设置渡板，便于对机车部件进行检查及检修，或考场内有一个与考试内容相一致的机车零部件，以及为检修该零部件所需的工作场地、检修试验台和检修工作台。考场环境整洁、明亮并设有隔离设施。

2. 材料工具准备

序　号	名　称	规　格	数　量	备　注
1	大锤		1 把	
2	手锤		1 把	
3	手电		1 只	
4	撬棍		1 根	
5	检修专用工具		1 套	
6	检修专用量具		1 套	
7	钳工常用工具		1 套	

3. 考核要求

(1)被认定人入场后，向裁判报告姓名及所参加的工种及等级，由裁判告知题目，当被认定人告知裁判可以开始时，由裁判员开始计时。

(2)考核时间为 20 min，操作时必须按规定佩戴安全防护用品。

(3)被认定人作业期间，裁判员可以根据作业情况向被认定人提问，以确认被认定人对工艺的熟悉情况和确认故障点是否有依据。

(4)考核过程中，被认定人出现毁坏部件或受伤情况时，终止考试，成绩为零。

(5)考试完毕后，由被认定人告知裁判员考试结束，由裁判员结束计时。

4. 考核评分

(1)考评人员 3 名以上。

(2)评分程序及规则：考评员根据考生操作情况对照计分标准在评分表上给予记录评分。

(3)算分方法：采用百分制，满分 100 分，60 分及以上为及格。

职业技能认定
电力机车钳工(技师)实作技能考核评分记录表

单位:________　姓名:________　准考证号:________　工种:________　级别:________

试题名称:SS_4 型机车基础制动装置的中修

考核时间:20 min

操作开始时间:　　时　　分　　　　操作结束时间:　　时　　分

项　目	考核内容及评分标准	扣分因素及扣分	得　分
操作程序(25 分)	1. 工序错乱扣 10 分		
	2. 工作中返工扣 15 分		
	3. 作业后未按要求恢复或清理作业场地扣 5 分		
作业质量(45 分)	1. 检修过程中,分解、组装顺序不对,每次扣 2 分		
	2. 检修过程中,对零部件清洗质量不合格,每件扣 2 分		
	3. 检修过程中,对零部件检查,漏检每项扣 1 分		
	4. 检修过程中,对零部件测量,漏测每项扣 2 分		
	5. 检修后检修质量不符合技术要求扣 45 分		
	6. 未填写检修记录或填写数据缺、漏、错项,每项扣 1 分		
工具使用(20 分)	1. 开工前未检查工、量具及设备,收工不整理,每件扣 2 分		
	2. 工、量具及设备使用不当,每次扣 2 分		
	3. 工、量具脱落,每次扣 2 分		
	4. 工具、设备损坏扣,每件扣 4 分		
作业安全(10 分)	1. 未按规定着装扣 2 分		
	2. 工作场地不整洁扣 2 分		
	3. 工件、工具摆放不整齐扣 2 分		
	4. 违章或违反安全事项,每次扣 4 分		
	5. 发生事故失格		
考核时间	1. 超过规定时间每超 1 min,扣 2 分		
	2. 超过规定时间 3 min 以上每分钟(不包括 3 min)扣 5 分		
	3. 超过规定时间 10 min 以上(不包括 10 min),停止考试		
合计(100 分)			

考评员签名:　　　　　　　　认定人:　　　　　　　　年　　月　　日

S6　SS4型机车车体的中修

1. 考场准备

要求考场内有一台与考试机型相一致的机车，且车下要有地沟，地沟上须设置渡板，便于对机车部件进行检查及检修，或考场内有一个与考试内容相一致的机车零部件，以及为检修该零部件所需的工作场地、检修试验台和检修工作台。考场环境整洁、明亮并设有隔离设施。

2. 材料工具准备

序　号	名　称	规　格	数　量	备　注
1	大锤		1把	
2	手锤		1把	
3	钳工常用工具		1套	
4	检修专用工具		1套	
5	钢卷尺		1个	
6	铲污工具		1套	
7	扁铲		1把	

3. 考核要求

(1)被认定人入场后，向裁判报告姓名及所参加的工种及等级，由裁判告知题目，当被认定人告知裁判可以开始时，由裁判员开始计时。

(2)考核时间为 20 min，操作时必须按规定佩戴安全防护用品。

(3)被认定人作业期间，裁判员可以根据作业情况向被认定人提问，以确认被认定人对工艺的熟悉情况和确认故障点是否有依据。

(4)考核过程中，被认定人出现毁坏部件或受伤情况时，终止考试，成绩为零。

(5)考试完毕后，由被认定人告知裁判员考试结束，由裁判员结束计时。

4. 考核评分

(1)考评人员 3 名以上。

(2)评分程序及规则：考评员根据考生操作情况对照计分标准在评分表上给予记录评分。

(3)算分方法：采用百分制，满分 100 分，60 分及以上为及格。

职业技能认定
电力机车钳工(技师)实作技能考核评分记录表

单位:________ 姓名:________ 准考证号:________ 工种:________ 级别:________

试题名称:SS_4型机车车体的中修

考核时间:20 min

操作开始时间: 时 分　　　　操作结束时间: 时 分

项 目	考核内容及评分标准	扣分因素及扣分	得 分
操作程序(25分)	1. 工序错乱扣10分		
	2. 工作中返工扣15分		
	3. 作业后未按要求恢复或清理作业场地扣5分		
作业质量(45分)	1. 检修过程中,分解、组装顺序不对,每次扣2分		
	2. 检修过程中,对零部件清洗质量不合格,每件扣2分		
	3. 检修过程中,对零部件检查,漏检每项扣1分		
	4. 检修过程中,对零部件测量,漏测每项扣2分		
	5. 检修后检修质量不符合技术要求扣45分		
	6. 未填写检修记录或填写数据缺、漏、错项,每项扣1分		
工具使用(20分)	1. 开工前未检查工、量具及设备,收工不整理,每件扣2分		
	2. 工、量具及设备使用不当,每次扣2分		
	3. 工、量具脱落,每次扣2分		
	4. 工具、设备损坏扣,每件扣4分		
作业安全(10分)	1. 未按规定着装扣2分		
	2. 工作场地不整洁扣2分		
	3. 工件、工具摆放不整齐扣2分		
	4. 违章或违反安全事项,每次扣4分		
	5. 发生事故失格		
考核时间	1. 超过规定时间每超1 min,扣2分		
	2. 超过规定时间3 min以上每分钟(不包括3 min)扣5分		
	3. 超过规定时间10 min以上(不包括10 min),停止考试		
合计(100分)			

考评员签名:　　　　认定人:　　　　年　月　日

S7　SS4 型机车轴箱的中修

1. 考场准备

要求考场内有一台与考试机型相一致的机车，且车下要有地沟，地沟上须设置渡板，便于对机车部件进行检查及检修，或考场内有一个与考试内容相一致的机车零部件，以及为检修该零部件所需的工作场地、检修试验台和检修工作台。考场环境整洁、明亮并设有隔离设施。

2. 材料工具准备

序　号	名　称	规　格	数　量	备　注
1	铜锤		1 把	
2	手锤		1 把	
3	手电		1 只	
4	撬棍		1 根	
5	检修专用工具		1 套	
6	检修专用量具		1 套	
7	钳工常用工具		1 套	

3. 考核要求

(1)被认定人入场后，向裁判报告姓名及所参加的工种及等级，由裁判告知题目，当被认定人告知裁判可以开始时，由裁判员开始计时。

(2)考核时间为 20 min，操作时必须按规定佩戴安全防护用品。

(3)被认定人作业期间，裁判员可以根据作业情况向被认定人提问，以确认被认定人对工艺的熟悉情况和确认故障点是否有依据。

(4)考核过程中，被认定人出现毁坏部件或受伤情况时，终止考试，成绩为零。

(5)考试完毕后，由被认定人告知裁判员考试结束，由裁判员结束计时。

4. 考核评分

(1)考评人员 3 名以上。

(2)评分程序及规则：考评员根据考生操作情况对照计分标准在评分表上给予记录评分。

(3)算分方法：采用百分制，满分 100 分，60 分及以上为及格。

职业技能认定
电力机车钳工(技师)实作技能考核评分记录表

单位:________ 姓名:________ 准考证号:________ 工种:________ 级别:________

试题名称:SS_4型机车轴箱的中修

考核时间:20 min

操作开始时间: 时 分 操作结束时间: 时 分

项 目	考核内容及评分标准	扣分因素及扣分	得 分
操作程序(25分)	1. 工序错乱扣10分		
	2. 工作中返工扣15分		
	3. 作业后未按要求恢复或清理作业场地扣5分		
作业质量(45分)	1. 检修过程中,分解、组装顺序不对,每次扣2分		
	2. 检修过程中,对零部件清洗质量不合格,每件扣2分		
	3. 检修过程中,对零部件检查,漏检每项扣1分		
	4. 检修过程中,对零部件测量,漏测每项扣2分		
	5. 检修后检修质量不符合技术要求扣45分		
	6. 未填写检修记录或填写数据缺、漏、错项,每项扣1分		
工具使用(20分)	1. 开工前未检查工、量具及设备,收工不整理,每件扣2分		
	2. 工、量具及设备使用不当,每次扣2分		
	3. 工、量具脱落,每次扣2分		
	4. 工具、设备损坏扣,每件扣4分		
作业安全(10分)	1. 未按规定着装扣2分		
	2. 工作场地不整洁扣2分		
	3. 工件、工具摆放不整齐扣2分		
	4. 违章或违反安全事项,每次扣4分		
	5. 发生事故失格		
考核时间	1. 超过规定时间每超1 min,扣2分		
	2. 超过规定时间3 min以上每分钟(不包括3 min)扣5分		
	3. 超过规定时间10 min以上(不包括10 min),停止考试		
合计(100分)			

考评员签名: 认定人: 年 月 日

S8 SS4型机车转向架的中修

1. 考场准备

要求考场内有一台与考试机型相一致的机车，且车下要有地沟，地沟上须设置渡板，便于对机车部件进行检查及检修，或考场内有一个与考试内容相一致的机车零部件，以及为检修该零部件所需的工作场地、检修试验台和检修工作台。考场环境整洁、明亮并设有隔离设施。

2. 材料工具准备

序 号	名 称	规 格	数 量	备 注
1	大锤		1把	
2	手锤		1把	
3	手电		1只	
4	撬棍		1根	
5	检修专用工具		1套	
6	检修专用量具		1套	
7	钳工常用工具		1套	

3. 考核要求

(1)被认定人入场后，向裁判报告姓名及所参加的工种及等级，由裁判告知题目，当被认定人告知裁判可以开始时，由裁判员开始计时。

(2)考核时间为20 min，操作时必须按规定佩戴安全防护用品。

(3)被认定人作业期间，裁判员可以根据作业情况向被认定人提问，以确认被认定人对工艺的熟悉情况和确认故障点是否有依据。

(4)考核过程中，被认定人出现毁坏部件或受伤情况时，终止考试，成绩为零。

(5)考试完毕后，由被认定人告知裁判员考试结束，由裁判员结束计时。

4. 考核评分

(1)考评人员3名以上。

(2)评分程序及规则：考评员根据考生操作情况对照计分标准在评分表上给予记录评分。

(3)算分方法：采用百分制，满分100分，60分及以上为及格。

职业技能认定
电力机车钳工(技师)实作技能考核评分记录表

单位:__________ 姓名:__________ 准考证号:__________ 工种:__________ 级别:__________

试题名称:SS_4 型机车转向架的中修

考核时间:20 min

操作开始时间: 时 分 操作结束时间: 时 分

项 目	考核内容及评分标准	扣分因素及扣分	得 分
操作程序(25 分)	1. 工序错乱扣 10 分		
	2. 工作中返工扣 15 分		
	3. 作业后未按要求恢复或清理作业场地扣 5 分		
作业质量(45 分)	1. 检修过程中,分解、组装顺序不对,每次扣 2 分		
	2. 检修过程中,对零部件清洗质量不合格,每件扣 2 分		
	3. 检修过程中,对零部件检查,漏检每项扣 1 分		
	4. 检修过程中,对零部件测量,漏测每项扣 2 分		
	5. 检修后检修质量不符合技术要求扣 45 分		
	6. 未填写检修记录或填写数据缺、漏、错项,每项扣 1 分		
工具使用(20 分)	1. 开工前未检查工、量具及设备,收工不整理,每件扣 2 分		
	2. 工、量具及设备使用不当,每次扣 2 分		
	3. 工、量具脱落,每次扣 2 分		
	4. 工具、设备损坏扣,每件扣 4 分		
作业安全(10 分)	1. 未按规定着装扣 2 分		
	2. 工作场地不整洁扣 2 分		
	3. 工件、工具摆放不整齐扣 2 分		
	4. 违章或违反安全事项,每次扣 4 分		
	5. 发生事故失格		
考核时间	1. 超过规定时间每超 1 min,扣 2 分		
	2. 超过规定时间 3 min 以上每分钟(不包括 3 min)扣 5 分		
	3. 超过规定时间 10 min 以上(不包括 10 min),停止考试		
合计(100 分)			

考评员签名: 认定人: 年 月 日

S9 SS4 型机车齿轮箱的中修

1. 考场准备

要求考场内有一台与考试机型相一致的机车，且车下要有地沟，地沟上须设置渡板，便于对机车部件进行检查及检修，或考场内有一个与考试内容相一致的机车零部件，以及为检修该零部件所需的工作场地、检修试验台和检修工作台。考场环境整洁、明亮并设有隔离设施。

2. 材料工具准备

序　号	名　称	规　格	数　量	备　注
1	铜锤		1把	
2	手锤		1把	
3	手电		1只	
4	撬棍		1根	
5	检修专用工具		1套	
6	检修专用量具		1套	
7	钳工常用工具		1套	

3. 考核要求

(1)被认定人入场后，向裁判报告姓名及所参加的工种及等级，由裁判告知题目，当被认定人告知裁判可以开始时，由裁判员开始计时。

(2)考核时间为 20 min，操作时必须按规定佩戴安全防护用品。

(3)被认定人作业期间，裁判员可以根据作业情况向被认定人提问，以确认被认定人对工艺的熟悉情况和确认故障点是否有依据。

(4)考核过程中，被认定人出现毁坏部件或受伤情况时，终止考试，成绩为零。

(5)考试完毕后，由被认定人告知裁判员考试结束，由裁判员结束计时。

4. 考核评分

(1)考评人员 3 名以上。

(2)评分程序及规则：考评员根据考生操作情况对照计分标准在评分表上给予记录评分。

(3)算分方法：采用百分制，满分 100 分，60 分及以上为及格。

职业技能认定
电力机车钳工(技师)实作技能考核评分记录表

单位:__________ 姓名:__________ 准考证号:__________ 工种:__________ 级别:__________

试题名称:SS_4 型机车齿轮箱的中修

考核时间:20 min

操作开始时间: 时 分 操作结束时间: 时 分

项 目	考核内容及评分标准	扣分因素及扣分	得 分
操作程序(25分)	1. 工序错乱扣10分		
	2. 工作中返工扣15分		
	3. 作业后未按要求恢复或清理作业场地扣5分		
作业质量(45分)	1. 检修过程中,分解、组装顺序不对,每次扣2分		
	2. 检修过程中,对零部件清洗质量不合格,每件扣2分		
	3. 检修过程中,对零部件检查,漏检每项扣1分		
	4. 检修过程中,对零部件测量,漏测每项扣2分		
	5. 检修后检修质量不符合技术要求扣45分		
	6. 未填写检修记录或填写数据缺、漏、错项,每项扣1分		
工具使用(20分)	1. 开工前未检查工、量具及设备,收工不整理,每件扣2分		
	2. 工、量具及设备使用不当,每次扣2分		
	3. 工、量具脱落,每次扣2分		
	4. 工具、设备损坏扣,每件扣4分		
作业安全(10分)	1. 未按规定着装扣2分		
	2. 工作场地不整洁扣2分		
	3. 工件、工具摆放不整齐扣2分		
	4. 违章或违反安全事项,每次扣4分		
	5. 发生事故失格		
考核时间	1. 超过规定时间每超1 min,扣2分		
	2. 超过规定时间3 min以上每分钟(不包括3 min)扣5分		
	3. 超过规定时间10 min以上(不包括10 min),停止考试		
合计(100分)			

考评员签名: 认定人: 年 月 日

S10 SS4 型机车车钩装置中修

1. 考场准备

要求考场内有一台与考试机型相一致的机车，且车下要有地沟，地沟上须设置渡板，便于对机车部件进行检查及检修，或考场内有一个与考试内容相一致的机车零部件，以及为检修该零部件所需的工作场地、检修试验台和检修工作台。考场环境整洁、明亮并设有隔离设施。

2. 材料工具准备

序　号	名　称	规　格	数　量	备　注
1	大锤		1 把	
2	手锤		1 把	
3	手电		1 只	
4	撬棍		1 根	
5	检修专用工具		1 套	
6	检修专用量具		1 套	
7	钳工常用工具		1 套	

3. 考核要求

(1)被认定人入场后，向裁判报告姓名及所参加的工种及等级，由裁判告知题目，当被认定人告知裁判可以开始时，由裁判员开始计时。

(2)考核时间为 20 min，操作时必须按规定佩戴安全防护用品。

(3)被认定人作业期间，裁判员可以根据作业情况向被认定人提问，以确认被认定人对工艺的熟悉情况和确认故障点是否有依据。

(4)考核过程中，被认定人出现毁坏部件或受伤情况时，终止考试，成绩为零。

(5)考试完毕后，由被认定人告知裁判员考试结束，由裁判员结束计时。

4. 考核评分

(1)考评人员 3 名以上。

(2)评分程序及规则：考评员根据考生操作情况对照计分标准在评分表上给予记录评分。

(3)算分方法：采用百分制，满分 100 分，60 分及以上为及格。

职业技能认定
电力机车钳工(技师)实作技能考核评分记录表

单位:__________ 姓名:__________ 准考证号:__________ 工种:__________ 级别:__________

试题名称:SS_4 型机车车钩装置中修

考核时间:20 min

操作开始时间:　　时　　分　　　　　　　　操作结束时间:　　时　　分

项　目	考核内容及评分标准	扣分因素及扣分	得　分
操作程序(25分)	1. 工序错乱扣10分		
	2. 工作中返工扣15分		
	3. 作业后未按要求恢复或清理作业场地扣5分		
作业质量(45分)	1. 检修过程中,分解、组装顺序不对,每次扣2分		
	2. 检修过程中,对零部件清洗质量不合格,每件扣2分		
	3. 检修过程中,对零部件检查,漏检每项扣1分		
	4. 检修过程中,对零部件测量,漏测每项扣2分		
	5. 检修后检修质量不符合技术要求扣45分		
	6. 未填写检修记录或填写数据缺、漏、错项,每项扣1分		
工具使用(20分)	1. 开工前未检查工、量具及设备,收工不整理,每件扣2分		
	2. 工、量具及设备使用不当,每次扣2分		
	3. 工、量具脱落,每次扣2分		
	4. 工具、设备损坏扣,每件扣4分		
作业安全(10分)	1. 未按规定着装扣2分		
	2. 工作场地不整洁扣2分		
	3. 工件、工具摆放不整齐扣2分		
	4. 违章或违反安全事项,每次扣4分		
	5. 发生事故失格		
考核时间	1. 超过规定时间每超1 min,扣2分		
	2. 超过规定时间3 min以上每分钟(不包括3 min)扣5分		
	3. 超过规定时间10 min以上(不包括10 min),停止考试		
合计(100分)			

考评员签名:　　　　　　　　　　认定人:　　　　　　　　　　年　　月　　日

S11　SS4 型机车落成低压试验

1. 考场准备

要求考场内有一台与考试机型相一致的机车，且车下要有地沟，地沟上须设置渡板，便于对机车部件进行检查及检修，或考场内有一个与考试内容相一致的机车零部件，以及为检修该零部件所需的工作场地、检修试验台和检修工作台。考场环境整洁、明亮并设有隔离设施。

2. 材料工具准备

序　号	名　称	规　格	数　量	备　注
1	手电		1 只	
2	钳工常用工具		1 套	
3	电工常用工具		1 套	

3. 考核要求

(1)被认定人入场后，向裁判报告姓名及所参加的工种及等级，由裁判告知题目，当被认定人告知裁判可以开始时，由裁判员开始计时。

(2)考核时间为 20 分钟，操作时必须按规定佩戴安全防护用品。

(3)被认定人作业期间，裁判员可以根据作业情况向被认定人提问，以确认被认定人对工艺的熟悉情况和确认故障点是否有依据。

(4)考核过程中，被认定人出现毁坏部件或受伤情况时，终止考试，成绩为零。

(5)考试完毕后，由被认定人告知裁判员考试结束，由裁判员结束计时。

4. 考核评分

(1)考评人员 3 名以上。

(2)评分程序及规则：考评员根据考生操作情况对照计分标准在评分表上给予记录评分。

(3)算分方法：采用百分制，满分 100 分，60 分及以上为及格。

职业技能认定
电力机车钳工(技师)实作技能考核评分记录表

单位：__________ 姓名：__________ 准考证号：__________ 工种：__________ 级别：__________

试题名称：SS_4 型机车落成低压试验

考核时间：20 min

操作开始时间： 时 分 操作结束时间： 时 分

项 目	考核内容及评分标准	扣分因素及扣分	得 分
操作程序(25分)	1. 试验前未检查机车安全防护设施，每项扣2分		
	2. 试验程序错误，不会口述试验程序及要求，每次扣5分		
	3. 错呼机车状态，每次扣10分		
作业质量(45分)	1. 试验过程中，顺序不对，每次扣2分		
	2. 试验过程中，发生机车部件漏检，每件扣2分		
	3. 试验过程中，发生试验漏项每项扣2分		
	4. 试验过程中，发生机车部件漏测每项扣2分		
	5. 试验过程中，发生质量隐患扣45分		
	6. 试验后未填写记录或数据缺、漏、错项，每项扣1分		
工具使用(20分)	1. 开工前未检查场地，收工不整理场地，每次扣5分		
	2. 工具及设备使用不当，每次扣2分		
	3. 工具脱落，每次扣2分		
	4. 设备损坏扣，每件扣失格		
作业安全(10分)	1. 未按规定着装扣2分		
	2. 工作场地不整洁扣2分		
	3. 工件、工具摆放不整齐扣2分		
	4. 违章或违反安全事项，每次扣4分		
	5. 发生事故失格		
考核时间	1. 超过规定时间每超1 min，扣2分		
	2. 超过规定时间3 min以上每分钟(不包括3 min)扣5分		
	3. 超过规定时间10 min以上(不包括10 min)，停止考试		
合计(100分)			

考评员签名： 认定人： 年 月 日

S12 HXD1型机车主断路器C4修

1. 考场准备

要求考场内有一台与考试机型相一致的机车，且车下要有地沟，地沟上须设置渡板，便于对机车部件进行检查及检修，或考场内有一个与考试内容相一致的机车零部件，以及为检修该零部件所需的工作场地、检修试验台和检修工作台。考场环境整洁、明亮并设有隔离设施。

2. 材料工具准备

序号	名称	规格	数量	备注
1	主断路器试验台			
2	真空度检测仪			
3	耐压试验台			
4	各种吊具			
5	接触电阻测试仪			
6	触头间距刻度尺			
7	数字万用表			
8	电工常用工具		1套	
9	钳工常用工具		1套	
10	游标卡尺		1把	
11	电动扳手		1条	
12	塞尺		1把	

3. 考核要求

(1)被认定人入场后，向裁判报告姓名及所参加的工种及等级，由裁判告知题目，当被认定人告知裁判可以开始时，由裁判员开始计时。

(2)考核时间为20 min，操作时必须按规定佩戴安全防护用品。

(3)被认定人作业期间，裁判员可以根据作业情况向被认定人提问，以确认被认定人对工艺的熟悉情况和确认故障点是否有依据。

(4)考核过程中，被认定人出现毁坏部件或受伤情况时，终止考试，成绩为零。

(5)考试完毕后，由被认定人告知裁判员考试结束，由裁判员结束计时。

4. 考核评分

(1)考评人员3名以上。

(2)评分程序及规则：考评员根据考生操作情况对照计分标准在评分表上给予记录评分。

(3)算分方法：采用百分制，满分100分，60分及以上为及格。

职业技能认定
电力机车钳工(技师)实作技能考核评分记录表

单位:_________ 姓名:_________ 准考证号:_________ 工种:_________ 级别:_________

试题名称:HXD_1 型机车主断路器 C4 修

考核时间:20 min

操作开始时间: 时 分 操作结束时间: 时 分

项　目	考核内容及评分标准	扣分因素及扣分	得　分
操作程序(25 分)	1. 工序错乱扣 10 分		
	2. 工作中返工扣 15 分		
	3. 作业后未按要求恢复或清理作业场地扣 5 分		
作业质量(45 分)	1. 检修过程中,分解、组装顺序不对,每次扣 2 分		
	2. 检修过程中,对零部件清洗质量不合格,每件扣 2 分		
	3. 检修过程中,对零部件检查,漏检每项扣 1 分		
	4. 检修过程中,对零部件测量,漏测每项扣 2 分		
	5. 检修后检修质量不符合技术要求扣 45 分		
	6. 未填写检修记录或填写数据缺、漏、错项,每项扣 1 分		
工具使用(20 分)	1. 开工前未检查工、量具及设备,收工不整理,每件扣 2 分		
	2. 工、量具及设备使用不当,每次扣 2 分		
	3. 工、量具脱落,每次扣 2 分		
	4. 工具、设备损坏扣,每件扣 4 分		
作业安全(10 分)	1. 未按规定着装扣 2 分		
	2. 工作场地不整洁扣 2 分		
	3. 工件、工具摆放不整齐扣 2 分		
	4. 违章或违反安全事项,每次扣 4 分		
	5. 发生事故失格		
考核时间	1. 超过规定时间每超 1 min,扣 2 分		
	2. 超过规定时间 3 min 以上每分钟(不包括 3 min)扣 5 分		
	3. 超过规定时间 10 min 以上(不包括 10 min),停止考试		
合计(100 分)			

考评员签名: 认定人: 年 月 日

S13　HXD1 型机车接地开关的 C4 修

1. 考场准备

要求考场内有一台与考试机型相一致的机车，且车下要有地沟，地沟上须设置渡板，便于对机车部件进行检查及检修，或考场内有一个与考试内容相一致的机车零部件，以及为检修该零部件所需的工作场地、检修试验台和检修工作台。考场环境整洁、明亮并设有隔离设施。

2. 材料工具准备

序　号	名　称	规　格	数　量	备　注
1	扭矩扳手		1 把	
2	钢直尺		1 把	
3	万用表		1 块	
4	游标卡尺		1 根	
5	毛巾		1 条	
6	钳工常用工具		1 套	
7	电工常用工具		1 套	

3. 考核要求

(1)被认定人入场后，向裁判报告姓名及所参加的工种及等级，由裁判告知题目，当被认定人告知裁判可以开始时，由裁判员开始计时。

(2)考核时间为 20 min，操作时必须按规定佩戴安全防护用品。

(3)被认定人作业期间，裁判员可以根据作业情况向被认定人提问，以确认被认定人对工艺的熟悉情况和确认故障点是否有依据。

(4)考核过程中，被认定人出现毁坏部件或受伤情况时，终止考试，成绩为零。

(5)考试完毕后，由被认定人告知裁判员考试结束，由裁判员结束计时。

4. 考核评分

(1)考评人员 3 名以上。

(2)评分程序及规则：考评员根据考生操作情况对照计分标准在评分表上给予记录评分。

(3)算分方法：采用百分制，满分 100 分，60 分及以上为及格。

职业技能认定
电力机车钳工(技师)实作技能考核评分记录表

单位:________ 姓名:________ 准考证号:________ 工种:________ 级别:________

试题名称:HXD_2 型机车接地开关的 C4 修

考核时间:20 min

操作开始时间: 时 分 操作结束时间: 时 分

项 目	考核内容及评分标准	扣分因素及扣分	得 分
操作程序(25分)	1. 工序错乱扣 10 分		
	2. 工作中返工扣 15 分		
	3. 作业后未按要求恢复或清理作业场地扣 5 分		
作业质量(45分)	1. 检修过程中,分解、组装顺序不对,每次扣 2 分		
	2. 检修过程中,对零部件清洗质量不合格,每件扣 2 分		
	3. 检修过程中,对零部件检查,漏检每项扣 1 分		
	4. 检修过程中,对零部件测量,漏测每项扣 2 分		
	5. 检修后检修质量不符合技术要求扣 45 分		
	6. 未填写检修记录或填写数据缺、漏、错项,每项扣 1 分		
工具使用(20分)	1. 开工前未检查工、量具及设备,收工不整理,每件扣 2 分		
	2. 工、量具及设备使用不当,每次扣 2 分		
	3. 工、量具脱落,每次扣 2 分		
	4. 工具、设备损坏扣,每件扣 4 分		
作业安全(10分)	1. 未按规定着装扣 2 分		
	2. 工作场地不整洁扣 2 分		
	3. 工件、工具摆放不整齐扣 2 分		
	4. 违章或违反安全事项,每次扣 4 分		
	5. 发生事故失格		
考核时间	1. 超过规定时间每超 1 min,扣 2 分		
	2. 超过规定时间 3 min 以上每分钟(不包括 3 min)扣 5 分		
	3. 超过规定时间 10 min 以上(不包括 10 min),停止考试		
合计(100分)			

考评员签名: 认定人: 年 月 日

S14　SS4型机车主变压器室检修

1. 考场准备

要求考场内有一台与考试机型相一致的机车，且车下要有地沟，地沟上须设置渡板，便于对机车部件进行检查及检修，或考场内有一个与考试内容相一致的机车零部件，已及为检修该零部件所需的工作场地、检修试验台和检修工作台。考场环境整洁、明亮并设有隔离设施。

2. 材料工具准备

序　号	名　称	规　格	数　量	备　注
1	手电		1只	
2	钳工常用工具		1套	
3	电工常用工具		1套	

3. 考核要求

(1)被认定人入场后，向裁判报告姓名及所参加的工种及等级，由裁判告知题目，当被认定人告知裁判可以开始时，由裁判员开始计时。

(2)考核时间为 10 min，操作时必须按规定佩戴安全防护用品。

(3)被认定人作业期间，裁判员可以根据作业情况向被认定人提问，以确认被认定人对工艺的熟悉情况和确认故障点是否有依据。

(4)考核过程中，被认定人出现毁坏部件或受伤情况时，终止考试，成绩为零。

(5)考试完毕后，由被认定人告知裁判员考试结束，由裁判员结束计时。

4. 考核评分

(1)考评人员 3 名以上。

(2)评分程序及规则：考评员根据考生操作情况对照计分标准在评分表上给予记录评分。

(3)算分方法：采用百分制，满分 100 分，60 分及以上为及格。

职业技能认定
电力机车钳工(技师)实作技能考核评分记录表

单位:__________ 姓名:__________ 准考证号:__________ 工种:__________ 级别:__________

试题名称:SS_4 型机车主变压器室检修

考核时间:20 min

操作开始时间: 时 分 操作结束时间: 时 分

项　目	考核内容及评分标准	扣分因素及扣分	得　分
操作程序(25 分)	1. 工序错乱扣 10 分		
	2. 工作中返工扣 15 分		
	3. 作业后未按要求恢复或清理作业场地扣 5 分		
作业质量(45 分)	1. 检修过程中,分解、组装顺序不对,每次扣 2 分		
	2. 检修过程中,对零部件清洗质量不合格,每件扣 2 分		
	3. 检修过程中,对零部件检查,漏检每项扣 1 分		
	4. 检修过程中,对零部件测量,漏测每项扣 2 分		
	5. 检修后检修质量不符合技术要求扣 45 分		
	6. 未填写检修记录或填写数据缺、漏、错项,每项扣 1 分		
工具使用(20 分)	1. 开工前未检查工、量具及设备,收工不整理,每件扣 2 分		
	2. 工、量具及设备使用不当,每次扣 2 分		
	3. 工、量具脱落,每次扣 2 分		
	4. 工具、设备损坏扣,每件扣 4 分		
作业安全(10 分)	1. 未按规定着装扣 2 分		
	2. 工作场地不整洁扣 2 分		
	3. 工件、工具摆放不整齐扣 2 分		
	4. 违章或违反安全事项,每次扣 4 分		
	5. 发生事故失格		
考核时间	1. 超过规定时间每超 1 min,扣 2 分		
	2. 超过规定时间 3 min 以上每分钟(不包括 3 min)扣 5 分		
	3. 超过规定时间 10 min 以上(不包括 10 min),停止考试		
合计(100 分)			

考评员签名: 认定人: 年 月 日

S15　SS4型机车电子电源柜检修

1. 考场准备

要求考场内有一台与考试机型相一致的机车，且车下要有地沟，地沟上须设置渡板，便于对机车部件进行检查及检修，或考场内有一个与考试内容相一致的机车零部件，以及为检修该零部件所需的工作场地、检修试验台和检修工作台。考场环境整洁、明亮并设有隔离设施。

2. 材料工具准备

序　号	名　称	规　格	数　量	备　注
1	手电		1只	
2	钳工常用工具		1套	
3	电工常用工具		1套	

3. 考核要求

(1)被认定人入场后，向裁判报告姓名及所参加的工种及等级，由裁判告知题目，当被认定人告知裁判可以开始时，由裁判员开始计时。

(2)考核时间为 10 min，操作时必须按规定佩戴安全防护用品。

(3)被认定人作业期间，裁判员可以根据作业情况向被认定人提问，以确认被认定人对工艺的熟悉情况和确认故障点是否有依据。

(4)考核过程中，被认定人出现毁坏部件或受伤情况时，终止考试，成绩为零。

(5)考试完毕后，由被认定人告知裁判员考试结束，由裁判员结束计时。

4. 考核评分

(1)考评人员 3 名以上。

(2)评分程序及规则：考评员根据考生操作情况对照计分标准在评分表上给予记录评分。

(3)算分方法：采用百分制，满分 100 分，60 分及以上为及格。

职业技能认定
电力机车钳工(技师)实作技能考核评分记录表

单位:__________ 姓名:__________ 准考证号:__________ 工种:__________ 级别:__________

试题名称:SS_4 型机车电子电源柜检修

考核时间:20 min

操作开始时间: 时 分 操作结束时间: 时 分

项　目	考核内容及评分标准	扣分因素及扣分	得　分
操作程序(25 分)	1. 工序错乱扣 10 分		
	2. 工作中返工扣 15 分		
	3. 作业后未按要求恢复或清理作业场地扣 5 分		
作业质量(45 分)	1. 检修过程中,分解、组装顺序不对,每次扣 2 分		
	2. 检修过程中,对零部件清洗质量不合格,每件扣 2 分		
	3. 检修过程中,对零部件检查,漏检每项扣 1 分		
	4. 检修过程中,对零部件测量,漏测每项扣 2 分		
	5. 检修后检修质量不符合技术要求扣 45 分		
	6. 未填写检修记录或填写数据缺、漏、错项,每项扣 1 分		
工具使用(20 分)	1. 开工前未检查工、量具及设备,收工不整理,每件扣 2 分		
	2. 工、量具及设备使用不当,每次扣 2 分		
	3. 工、量具脱落,每次扣 2 分		
	4. 工具、设备损坏扣,每件扣 4 分		
作业安全(10 分)	1. 未按规定着装扣 2 分		
	2. 工作场地不整洁扣 2 分		
	3. 工件、工具摆放不整齐扣 2 分		
	4. 违章或违反安全事项,每次扣 4 分		
	5. 发生事故失格		
考核时间	1. 超过规定时间每超 1 min,扣 2 分		
	2. 超过规定时间 3 min 以上每分钟(不包括 3 min)扣 5 分		
	3. 超过规定时间 10 min 以上(不包括 10 min),停止考试		
合计(100 分)			

考评员签名: 认定人: 年 月 日

S16　HXD2 型机车受电弓 C4 修的升降弓特性试验

1. 考场准备

要求考场内有一台与考试机型相一致的机车，且车下要有地沟，地沟上须设置渡板，便于对机车部件进行检查及检修，或考场内有一个与考试内容相一致的机车零部件，以及为检修该零部件所需的工作场地、检修试验台和检修工作台。考场环境整洁、明亮并设有隔离设施。

2. 材料工具准备

序　号	名　称	规　格	数　量	备　注
1	手电		1 只	
2	油枪		1 把	
3	秒表		1 块	
4	卷尺		1 个	

3. 考核要求

(1)被认定人入场后，向裁判报告姓名及所参加的工种及等级，由裁判告知题目，当被认定人告知裁判可以开始时，由裁判员开始计时。

(2)考核时间为 20 min，操作时必须按规定佩戴安全防护用品。

(3)被认定人作业期间，裁判员可以根据作业情况向被认定人提问，以确认被认定人对工艺的熟悉情况和确认故障点是否有依据。

(4)考核过程中，被认定人出现毁坏部件或受伤情况时，终止考试，成绩为零。

(5)考试完毕后，由被认定人告知裁判员考试结束，由裁判员结束计时。

4. 考核评分

(1)考评人员 3 名以上。

(2)评分程序及规则：考评员根据考生操作情况对照计分标准在评分表上给予记录评分。

(3)算分方法：采用百分制，满分 100 分，60 分及以上为及格。

职业技能认定
电力机车钳工(技师)实作技能考核评分记录表

单位:__________ 姓名:__________ 准考证号:__________ 工种:__________ 级别:__________

试题名称:HXD_2 型机车受电弓 C4 修的升降弓特性试验

考核时间:20 min

操作开始时间: 时 分 操作结束时间: 时 分

项目	考核内容及评分标准	扣分因素及扣分	得分
操作程序(25分)	1. 工序错乱扣 10 分		
	2. 工作中返工扣 15 分		
	3. 作业后未按要求恢复或清理作业场地扣 5 分		
作业质量(45分)	1. 检修过程中,分解、组装顺序不对,每次扣 2 分		
	2. 检修过程中,对零部件清洗质量不合格,每件扣 2 分		
	3. 检修过程中,对零部件检查,漏检每项扣 1 分		
	4. 检修过程中,对零部件测量,漏测每项扣 2 分		
	5. 检修后检修质量不符合技术要求扣 45 分		
	6. 未填写检修记录或填写数据缺、漏、错项,每项扣 1 分		
工具使用(20分)	1. 开工前未检查工、量具及设备,收工不整理,每件扣 2 分		
	2. 工、量具及设备使用不当,每次扣 2 分		
	3. 工、量具脱落,每次扣 2 分		
	4. 工具、设备损坏扣,每件扣 4 分		
作业安全(10分)	1. 未按规定着装扣 2 分		
	2. 工作场地不整洁扣 2 分		
	3. 工件、工具摆放不整齐扣 2 分		
	4. 违章或违反安全事项,每次扣 4 分		
	5. 发生事故失格		
考核时间	1. 超过规定时间每超 1 min,扣 2 分		
	2. 超过规定时间 3 min 以上每分钟(不包括 3 min)扣 5 分		
	3. 超过规定时间 10 min 以上(不包括 10 min),停止考试		
合计(100分)			

考评员签名: 认定人: 年 月 日

S17　SS4 型机车受电弓升降弓特性试验

1. 考场准备

要求考场内有一台与考试机型相一致的机车，且车下要有地沟，地沟上须设置渡板，便于对机车部件进行检查及检修，或考场内有一个与考试内容相一致的机车零部件，以及为检修该零部件所需的工作场地、检修试验台和检修工作台。考场环境整洁、明亮并设有隔离设施。

2. 材料工具准备

序　号	名　称	规　格	数　量	备　注
1	手电		1 只	
2	常用工具		1 套	
3	工卡量具		1 套	

3. 考核要求

(1)被认定人入场后，向裁判报告姓名及所参加的工种及等级，由裁判告知题目，当被认定人告知裁判可以开始时，由裁判员开始计时。

(2)考核时间为 20 min，操作时必须按规定佩戴安全防护用品。

(3)被认定人作业期间，裁判员可以根据作业情况向被认定人提问，以确认被认定人对工艺的熟悉情况和确认故障点是否有依据。

(4)考核过程中，被认定人出现毁坏部件或受伤情况时，终止考试，成绩为零。

(5)考试完毕后，由被认定人告知裁判员考试结束，由裁判员结束计时。

4. 考核评分

(1)考评人员 3 名以上。

(2)评分程序及规则：考评员根据考生操作情况对照计分标准在评分表上给予记录评分。

(3)算分方法：采用百分制，满分 100 分，60 分及以上为及格。

职业技能认定
电力机车钳工(技师)实作技能考核评分记录表

单位:__________ 姓名:__________ 准考证号:__________ 工种:__________ 级别:__________

试题名称:SS_4 型机车受电弓升降弓特性试验

考核时间:20 min

操作开始时间:　时　分　　　　操作结束时间:　时　分

项　目	考核内容及评分标准	扣分因素及扣分	得　分
操作程序(25 分)	1. 工序错乱扣 10 分		
	2. 工作中返工扣 15 分		
	3. 作业后未按要求恢复或清理作业场地扣 5 分		
作业质量(45 分)	1. 检修过程中,分解、组装顺序不对,每次扣 2 分		
	2. 检修过程中,对零部件清洗质量不合格,每件扣 2 分		
	3. 检修过程中,对零部件检查,漏检每项扣 1 分		
	4. 检修过程中,对零部件测量,漏测每项扣 2 分		
	5. 检修后检修质量不符合技术要求扣 45 分		
	6. 未填写检修记录或填写数据缺、漏、错项,每项扣 1 分		
工具使用(20 分)	1. 开工前未检查工、量具及设备,收工不整理,每件扣 2 分		
	2. 工、量具及设备使用不当,每次扣 2 分		
	3. 工、量具脱落,每次扣 2 分		
	4. 工具、设备损坏扣,每件扣 4 分		
作业安全(10 分)	1. 未按规定着装扣 2 分		
	2. 工作场地不整洁扣 2 分		
	3. 工件、工具摆放不整齐扣 2 分		
	4. 违章或违反安全事项,每次扣 4 分		
	5. 发生事故失格		
考核时间	1. 超过规定时间每超 1 min,扣 2 分		
	2. 超过规定时间 3 min 以上每分钟(不包括 3 min)扣 5 分		
	3. 超过规定时间 10 min 以上(不包括 10 min),停止考试		
合计(100 分)			

考评员签名:　　　　　　认定人:　　　　　　年　月　日

S18　HXD2型机车真空断路器C4修的接触电阻测试

1. 考场准备

要求考场内有一台与考试机型相一致的机车，且车下要有地沟，地沟上须设置渡板，便于对机车部件进行检查及检修，或考场内有一个与考试内容相一致的机车零部件，以及为检修该零部件所需的工作场地、检修试验台和检修工作台。考场环境整洁、明亮并设有隔离设施。

2. 材料工具准备

序　号	名　称	规　格	数　量	备　注
1	微电阻测试仪			
2	断路器试验台			
3	钳工常用工具		1套	

3. 考核要求

(1)被认定人入场后，向裁判报告姓名及所参加的工种及等级，由裁判告知题目，当被认定人告知裁判可以开始时，由裁判员开始计时。

(2)考核时间为20 min，操作时必须按规定佩戴安全防护用品。

(3)被认定人作业期间，裁判员可以根据作业情况向被认定人提问，以确认被认定人对工艺的熟悉情况和确认故障点是否有依据。

(4)考核过程中，被认定人出现毁坏部件或受伤情况时，终止考试，成绩为零。

(5)考试完毕后，由被认定人告知裁判员考试结束，由裁判员结束计时。

4. 考核评分

(1)考评人员3名以上。

(2)评分程序及规则：考评员根据考生操作情况对照计分标准在评分表上给予记录评分。

(3)算分方法：采用百分制，满分100分，60分及以上为及格。

职业技能认定
电力机车钳工(技师)实作技能考核评分记录表

单位:＿＿＿＿＿　姓名:＿＿＿＿＿　准考证号:＿＿＿＿＿　工种:＿＿＿＿＿　级别:＿＿＿＿＿

试题名称:HXD_2 型机车真空断路器 C4 修的接触电阻测试

考核时间:20 min

操作开始时间:　　时　　分　　　　　　操作结束时间:　　时　　分

项　目	考核内容及评分标准	扣分因素及扣分	得　分
操作程序(25 分)	1. 工序错乱扣 10 分		
	2. 工作中返工扣 15 分		
	3. 作业后未按要求恢复或清理作业场地扣 5 分		
作业质量(45 分)	1. 检修过程中,分解、组装顺序不对,每次扣 2 分		
	2. 检修过程中,对零部件清洗质量不合格,每件扣 2 分		
	3. 检修过程中,对零部件检查,漏检每项扣 1 分		
	4. 检修过程中,对零部件测量,漏测每项扣 2 分		
	5. 检修后检修质量不符合技术要求扣 45 分		
	6. 未填写检修记录或填写数据缺、漏、错项,每项扣 1 分		
工具使用(20 分)	1. 开工前未检查工、量具及设备,收工不整理,每件扣 2 分		
	2. 工、量具及设备使用不当,每次扣 2 分		
	3. 工、量具脱落,每次扣 2 分		
	4. 工具、设备损坏扣,每件扣 4 分		
作业安全(10 分)	1. 未按规定着装扣 2 分		
	2. 工作场地不整洁扣 2 分		
	3. 工件、工具摆放不整齐扣 2 分		
	4. 违章或违反安全事项,每次扣 4 分		
	5. 发生事故失格		
考核时间	1. 超过规定时间每超 1 min,扣 2 分		
	2. 超过规定时间 3 min 以上每分钟(不包括 3 min)扣 5 分		
	3. 超过规定时间 10 min 以上(不包括 10 min),停止考试		
合计(100 分)			

考评员签名:　　　　　　　　认定人:　　　　　　　　年　　月　　日

S19　HXD2 型机车真空断路器 C4 修的合分闸时间测试

1. 考场准备

要求考场内有一台与考试机型相一致的机车，且车下要有地沟，地沟上须设置渡板，便于对机车部件进行检查及检修，或考场内有一个与考试内容相一致的机车零部件，以及为检修该零部件所需的工作场地、检修试验台和检修工作台。考场环境整洁、明亮并设有隔离设施。

2. 材料工具准备

序　号	名　称	规　格	数　量	备　注
1	主断路器试验台			
2	钳工常用工具		1套	
3	电工常用工具		1套	

3. 考核要求

(1)被认定人入场后，向裁判报告姓名及所参加的工种及等级，由裁判告知题目，当被认定人告知裁判可以开始时，由裁判员开始计时。

(2)考核时间为 20 min，操作时必须按规定佩戴安全防护用品。

(3)被认定人作业期间，裁判员可以根据作业情况向被认定人提问，以确认被认定人对工艺的熟悉情况和确认故障点是否有依据。

(4)考核过程中，被认定人出现毁坏部件或受伤情况时，终止考试，成绩为零。

(5)考试完毕后，由被认定人告知裁判员考试结束，由裁判员结束计时。

4. 考核评分

(1)考评人员 3 名以上。

(2)评分程序及规则：考评员根据考生操作情况对照计分标准在评分表上给予记录评分。

(3)算分方法：采用百分制，满分 100 分，60 分及以上为及格。

职业技能认定
电力机车钳工(技师)实作技能考核评分记录表

单位:＿＿＿＿＿ 姓名:＿＿＿＿＿ 准考证号:＿＿＿＿＿ 工种:＿＿＿＿＿ 级别:＿＿＿＿＿

试题名称:HXD_2 型机车真空断路器 C4 修的合分闸时间测试

考核时间:20 min

操作开始时间:　　时　　分　　　　　　　　操作结束时间:　　时　　分

项　目	考核内容及评分标准	扣分因素及扣分	得　分
操作程序(25 分)	1. 工序错乱扣 10 分		
	2. 工作中返工扣 15 分		
	3. 作业后未按要求恢复或清理作业场地扣 5 分		
作业质量(45 分)	1. 检修过程中,分解、组装顺序不对,每次扣 2 分		
	2. 检修过程中,对零部件清洗质量不合格,每件扣 2 分		
	3. 检修过程中,对零部件检查,漏检每项扣 1 分		
	4. 检修过程中,对零部件测量,漏测每项扣 2 分		
	5. 检修后检修质量不符合技术要求扣 45 分		
	6. 未填写检修记录或填写数据缺、漏、错项,每项扣 1 分		
工具使用(20 分)	1. 开工前未检查工、量具及设备,收工不整理,每件扣 2 分		
	2. 工、量具及设备使用不当,每次扣 2 分		
	3. 工、量具脱落,每次扣 2 分		
	4. 工具、设备损坏扣,每件扣 4 分		
作业安全(10 分)	1. 未按规定着装扣 2 分		
	2. 工作场地不整洁扣 2 分		
	3. 工件、工具摆放不整齐扣 2 分		
	4. 违章或违反安全事项,每次扣 4 分		
	5. 发生事故失格		
考核时间	1. 超过规定时间每超 1 min,扣 2 分		
	2. 超过规定时间 3 min 以上每分钟(不包括 3 min)扣 5 分		
	3. 超过规定时间 10 min 以上(不包括 10 min),停止考试		
合计(100 分)			

考评员签名:　　　　　　　　认定人:　　　　　　　　年　　月　　日

S20　HXD3C 型机车主断路器 C4 修试验

1. 考场准备

要求考场内有一台与考试机型相一致的机车，且车下要有地沟，地沟上须设置渡板，便于对机车部件进行检查及检修，或考场内有一个与考试内容相一致的机车零部件，以及为检修该零部件所需的工作场地、检修试验台和检修工作台。考场环境整洁、明亮并设有隔离设施。

2. 材料工具准备

序　号	名　称	规　格	数　量	备　注
1	主断路器试验台		1	
2	兆欧表	1 000 V	1	
3	兆欧表	2 500 V	1	
4	钳工常用工具		1 套	
5	电工常用工具		1 套	

3. 考核要求

(1)被认定人入场后，向裁判报告姓名及所参加的工种及等级，由裁判告知题目，当被认定人告知裁判可以开始时，由裁判员开始计时。

(2)考核时间为 20 min，操作时必须按规定佩戴安全防护用品。

(3)被认定人作业期间，裁判员可以根据作业情况向被认定人提问，以确认被认定人对工艺的熟悉情况和确认故障点是否有依据。

(4)考核过程中，被认定人出现毁坏部件或受伤情况时，终止考试，成绩为零。

(5)考试完毕后，由被认定人告知裁判员考试结束，由裁判员结束计时。

4. 考核评分

(1)考评人员 3 名以上。

(2)评分程序及规则：考评员根据考生操作情况对照计分标准在评分表上给予记录评分。

(3)算分方法：采用百分制，满分 100 分，60 分及以上为及格。

职业技能认定
电力机车钳工(技师)实作技能考核评分记录表

单位:________ 姓名:________ 准考证号:________ 工种:________ 级别:________

试题名称:HXD3C 型机车主断路器 C4 修试验

考核时间:20 min

操作开始时间: 时 分 操作结束时间: 时 分

项 目	考核内容及评分标准	扣分因素及扣分	得 分
操作程序(25 分)	1. 工序错乱扣 10 分		
	2. 工作中返工扣 15 分		
	3. 作业后未按要求恢复或清理作业场地扣 5 分		
作业质量(45 分)	1. 检修过程中,分解、组装顺序不对,每次扣 2 分		
	2. 检修过程中,对零部件清洗质量不合格,每件扣 2 分		
	3. 检修过程中,对零部件检查,漏检每项扣 1 分		
	4. 检修过程中,对零部件测量,漏测每项扣 2 分		
	5. 检修后检修质量不符合技术要求扣 45 分		
	6. 未填写检修记录或填写数据缺、漏、错项,每项扣 1 分		
工具使用(20 分)	1. 开工前未检查工、量具及设备,收工不整理,每件扣 2 分		
	2. 工、量具及设备使用不当,每次扣 2 分		
	3. 工、量具脱落,每次扣 2 分		
	4. 工具、设备损坏扣,每件扣 4 分		
作业安全(10 分)	1. 未按规定着装扣 2 分		
	2. 工作场地不整洁扣 2 分		
	3. 工件、工具摆放不整齐扣 2 分		
	4. 违章或违反安全事项,每次扣 4 分		
	5. 发生事故失格		
考核时间	1. 超过规定时间每超 1 min,扣 2 分		
	2. 超过规定时间 3 min 以上每分钟(不包括 3 min)扣 5 分		
	3. 超过规定时间 10 min 以上(不包括 10 min),停止考试		
合计(100 分)			

考评员签名: 认定人: 年 月 日

S21　HXD3C 型机车辅助电动机试验

1. 考场准备

要求考场内有一台与考试机型相一致的机车，且车下要有地沟，地沟上须设置渡板，便于对机车部件进行检查及检修，或考场内有一个与考试内容相一致的机车零部件，以及为检修该零部件所需的工作场地、检修试验台和检修工作台。考场环境整洁、明亮并设有隔离设施。

2. 材料工具准备

序　号	名　称	规　格	数　量	备　注
1	空转试验台			
2	手锤		1把	
3	钳工常用工具		1套	
4	电工常用工具		1套	

3. 考核要求

(1)被认定人入场后，向裁判报告姓名及所参加的工种及等级，由裁判告知题目，当被认定人告知裁判可以开始时，由裁判员开始计时。

(2)考核时间为 20 min，操作时必须按规定佩戴安全防护用品。

(3)被认定人作业期间，裁判员可以根据作业情况向被认定人提问，以确认被认定人对工艺的熟悉情况和确认故障点是否有依据。

(4)考核过程中，被认定人出现毁坏部件或受伤情况时，终止考试，成绩为零。

(5)考试完毕后，由被认定人告知裁判员考试结束，由裁判员结束计时。

4. 考核评分

(1)考评人员 3 名以上。

(2)评分程序及规则：考评员根据考生操作情况对照计分标准在评分表上给予记录评分。

(3)算分方法：采用百分制，满分 100 分，60 分及以上为及格。

职业技能认定
电力机车钳工(技师)实作技能考核评分记录表

单位:________ 姓名:________ 准考证号:________ 工种:________ 级别:________

试题名称:HXD3C 型机车辅助电动机试验

考核时间:20 min

操作开始时间: 时 分 操作结束时间: 时 分

项 目	考核内容及评分标准	扣分因素及扣分	得 分
操作程序(25 分)	1. 工序错乱扣 10 分		
	2. 工作中返工扣 15 分		
	3. 作业后未按要求恢复或清理作业场地扣 5 分		
作业质量(45 分)	1. 检修过程中,分解、组装顺序不对,每次扣 2 分		
	2. 检修过程中,对零部件清洗质量不合格,每件扣 2 分		
	3. 检修过程中,对零部件检查,漏检每项扣 1 分		
	4. 检修过程中,对零部件测量,漏测每项扣 2 分		
	5. 检修后检修质量不符合技术要求扣 45 分		
	6. 未填写检修记录或填写数据缺、漏、错项,每项扣 1 分		
工具使用(20 分)	1. 开工前未检查工、量具及设备,收工不整理,每件扣 2 分		
	2. 工、量具及设备使用不当,每次扣 2 分		
	3. 工、量具脱落,每次扣 2 分		
	4. 工具、设备损坏扣,每件扣 4 分		
作业安全(10 分)	1. 未按规定着装扣 2 分		
	2. 工作场地不整洁扣 2 分		
	3. 工件、工具摆放不整齐扣 2 分		
	4. 违章或违反安全事项,每次扣 4 分		
	5. 发生事故失格		
考核时间	1. 超过规定时间每超 1 min,扣 2 分		
	2. 超过规定时间 3 min 以上每分钟(不包括 3 min)扣 5 分		
	3. 超过规定时间 10 min 以上(不包括 10 min),停止考试		
合计(100 分)			

考评员签名: 认定人: 年 月 日

第五部分　高级技师

1. 如何调整 YWK-50-C 型压力调节器？

答：控制总风缸的压力保持在 700～900 kPa 之间。(1)选取 0～1 000 kPa 的规格范围。(2)控制器的开关接线端子接入压缩机电机电源控制回路，被控制气体导入控制器波纹管室。(3)旋转调节杆，使指针指示 700 kPa，顺时针方向旋转，降低压力；逆时针旋转，增加压力。(4)接通电源使空气压缩机工作，空气压力上升，反复调整差动扳钮，使压力上升到 900 kPa 时，控制器开关断开。

2. 如何调整 QTY 型调压阀的输出压力？

答：调压阀的输出压力值可通过调节手轮来调整。(1)首先将防缓螺母松开，顺时针方向旋转手轮，通过丝杠压缩一、二级弹簧，迫使膜板下凹，通过顶杆压缩进气阀弹簧开放进气口。总风压力由进气口流向另一端输出口，使输出压力增高。(2)反之，逆时针方向旋转手轮，则使输出压降低，调整到规定压力后拧紧防缓螺母。

3. 如何调整 SS_{4G} 型机车分配阀安全阀？

答：该安全阀是为了防止紧急制动作用后制动缸压力过高，造成抱死轮而设的，其整定值为 450 kPa，无动力回送时 200 kPa。(1)需要调整其整定值时，首先卸下防缓螺帽，顺时针拧动调整螺栓，使调整弹簧压力增大，其整定值增高。(2)逆时针拧动调整螺栓，则使其整定值降低，调整到规定压力值后，拧紧防缓螺帽。

4. SS_{4G} 型机车如何用通风机 1 代替故障劈相机？

答：(1)代替条件：①劈相机烧损；②201KM 故障；③启动电阻烧损。(2)201KM 接触器熔结，撬开装好灭弧罩或拆线包好绝缘。(3)“劈相机故障”开关置 2(1FD)位，296QS 置故障位，用牵引风机 1 代替劈相机(要注意网压接近 25 kV 时，方可用 1FD 代替 PX)。(4)大同机车厂生产的机车，遇启动电阻烧损不用通风机代替，把 298QS 至另一位，重新启动。

5. 如何使用 SS_{4G} 型机车辅助压缩机进行打风？

答：(1)打风前先关闭两节车膜片塞门 97 及辅助风缸排水塞门 169。(2)闭合操纵节制动柜上的按钮开关 596SB，两节车辅助压缩机将同时打风，当辅助风缸压力达到 700 kPa 以上时，边打风边升弓合闸，并起动劈相机及压缩机。(3)待总风缸压力达到 600 kPa 以上时，应及时断开 596SB，并开放 97 塞门，打开 169 塞门排除积水。辅助压缩机打风时，应注意观察非操纵节辅助风缸压力显示，防止因非操纵节打风快造成风压偏高而损坏辅助压缩机。

6. 如何调整 SS_{4G} 型机车撒砂量？

答：机车撒砂量的调整是靠改变调整螺栓的位置，即改变进风量大小来实现的。(1)调整时，可用扳手先将调整螺栓的防缓螺母拧松，再扳动调整螺栓，拧到进风量适当的位置后，将防缓螺母拧紧。(2)调整螺丝的调整量是 10 mm，撒砂量以 2～3 kg/min 为宜。

7. 如何对 HXD_2 型机车接地开关的进行操作？

答：(1)最初位置，接地开关处于正常位置。(2)按顺时针方向转动操作钥匙，隔离受电弓进风管路，受电弓风管路排风。并将操作手柄解锁(退回锁紧凸轮)。(3)转动操作手柄，它将接地臂从正常位置摇至接地位置，锁定钥匙在该位置上是未锁状态。(4)锁定钥匙转动 90°，锁定操作手柄，退出锁定钥匙，该钥匙一旦拔出，接地开关即被锁死。

8. SS_{4G} 型机车高压试验时如何进行劈相机试验？

答：合"劈相机"按键(404SK)，听劈相机起动声音正常；看主台"劈相机"灯亮又灭。发现劈相机启动异常，立即断电。

9. SS_{4G} 型机车高压试验时如何进行压缩机试验？

答：合"压缩机"按键，听 247YV 电空阀排风声和压缩机启动声，3 s 后听 247YV 停止泵风声；看辅压表波动一次。总风缸压力达到 900 kPa 时，压缩机自动停止泵风。按"强泵"按键，总风压力达到 950 kPa 时，高压安全阀喷气后，断开按键。

10. SS_{4G} 型机车高压试验时如何进行失压保护试验？

答：降下受电弓，听 1.5 s 后 286KE 释放，主断跳闸；看"零压""主断"灯亮。试验后，恢复试验前状态。

11. SS_{4G} 型机车高压试验时如何进行紧急制动试验？

答：按"紧急制动"按钮，(1)听紧急放风阀排风，主断跳闸；看列车管压力急剧下降到 0，"主断"'灯亮。(2)大闸放重联位，15 s 后解锁缓解，再闭合主断。

12. 如何切除 SS_{4G} 型机车一台故障牵引风机？

答：(1)检查确认该牵引风机接触器的是否焊接，如有焊接，将对应的自动开关扳下，或进行拆线处理，并将对应的牵引风机故障开关置故障位。(2)如果电制时发生牵引风机故障，断开主断，降弓，将牵引风机对应的两台牵引电机故障闸刀置故障位。

13. 如何切除 SS_{4G} 型机车故障的变压器油泵和风机？

答：(1)检查对应的接触器，有无焊接，断开其自动开关或拆线包扎绝缘处理。(2)若油泵故障则将油泵故障开关置故障位。(3)如果变压器风机故障则将变压器风机故障开关置故障位。

14. SS_{4G} 型机车机车窜车时如何处理?

答:A/B组一架窜车:(1)紧45号、46号插头;(2)若无效切除两故障电机。

A/B组一节窜车:(1)检查532KT衔铁是否下垂。(2)无效时切除一个单节。

A/B组两节窜车:(1)主司控故障或司控插头松,紧司控插头无效,用副台维持。(2)操纵节556KA卡劲,人为闭合。

15. SS_{4G} 型机车两位置转换开关不转换如何处理?

答:(1)确认调速手轮回到零位,“零位”灯亮。(2)确认141、142塞门开放,51调压阀压力达到500 kPa。(3)先将换向手柄置所需位置。(4)人工扳动两位置转换开关。

16. C3修时如何检查 HXD_2 型机车受电弓底架?

答:检查调整螺母紧固无松动;橡胶止挡应完好,安装牢固,滑板下落时,应与两止档同时接触,两止挡水平差不得超过5 mm。

17. 如何对DSA200型受电弓进行试验台上试验?

答:(1)将气囊与容积为1 L的储气缸相连,并充以500 kPa的额定气压后关闭气源,10 min后气缸中的气压下降不超过5%。(2)将气囊充以750 kPa的额定气压,要求气囊外观检查良好、无裂纹,外径膨胀符合规定。(3)在最小工作气压375 kPa下,弓头须能顺利上升至最大高度而不许有卡滞现象。(4)操纵试验台,做受电弓升降弓试验,受电弓在工作高度300～1 900 mm范围内及额定气压下,受电弓的接触压力及接触压力差须符合规定。

18. C3修时如何检查 HXD_{3C} 型机车司机控制器?

答:检查司机控制器清洁。检查插座连接正确,零部件齐全完整,确认紧固状态良好。控制手柄在各挡位之间转动灵活,无机械卡阻,相邻两挡位之间不应出现停滞。换向手柄在各挡位之间转动灵活,无机械卡阻,相邻两挡位之间不应出现停滞。手柄在零位时能顺利卸下。

19. C3修时如何外观检查 HXD_2 型机车车顶盖?

答:检查车顶各顶盖的连接螺栓要确保紧固齐全,相应部位要紧贴密封。顶盖不得有严重锈蚀,否则应整修并涂防锈漆。头灯盖安装牢固,锁闭销锁闭可靠。

20. C3修时如何检查 HXD_2 型机车构架?

答:检查构架不得有变形、裂损现象,焊缝不得有开焊现象。锈蚀处整修补漆。构架横梁安装牢固,轴箱上部与构架之间垂直距离:23～27 mm。

21. C3修时如何检查 HXD_{3C} 型机车砂箱?

答:检查砂箱无破损,砂箱支座、扫石器支架安装螺栓紧固可靠。砂箱盖及卡子齐全完整,作用良好;砂管畅通,下砂量正常。砂管距轨面及踏面的距离应符合规定,砂管胶管口朝下。砂箱、砂管、加热装置及其配件齐全,安装牢固,接线完好。

22. 如何测量并调整DSA200型受电弓的静态接触力?

答:由两人进行工作,一人在司机室内而另一人在车顶。(1)一人登上车顶,关好车顶门。(2)车顶一人通知司机室内一人将受电弓升起(注意,任何人都不可在升弓和降弓的范围之内)。(3)弓升起后,车顶的工作者用手将升起的受电弓拉到1 600 mm处,将弹簧秤受电弓的顶管相连,即通过弹簧秤将升弓限幅限制在车顶上方1 600 mm处。手松开后,弹簧秤刻度应显示为65~75 N之间。如果接触力偏小,则将阀盘上的压力控制阀备冒松开后,调整螺杆向右旋转;接触力偏大,则反之。

23. 如何对SS4G型机车真空断路器进行日常检查?

答:真空断路器瓷瓶安装牢固,无裂纹、缺损、放电痕迹,防污闪涂料良好,瓷瓶端盖密封橡胶完好,无脱落、裂损;连接线、插座等部件及安装螺栓无松动、破损、安装牢固;空气管路无漏风现象;电器部件动作正常;按时清除油水分离器积水。

24. 如何对SS4G型机车高压电压互感器进行日常检查?

答:(1)箱体与车顶及其他紧固件安装牢固。接线无松脱,接地良好。(2)瓷瓶光洁,无缺损、烧痕。(3)油位表清洁、完好,油位显示正常。干燥剂变色不超过1/2,否则更换。(4)蝶阀位置正确,放油阀门、油样阀及箱体无漏油或渗油。

25. 如何对SS4G型机车动轮进行日常检查?

答:(1)轮箍、轮辐无裂纹、松缓及外窜,弛缓线清晰不错位,油漆无变色,轮箍厚度不小于40 mm。(2)轮箍踏面无擦伤和剥离,擦伤深度不大于0.7 mm,缺陷或剥离长度不大于40 mm,深度不超过1 mm,轮箍踏面磨耗深度不超过7 mm。(3)轮缘无碾堆,垂直磨耗高度不超过18 mm,厚度23~33 mm。(4)轮缘喷油器箱体无漏油,加油盖密封良好,油量充足,各风管、油管无松漏;喷嘴完好,位置正确。

26. 如何对SS4G型机车牵引装置进行日常检查?

答:(1)车钩缓冲装置各部无裂损,牵引销套无窜动,止退销螺母无松动,开口销完好;从板与座无贯通间隙;托板螺栓齐全、紧固。(2)牵引梁与车体连接处及各补强板无裂纹、开焊、变形。(3)牵引座无裂纹、开焊,与牵引梁连接螺栓紧固;橡胶垫无老化,压盖良好,压盖螺栓及防缓螺母紧固。(4)牵引叉头完好,无开焊,与牵引杆连接状态良好,油堵完好。(5)三角撑杆及座各处无裂纹、开焊,连接螺栓紧固,开口销完好。

27. 如何对SS4G型机车总风缸进行日常检查?

答:(1)安装牢固,定位良好,腰带无裂损,螺栓紧固齐全,衬垫完好。(2)各塞门位置正确,作用良好，无漏风。(3)总风缸排水阀无脱丝、滑口和漏风，排水试验作用良好，每个乘务交路排水一次。

28. 如何对 SS4G 型机车 A、B 节连接处进行日常检查？

答：(1)各风管连接状态良好，风管无破损和老化，检验不过期。(2)风管座安装牢固，塞门卡簧作用良好，各塞门均处于开放位。(3)车钩固定在锁闭位。钩提杆卡铁无松动，正常时应提不开钩；车钩及缓冲器各部无裂损，油润良好。

29. 如何对 SS4G 型机车撒砂装置进行日常检查？

答：(1)安装牢固，各部无变形、裂纹和开焊，各螺栓无松动。砂管吊铁"U"形卡子无裂纹、松缓。(2)撒砂风管、砂管、清扫堵及调整螺栓齐全牢固。(3)砂管口畅通，无偏斜和变形，距轨面高 30～55 mm。(4)砂箱盖密封良好，砂质良好，无异物，存砂量不少于 2/3。

30. 如何对 SS4G 型机车侧向摩擦限制器进行日常检查？

答：(1)铰链球安装牢固，无裂损，橡胶件不得周向裂通。(2)定位板安装牢固，摩擦杆无弯曲、变形、开焊和油污。(3)摩擦片无松动、破损，厚度不小于 3 mm。(4)三角棒及导框无裂纹，弹簧外罩安装牢固，弹簧完好。

31. SS4G 型机车电子柜预备灯不灭如何处理？

答：(1)确认 609QA 接触良好，电子柜 A、B 组转换开关均在 A 或 B 组，N105、N106 插座无松动。(2)若控制电压低于 77 V 或高于 130 V，则将故障节机车 666QS 拉开，闭合 668QS。(3)若 A 组不行，则转 B 组。(4)若非操纵节电子柜预备灯不灭，无法处理时，则切除非操纵节。

32. SS4G 型机车牵引制动无流，预备灯灭如何处理？

答：(1)检查非操纵端电钥匙是否处在断开位。(2)将 LCU 转另一组。(3)在未超速的情况下短接Ⅰ号端子柜 1558 线和 531 线。(4)将电子柜转换至另一组。(5)检查 532KT 是否良好，可人为闭合 532KT。(6)断电拔电子柜的 N106 插头看是否有缩针、歪针现象，处理插针，重紧插头。(7)如故障现象为全车无流，互换 A、B 节的司控器。

33. SS4G 型机车某节车电流上窜如何处理？

答：(1)从脉冲形成查有无同步信号，检查电子柜插头是否到位。(2)零位时间继电器 532KT 吸合时间长或动作不良，造成系统工作不良；做低压试验，调速手柄离零，听线路接触器动作声音是否正常，检查 532KT 动作情况，如不良更换 532KT。(3)零位信号未及时送入电子柜；低压试验检查调速手柄 0 位，678KA 释放，离开 0 位，678KA 得电吸合逻辑是否正确，若不良可在零位状态下，短接 678KA 常闭触点(466 号～420 号)或手柄零位 10 s 后再进级。

34. SS4G 型机车空转灯亮、自动撒砂减载如何处理？

答：(1)若电流大，黏着条件差，可适当减载撒砂。(2)若防空转保护误动作，则转 B 组运行。(3)若转 B 组不行，则打开电子柜门将防空转保护故障开关置故障位，仍用 A 组，维持运行。

35. 如何切除 SS_{4G} 型机车非操纵节?

答:(1)确认非操纵节主断路器在断开位后,将 236QS、586QS 均置故障位。(2)将非操纵节 668QS 置重联位,电子柜选择开关置 0 位。(3)确认后节两位置开关位置正确,将其 575QS、576QS 均置故障位。

36. 如何切除 SS_{4G} 型机车操纵节?

答:(1)确认操纵节主断路器在断开位后,将 236QS、586QS 均置故障位。(2)将操纵节 668QS 置重联位。(3)确认前节车两位置开关位置正确,将 575QS、576QS 置故障位。(4)将操纵节 242QS 置实验位。(5)将操纵节 556KA 固定在吸合位。

37. C3 修时如何检查 HXD_{3C} 型机车高压电压互感器?

答:外观检查表面无损伤,对外部进行擦拭。检查紧固一次引线连接件是否有松动及表面氧化接触不良现象。如有表面氧化现象则必须清除氧化层,涂抹导电膏,达到接线端子无氧化层连接可靠。二次侧插头插接紧固。检查安装板是否有松动现象,如有松动用专用工具重新紧固,紧固力矩为 75 N·m。

38. C3 修时如何检查 HXD_{3C} 型机车控制电器柜?

答:外观检查自动开关状态完好,无过热烧损现象。检查万转开关转换作用良好,各部齐全完好。各库用转换开关安装良好,动作灵活可靠。端子排、连接器各部完好,无烧损、过热,接线紧固。电子式单相交流电能表外观良好,各项查询功能查询正常。

39. 如何调整高压安全阀?

答:风源系统的高压安全阀其整定值为(950±20) kPa。调整时首先松开防缓螺母,顺时针拧动弹簧盒,增大弹簧压力,使其整定值增高;逆时针拧动弹簧盒,使其整定值降低;达到规定的整定压力(950±20) kPa 后,用锁紧螺母锁紧,再用专用止挡定位,并加铅封标记,以使整定压力值准确可靠。

40. DK-1 型电空制动机如何由电空位转换至空气位?

答:(1)将操纵节电空转换健扳到空气位。(2)将操纵节电空制动控制器置运转位,空气制动阀置缓解位,调整调压阀 53 压力为 600 kPa 或 500 kPa。(3)断开操纵节"电空制动"自动开关 615QA,153 阀置空气位。(4)153 阀排风不止时关闭 157 塞门。(5)非操纵节无电空制动电源或中继阀故障时,应关闭非操纵节 115 塞门。

41. 怎样测定并调整 DSA200 型受电弓的升降弓时间?

答:(1)降弓时间的测定:静态接触力调整完毕后,车顶的工作者将弹簧秤取下。待受电弓升到最高处后,放好 2 000 mm 高的木制支架。呼唤司机降弓,待受电弓降到 2 000 mm 高时,车顶的工作者按下秒表开始计时，到达降弓位时，计时结束。降弓时间为 3.5～4.0 s；降弓时间偏大，则右旋阀盘右侧的节流阀，偏小，则反之。(2)升弓时间的测定：受电弓降下后，呼唤司机升弓。待受电弓上臂抬起时开始计时，受电弓升到 2 000 mm 高时，计时结束。升弓时间为 4.8～5.4 s；升弓时间偏小，则右旋阀盘左侧的节流阀，偏大，则反之。

42. 如何对 SS4G 型机车空气压缩机组进行日常检查？

答：(1)冷却器安装牢固，无裂损、漏油；冷却风扇叶片、护罩完好，安装牢固，传动皮带无破损、老化。(2)各部无漏油或渗油，注油堵和放油堵齐全；油位表完好，油位在上、下刻线之间；油压表完好，启动时压力在 250 kPa 以上。(3)联轴器无松动，螺杆、胶圈齐全。(4)高、低压安全阀、逆止阀安装牢固，无松漏，低压安全阀铅封完好，高压安全阀弹簧无折损。(5)247YV 接线无松断，阀杆作用灵活。(6)压缩机电机按规定要求进行检查。(7)空气干燥器滤清筒及干燥筒安装牢固，各管接头无泄漏；温控器开关在正常工作位，指示灯显示正常；排泄电空阀安装牢固，接线无松脱，阀杆作用灵活；塞门位置正确。

43. 如何对 SS4G 型机车前端部进行检查？

答：(1)头灯、副灯、标志灯、前窗玻璃、刮雨器及机车标志应完好清洁。(2)排障器、脚踏板无开焊及变形，安装螺栓紧固，排障器距轨面高 80～110 mm。(3)车钩提杆座安装牢固，提杆无弯曲、变形，作用灵活；车钩摆动灵活，“三态”作用良好，各部无裂损，油润良好；钩舌销无折损、弯曲，上下跳动灵活，径向间隙 1～4 mm；钩锁铁浮起量 10～15 mm，防跳台 90°；钩舌全开位 220～250 mm，闭锁 110～130 mm，车钩中心线距轨面高 815～890 mm。(4)钩颈及导框、吊杆无裂纹，摩擦板无裂纹及松缓，油润良好。(5)各风管折角塞门位置正确，无松漏；风管安装牢固，无老化、龟裂，卡子紧余量大于 2 mm，水压试验不超过 6 个月，制动软管与机车中心线夹角 45°，连接器无缺陷，胶圈完好。(6)重联插座完好。

44. SS4G 型机车低压试验时，如何进行保护试验？

答：(1)主接地：闭合主断，人为使主电路接地，主电路接地继电器 97KE 或 98KE 动作。听主断跳闸声；看主台“主断”“主接地”“零压”灯亮，副台“主接地 1”或“主接地 2”灯亮。(2)辅接地：闭合主断，人为使辅助回路接地，285KA 辅助回路接继电器动作。听主断跳闸声；看主台“主断”“零压”“辅助回路”灯亮；副台“辅接地”灯亮。(3)控制电路接地：闭合主断，人为使控制电路接地，控制电路接地继电器 554KA 动作。听 616QA 接地自动开关跳开；看主台“控制电路接地”灯亮。(4)牵引过载：闭合主断，人为闭合 557KA 牵引电机过流继电器。听主断跳闸声；看主台“牵引电机”、“主断”、“零压”灯亮。(5)原边过流：闭合主断，人为闭合 101KC 原边过流继电器。听主断跳闸声；看主台“原边过流”“主断”“零压”灯亮。(6)辅过载：闭合主断，人为闭合 564KA 辅过流中间继电器。听主断跳闸声；看主台“辅助回路”“主断”“零压”灯亮；副台“辅过流”灯亮。(7)制动励磁过流：换向手柄制位，调速手轮离开 0 位，人为闭合 559KA 励磁过流中间继电器。听 91KM 释放声；看主台“励磁过流”灯亮。试验完后，将 236QS 恢复正常位。

45. 如何对 SS4G 型机车基础制动装置进行日常检查?

答:(1)安装牢固,各部无裂纹、开焊,螺栓齐全、紧固。(2)箱体、制动缸无破损、变形及漏泄,通气孔畅通。(3)脱钩装置、调整手轮作用良好。(4)检查孔盖密封良好;传动杠杆安装牢固,油堵完好,油润良好。(5)传动螺杆密封良好,闸瓦托杆安装牢固,螺母和开口销应齐全,各轴销油润良好。闸瓦定位片簧无折损,调整螺钉、防缓螺母齐全;螺旋扭簧无折损。(6)闸瓦托无裂损,位置正确;闸瓦间隙 4~8 mm,上、下闸瓦间隙不匀时,可通过调整螺栓调节定位片弹簧力进行调整;闸瓦无裂纹、偏磨,厚度不小于 15 mm;闸瓦钎位置正确。

46. 如何解体 6C 系列电磁接触器?

答:(1)用螺丝刀分别拆下灭弧罩的固定螺钉,卸下灭弧罩。(2)用专用钢卡拉起触头支持架,取下动触头。(3)如需拆下固定触头(静触头),可用 4 mm 内六角扳手松下固定螺栓,取下固定触头和减弧器。(4)用螺丝刀松下线圈接线及线圈组件固定螺钉,取出线圈组件。(5)用螺丝刀松下线圈保护器上固定螺钉,取下线圈保护器,拔下线圈插件,使线圈与桥式整流器分开。(6)用 4 mm 内六角扳手松下辅助触头固定螺栓,取下辅助触头。

47. 如何对 SS4G 型机车轴箱进行日常检查?

答:(1)箱体与转向架构架焊接牢固,各部无裂纹及开焊,各紧固螺栓齐全、紧固。(2)轴箱拉杆及座安装牢固,胶皮无老化,挡圈完好,卡耳间隙不小于 4 mm。(3)轴温正常,温升不大于 55 K,各部无漏油,发现漏油及其他异常,须立即汇报处理。(4)轴箱吊耳、穿销、开口销齐全,状态良好。(5)速度传感器安装牢固,接线、插座无松断,防尘罩完好;轴箱接地线安装紧固,无毛刺,断股不超过 1/3。(6)油压减振器安装牢固,无裂损、漏油,防尘帽完好。(7)轴箱圆簧和安装座无裂纹、开焊,定位良好,安装牢固,上下压盖完好,弹簧无裂损,簧距无异常变化,弹簧压缩高 285 mm。

48. 如何调整 DSA200 型受电弓弓头的水平度和受电弓最大升弓高度?

答:(1)调整弓头的水平度:升弓时间测量完毕后,用手将升起的受电弓拉到距车顶 1 600 mm 处,并用特制的工具将受电弓固定在此处。将水平仪分别放在两条碳滑板和受电弓底座上,检查两者是否相对水平。如果不平,则松开弓头导杆两端的调整螺母进行调整。调整好后,将调整螺母紧固。(2)调整受电弓最大升弓高度:将受电弓升到最高处,放好的高度尺。用高度尺测量受电弓的最大高度是否为(3 000±150) mm。如不符合标准,则通过调整传动线绳的两个调整螺母进行调节。如果高度偏低,则缩短线绳,如果高度偏高,则反之;传动线绳的两个调整螺母一定要同时均匀调整。

49. 如何将受电弓安装到机车车顶上?

答:用天吊将组装好的受电弓吊到车顶上,将受电弓平稳地放在受电弓的三个支撑绝缘子上;放上螺母和垫片,用扳手将受电弓固定在车顶的绝缘子上;将车顶母线与受电弓相连的软连接器从受电弓的底座下穿过后用螺栓将其连接到受电弓的底座上,并用扳手紧固;将车顶的受电弓来风管与受电弓底座的风孔相连，并拧紧。

50. 如何检修 LV-2600 型受电弓型传动风缸？

答：(1)检查降弓弹簧不许有锈蚀、疲劳、裂痕；用游标卡尺测量其自由高应为内簧不小于 415 mm，外簧不小于 400 mm。(2)用汽油清洗传动风缸，清洁度符合有关标准。外观检查风缸壁不许有拉伤、锈蚀，风缸内径磨耗不大于 2 mm。(3)风缸和阀门适量给润滑脂。(4)更新防尘橡胶罩、活塞、密封碗和橡皮止挡。(5)外观检查风缸活塞杆不许有裂纹、锈蚀、密封座不许老化变形。

51. 如何分解牵引杆与牵引叉头的连接？

答：(1)用撬棍、手锤拆除连接销上的开口销。(2)用 24 寸管钳拧松六角槽形螺母，注意不要全部拧掉。(3)拆除销子，将专用支撑座放在牵引杆头部下方，上面放油镐支柱，调整高度，用手锤轻震六角槽形螺母，震松销子，然后拧下螺母，拆除压盖及销子。(4)松动衬套，将一长螺栓从销孔内顶住另一侧衬套的边缘，用手锤打出其卡住牵引杆部分即可。用同样方法松动另一侧衬套。(5)放低牵引杆，穿上销子及螺母，将绳套先固定在转向架端梁中部，在牵引杆上绕一圈后套在销子上。(6)用手锤锤击拆除衬套。

52. 如何检查 PFC 电容柜？

答：(1)外观检查，发现外罩损伤应修理或更换。检查装配螺栓、螺母，若发现松动，紧固。检查配线端子螺栓、母线固定螺栓等，若发现松动，紧固。检查电容发现漏油或外壳膨胀，更换。(2)检查柜子内部各部件紧固件应清洁、牢固无松动。(3)检查柜子内部各部件接线端子牢固无烧损现象，接线断股不超过 10%，外包绝缘无破损，铜母线无变形，线地、线间绝缘距离足够。(4)测量各电容参数符合要求。

53. 如何检查保护继电器？

答：(1)各紧固件无松动，动作灵活可靠，各联锁开闭良好。(2)触头无变形、过热及烧损，轴、销、杆件无裂纹、变形及过量磨耗，弹簧无歪斜、疲劳，板座及支撑件良好。(3)指示件及复原装置作用良好，与触头动作配合准确，调整部漆封完好。(4)互换主回路接地继电器。

54. 如何对 HXD_2 型机车油压减振器进行 C4 修？

答：(1)油压减振器不得有裂损、漏油现象，否则应予以更换。(2)安装座无裂损，油压减振器安装牢固，安装螺栓防缓标记清晰、正确；一系垂向减振器安装螺栓紧固力矩 90 N·m，二系横向减振器安装螺栓紧固力矩 173 N·m。(3)储油缸、防尘罩不得有破损，橡胶件不得有严重老化、龟裂或破损现象，弹性球铰不得有脱出现象。(4)横向油压减振器安装方向正确。

55. SS_{4G} 型机车逻辑控制单元应如何检查？

答：(1)外观检查应安装牢固，无外部损伤。各插件安装正确，各钮子开关作用良好，各连线、插座连接良好。检查各插件无烧损、放电痕迹。(2)检查面板各钮子开关位置正确,电源指示灯、输出指示灯应显示正常。(3)进行电空闸试验时,应注意各电空阀作用良好。(4)测试装置 110 V、12 V、5 V 电压正常。

56. 如何对 HXD_2 型机车构架的 C4 修?

答:(1)构架母材及各安装座不得有变形、裂损现象,焊缝不得有开焊、裂损现象。(2)构架油漆状态良好,不良处整修补漆。(3)构架横梁安装牢固。(4)轴箱上部与构架之间垂直距离为 23～27 mm。(5)转向架各部件紧固螺栓可见部分防缓标识清晰,不许有错位。(6)转向架上的防护钢丝绳完好,不许有裂损。

57. C3 修时如何检查 HXD_{3C} 型机车控制柜?

答:检查控制柜内部清洁无积尘。连接器、配线等无松动,连接器插接基板安装良好,绑扎牢固,外观良好,无过热、烧损。各插件、机箱安装牢固,外观良好。各继电器安装良好,固定装置作用良好,继电器无过热、裂损。网关插头紧固,连线等无松动。利用专业软件下载 TCMS 故障记录并分析保存。

58. C3 修时如何检查 HXD_2 型机车高压电压互感器?

答:检查外表面清洁,无裂纹,无变形、撕裂、老化、失效、无烧损。下安装座安装牢固,无松动、滑脱,检查高压软连线、接地线螺栓紧固无松动。安装法兰紧固螺栓紧固无松动。检查软连线、接地线断股超过 5%必须更换。检查原边大线、次边 900 线和 901 线连接可靠,车顶棚处接线端子连接紧固、正确。

59. HXD_2 型机车变压器油泵渗油应如何处理?

答:首先拆除防护罩,各联接口处渗油,应均匀紧固接口处螺栓。确认联接处密封垫坏,应关闭两端阀门换垫。泵体渗油应更换油泵,更换油泵或密封垫时应先关闭两端阀门放油后才能进行,更换完成后再打开阀门。检查接线盒。更换密封垫及油泵后将油泵上排气螺栓打开,排除泵内积存气体后再装防护网。

60. 如何对 TSG15B 型受电弓进行试验?

答:(1)将气囊及气路与容积相当的储气缸相连,并充以 400 kPa 的额定气压后关闭气源,10 min 后气缸中的气压下降不超过 5%。(2)在最小工作气压 375 kPa 下,弓头须能顺利上升至最大高度且无卡滞现象。(3)测量受电弓在工作高度(从落弓位算起) 220～2 250 mm 范围内及额定工作气压下,受电弓的接触压力及接触压力差(不带阻尼器)须符合规定。(4)测量在额定工作气压下,滑板从落弓位上升至 2 250 mm 所需时间(不计充气时间);测量滑板从 2 250 mm 下降到落弓位所需时间 6～10 s。试验升降弓性能,滑板从 2 250 mm 下降到落弓位所需时间不大于 6 s,升弓时须平稳、不冲网,降弓时能迅速脱离接触网导线而后再缓慢落至止挡。

61. 如何对 SS4G 型机车电子电源柜进行检查?

答:(1)电源柜 A、B 组转换开关作用良好。(2)各插件安装到位,螺栓紧固。(3)各单极自动开关和钮子开关位置正确。(4)蓄电池 667QS、666QS 和 668QS 闸刀接线紧固,作用良好,无放电痕迹,位置正确。(5)各插座接线紧固,电流表和电压表应完好、清洁,指示正确。(6)电子柜门密封良好。(7)电源柜平波电抗器及各接线无烧痕。

62. SS4G 型机车低压试验时如何进行牵引试验?

答:(1)换向手柄置前位,"预备"灯灭;调速手轮离开 0 位后置 1 级。听 558KA、568KA 和 532KT 零位延时继电器吸合后,12KM、22KM、32KM、42KM 线路接触器吸合声;看"零位"灯灭。(2)调速手轮置 3 级以上,听 205KM 吸合;看主台"辅助回路"亮;副台"牵引风机 1"亮;3 s 后听 206KM 吸合;看副台"牵引风机 2"亮;又 3 s 后听 211KM、212KM 吸合;看副台"油泵"亮。(3)调速手轮置"3"级以上 25 s 后,525KT 低级延时继电器动作。看"预备"灯亮。(4)正常后,闭合"通风机"按键,再断开"通风机"按键。(5)调速手轮置 6 级以上,换向手柄置"Ⅰ"级。听 17YV、47YV 电空阀、磁削接触器 17KM、27KM、37KM、47KM 吸合声。(6)换向手柄置"Ⅱ"级。听 18YV、48YV 电空阀排风声,17KM～47KM 接触器释放声;18YV、48YV 电空阀吸合声,18KM、28KM、38KM、48KM 接触器吸合声。(7)换向手柄置"Ⅲ"级。听 17YV、47YV 电空阀吸合、磁削接触器 17KM～47KM 吸合声。(8)换向手柄由"Ⅲ""Ⅱ""Ⅰ"依次退回前位。听各磁削接触器释放声。(9)调速手轮,换向手柄均回 0 后,取出换向手柄。

63. 如何对 SS4G 型机车叶片式风速继电器进行检修?

答:(1)风速继电器下车后,用螺丝刀打开后密封盖。(2)用 0.2～0.3 MPa 干燥的压缩空气吹扫后,再用汽油、棉丝、毛刷清洗表面污垢。(3)外观检查底座及后盖不许有裂损及变形。(4)检查叶片、叶片转轴及弹簧。叶片不许有裂损及变形。转轴转动灵活,不许有卡滞现象。弹簧不许有歪斜、疲劳现象,安装正确。(5)用万用表测量微动开关常联锁开、闭应正常,接触良好,动作灵活。将风速继电器后盖固定于继电器座上,要求紧固良好。

64. SS4G 型机车高压试验时如何进行牵引试验?

答:(1)调速手轮进到 1 级;看"零位"灯灭,牵引电机电流升到 150 A。(2)调速手轮回到 0 位;看"零位"灯亮,牵引电机电流下降至 0。(3)辅台牵引试验手柄置 1 级;看"零位"灯灭,牵引电机电流上升到 150 A。手柄回到 0 位;看"零位"灯亮,牵引电机电流下降至 0。(4)将两节车电子柜 A、B 组转换开关置 B 组,换向手柄置前位,调速手轮离开 0 位后缓慢推向牵引区。看牵引电流上升后(电流不超过 150 A),立即将调速手轮拉回 0 位。

65. 如何检修机车受电弓?

答:(1)滑板应安装牢固,无弯曲、变型、裂纹和歪斜;诱导角完好,角度 120°,与滑板条结合处间隙不大于 2 mm;滑板条平整无裂纹、松动、凹槽,接缝处间隙应小于 1 mm,有局部凹槽、毛刺、尖锐边缘、瘤子时应打磨平滑；粉末冶金滑板条厚度不小于 3 mm。(2)滑板支架(即三角架)无裂纹，安装牢固，弹簧无破损，穿销、开口销齐全，活动灵活。(3)框架各杆件无弯曲、变型、偏移，安装牢固；各活动关节油堵齐全，油润良好。(4)升弓弹簧无严重锈蚀、断裂，调整螺栓无松动、滑口；抬起受电弓，使之自由降落，动作灵活，无卡滞，降弓能到位，滑板在工作高度范围内应能保持水平。(5)各瓷瓶安装牢固，表面光洁，无裂损、放电痕迹。缺损时提票。(6)传动气缸及拉杆绝缘子完好，风管接头无松动。(7)各分流线无松动，破损不大于 30%，各轴销油润良好。(8)导电杆及车顶各高压瓷瓶安装牢固，无放电痕迹，瓷瓶光洁，无裂损。

66. 如何对司机室进行日常检查?

答:(1)门窗完整、清洁，密封良好，开、闭作用灵活；刷雨器部件完整，作用灵活，无松漏；遮阳帘安装紧固，作用灵活；座椅完整，无破损，转动、升降灵活；顶板、侧墙无变形和破损。(2)司机控制器、辅助司机控制器、电空制动控制器及空气制动阀安装紧固，位置正确，接线牢固，无松断、烧损现象；琴键开关安装牢固，作用良好；钥匙开关位置正确，机械联锁作用良好。(3)各仪表安装牢固，外罩完整、清洁，检验日期不超期(风表 6 个月，电表 6 个月)；故障显示屏面板完好，灯泡齐全作用良好；各开关、塞门位置正确，作用良好。(4)风笛、撒砂各阀作用良好；头灯、副灯及各照明、仪表灯完好，作用良好；脚炉、壁炉、窗加热及热风机接线紧固，安装紧固；监控记录装置安装牢固，接线无松脱。(5)手制动机转动灵活，位置正确，作用良好。(6)灭火器(包括机器间)齐全，各部完好，铅封无破损，检验不超期。

67. 如何对 SS_{4G} 型机车低压柜进行日常检查?

答:(1)柜门完整无损，拉手作用良好。(2)各故障隔离开关位置正确，作用良好，接线无松脱、断裂。(3)各继电器安装牢固，接线无松、脱、断，部件完整；触头无松、斜、掉，防尘罩完好；手动试验作用良好。(4)接触器灭弧罩应完好，无灼痕，烟熏痕迹，三相接线紧固；衔铁动作灵活，无卡滞现象，发现异常须开罩检查。(5)零压保护装置变压器 281TC 安装牢固，接线无松脱。(6)各电阻、电容及二极管安装牢固，接线无松断，无过热变色、变形；端子板接线牢固，各插座安装紧固。(7)1 号低压柜上部升弓电空阀、压力继电器 515KF 及各插座安装牢固，作用良好，接线无松脱。头灯启动电阻 63R 应安装牢固，接线无松脱，无过热变形、变色。(8)2 号低压柜上部劈相机启动电阻 263R 无烧损，接线无松脱；背面辅机保护插座完好，移相电容安装牢固，无鼓、胀、裂、漏、放电及烧痕；柜内 296QS 安装牢固，接线无松脱，位置正确，手动试验作用良好。辅机保护装置箱体牢固，插件位置正确，故障开关作用良好，位置正确。辅助电路库用开关 235QS 安装牢固，位置正确，接线无松脱，低压联锁良好。

68. 如何对 SS_{4G} 型机车高压柜进行日常检查?

答:(1)柜门完好，拉手作用灵活。(2)磁削接触器部件完整，安装牢固，接线无松脱；触头无熔瘤，开距(5±1) mm，辅助联锁作用良好；电空阀安装紧固，接线无松脱，阀杆无卡滞；手按电空阀(有风时)，接触器作用良好，动作同步。(3)线路接触器及励磁接触器，灭弧罩完好，无裂损和烟熏痕迹；主触头及导弧角完好，无严重灼痕、熔瘤。辅助联锁接线无松脱；电空阀完好，手按电空阀试验作用良好。(4)各闸刀位置正确，作用良好；辅助联锁完好，作用良好。(5)两位置开关手把牢固，T形片无烧痕，轻微熔瘤，须用锉刀打磨平整；各触指弹簧无折损，接线无松脱，作用良好；电空阀完好，管路接头及工作风缸无泄漏；手动试验作用灵活；T形片定期涂工业凡士林。(6)接地继电器护罩完整，状态良好；接地电阻、限流电阻无变形、裂损及烧痕，接线牢固。(7)端子排安装牢固，接线无松脱，141、142塞门开放；固定分路电阻、磁场削弱电阻无烧损，接线牢固；各绝缘支柱清洁，无破损。(8)电流传感器安装牢固，接线无松脱，各扁线及其他连线连接良好，无过热变色及变形。

69. SS_4型机车进行落成试验时要做好哪些准备？

答：(1)拆除高压电压互感器的接地点及变压器X端接地点，闭合主断路器，关好车顶门，用2 500 V兆欧表测量网侧电路对地绝缘电阻值，应不小于100 MΩ。(2)将牵引电动机隔离开关置中立位，用2 500 V兆欧表测量牵引绕组对地绝缘电阻值，应不小于3 MΩ。(3)用2 500 V兆欧表测量牵引电路对地绝缘电阻值，应不小于2 MΩ。(4)用500 V兆欧表测量辅助电路对地绝缘电阻值，应不小于0.5 MΩ。(5)测量绝缘电阻后，将拆除的导线恢复，主接地隔离闸刀95QS、96QS，辅接地隔离开关237QS，牵引电机隔离开关19QS、29QS、39QS、49QS置运行位，断开主断路器。(6)将辅库用开关235QS置库用位，引入库内三相交流电源，用单台压缩机打风，总风缸压力从0升至900 kPa的时间不大于6 min。(7)控制电压不低于96 V，零压保护隔离开关、受电弓风压隔离开关置故障位，其余各隔离开关及转换开关均置运行位，调整主断路器风压750 kPa。(8)关好车顶门，司机控制器置零位。

70. 如何进行SS_4型机车故障状态试验？

答：(1)劈相机切除后，1位牵引风机3MA分相启动。将242QS开关置“通风机”位，闭合劈相机按键开关，567kA、533KT、205KM、213KM吸合。(2)牵引或制动风机故障试验：第一牵引或制动风机故障，将575QS或581QS置故障位，12KM、22KM不能吸合；第二牵引或制动风机故障，将576QS或582QS置故障位，32KM、42KM不能吸合。(3)PFC主电路故障试验：分别拉掉故障隔离闸刀开关119QS、159QS、129QS、169QS相应114KM、154KM、124KM、164KM不能吸合；或将572QS置故位作总切除。(4)蓄电池或DC 110 V稳压电源故障：切除本节车电源柜负载闸刀667QS，合上重联闸刀668QS及自动开关617QA，司机台电压表658PV应指示它节车控制电压。

71. 如何对HXD_2型机车断路器进行工频耐压测试？

答：(1)将被测主断路器运放到指定隔离作业区，断开试验台圆形插头与真空断路器低压控制线圆形插座连接，断开空气管路连接。(2)连接测试仪器所需电缆。(3)所有作业人员撤离作用区，关闭隔离门。(4)使用40 kV工频电压进行主断路器耐压测试，在真空管两个高压连接端(分断状态下)进行40 kV、10 s的工频耐电压试验，不许有击穿、闪络。如有冒烟、电火花、爬电等异常现象时必须立即按下急停开关,终止试验。(5)打开隔离门,进入作业区,使用放电棒对被测主断路器高压端放电,拆除升压变压器高压输出端与主断路器连线。

72. HXD2 型机车 C4 修时,如何对转向架构架进行检查?

答:(1)构架母材及各安装座不得有变形、裂损现象,焊缝不得有开焊、裂损现象。(2)构架油漆状态良好,不良处整修补漆。(3)构架横梁安装牢固。(4)轴箱上部与构架之间垂直距离为 23~27 mm。(5)转向架各部件紧固螺栓可见部分防缓标识清晰,不许有错位。(6)转向架上的防护钢丝绳完好,不许有裂损。

73. 牵引电动机组装后须进行哪些试验?

答:(1)在 70%的最高转速下空载运行正、反向各运行 30 min,观察空载电流及电机振动情况,检查电刷下不得有火花出现。轴承运行应平稳、轻快,不得有异声及甩油。最高稳定温升不超过 55K。(2)使用专用测试仪进行电刷中性位的检查及调整。(3)电枢重新绑扎无纬带或经过处理凸片的电机,应以 2 300 r/min 超速试验 2 min,试验后应不许有任何足以影响电机正常运行的损伤。(4)空载试验换向不良时须进行换向试验。试验应在电机热状态下;仅在最深削弱磁场下,作正、反两个方向 6 个点(额定电流、最大电流、最高转速),检查火花等级,须符合有关技术要求。

74. 如何检查电机电刷?

答:(1)在同一台电机上不要混用不同牌号的电刷。(2)电刷与刷盒的间隙及电刷弹簧压力应符合规定。(3)电刷不应有裂纹、掉角,刷辫不应松脱破损,刷辫紧固螺栓不应松动。(4)电刷与换向器表面须经常保持干净、清洁。(5)新电刷与换向器的接触面应在 80%以上。

75. 如何对 SS4G 型机车 PFC 开关柜检修?

答:(1)外观检查骨架、各电器设备应无损坏及灰尘附着。(2)检查柜子内部各部件紧固应牢固无松动。(3)检查柜子内部各部件接线端子牢固无烧损现象,接线断股不超过 10%,外包绝缘无破损,铜母线无变形,线地、线间绝缘距离足够,满足要求则用毛刷及棉丝沾汽油清洗外表,否则进行调整及更换。(4)检查各绝缘件应无污损。(5)检查电流互感器、电压传感器精度须分别符合 0.5 级,1 级的要求,不许有破损、变形以及绝缘损坏,满足要求则用毛刷及棉丝沾汽油清洗外表,否则更换。

76. 如何对 SS4G 型机车抱轴箱检修?

答:(1)外观检查抱轴承箱体无裂损,合口密封垫完好无脱落;螺栓安装紧固良好,抱轴承箱体不漏油。(2)检查毛线刷架安装良好无折损;刷架弹簧安装到位无折损,毛线刷不得脱落并与轴接触可靠。(3)抱轴瓦不得窜瓦,合金不得碾片熔化,抱轴瓦的径向间隙同一轴抱轴瓦左右径向间隙为 0.2~1 mm,左右差小于 0.2 mm。(4)抱轴箱内油位在油标尺的最高位与最低位之间，油质良好无浑浊现象。(5)更换毛线架。

77. 如何对 SS4G 型机车牵引杆检修？

答：(1)检查三角撑杆、三角架、牵引叉头、牵引座各安装螺栓紧固、防缓件、防尘圈、开口销完好。(2)牵引杆体无变形、裂损，焊接部位不得开裂。(3)定位圆柱销不得松动、窜出。(4)牵引杆销与牵引底座结合的槽面应密贴。(5)给牵引杆销、牵引杆等叉头摩擦面和关节注入适量 3 号锂基脂。

78. 如何对 SS4G 型机车车钩及防跳装置进行检修？

答：(1)车钩"三态"作用良好。(2)闭锁后钩舌尾部与锁铁垂直面接触高度不小于 40 mm。(3)钩舌与锁铁间隙不大于 6.5 mm。(4)车钩中心线距轨面高度应在 825～885 mm 内。(5)防跳装置各部无裂损、脱焊、锈蚀，作用良好。

79. 如何对 HXD3C 型机车车顶绝缘检测装置进行检查？

答：外观检查装置安装牢固，各部完好，保险安装良好，清扫装置表面灰尘。打开钥匙开关，装置自检通过后观察装置各显示灯显示电源灯常亮，运行灯、通信灯闪亮。按压出库检测按钮，绝缘检测灯亮，检测结束后显示屏应显示检测结果及相应的检测电压；按压运行检测按钮，绝缘检测灯亮，检测结束后显示屏应显示检测结果及相应的检测电压。在司机室 6A 系统显示屏上选择"故障记录"中的"本次上电"记录内容，显示屏内应记录相应的检测结果。

80. 如何对 HXD2 型机车排障器进行检修？

答：检查排障器无开焊、变形，无严重锈蚀，否则应予以整修；排障器安装牢固，安装螺栓防缓标记清晰正确，平垫、弹垫作用良好；排障器固定垫板状态良好，排障器防脱落装置安装到位。排障器安装固定螺栓，固定螺栓紧固力矩 222 N·m，锈蚀深度不大于 2 mm；排障器距轨面高度(110±10) mm。

81. SS4G 型机车牵引电动机刷架装置如何检修？

答：(1)用高压风吹去刷握内的粉尘，并用干净的白布仔细擦拭。刷握、绝缘杆及聚四氟乙烯套管清洁，无松动、裂损及放电痕迹，固定可靠。(2)压指与弹簧不得有断裂或疲劳现象，压指支承轴不许有松晃。(3)检查弹簧作用正常。(4)电刷应无裂纹，刷辫无过热、松脱；电刷接触面缺损小于 10%；电刷长度不小于 35 mm；电刷与换向器接触面积不小于 85%；同一副电刷两片长度差不大于 0.5 mm，同一刷握电刷长度差不大于 5 mm；同一电机必须使用同一厂家同牌号的电刷。(5)电刷在刷盒内无卡滞，其轴向间隙 0.10～0.45 mm，圆周方向间隙 0.05～0.25 mm。(6)刷握连线固定可靠、绝缘良好，不许有断裂；绑线杆齐全无断裂。(7)刷架圈无松动，定位螺栓、胀紧螺栓、锁紧螺母紧固良好。(8)刷握底面与换向器表面距离应为 3～4 mm。

82. SS4G 型机车主变压器应如何检修?

答:(1)擦拭高压瓷瓶,表面光洁,无裂纹漏油及放电痕迹。表面缺损面积小于 3 cm^{2}时,可涂快干绝缘漆处理,否则更换。(2)油箱体、箱盖、储油柜、油位表、冷却柜、波纹管、油流继电器、套筒及各阀(压力释放阀)接头均不得漏油。油位表玻璃管清洁,主变压器油位总体应在上刻线(+40 ℃)与最低刻线(−25 ℃及−30 ℃)之间,夏季油位根据环境温度调整在上刻线(+40 ℃)与中间刻线(+20 ℃)之间,冬季油位根据环境温度调整在中刻线(+20 ℃)与最低刻线(−25 ℃及−30 ℃)之间。(3)检查蓝色吸湿剂是否变色。硅胶罐无破裂,各部安装良好。当吸湿剂 2/3 变成白色或淡红色时应进行干燥处理或更换。(4)各连接母线螺栓固定可靠,铜排、母线无过热,绝缘良好,标志清晰齐全。(5)信号温度计安装牢固,状态良好,显示温度与环境一致。(6)各端子板清洁干净,无放电烧损现象,安装牢固。(7)检查油流继电器,外观无损,安装牢固,接线紧固可靠,作用良好。(8)一次测绕组接地线完好,紧固,不过热。(9)按规定对变压器油进行化验。(10)升弓前必须对主变压器网侧绕组(主变原边)进行相应对地绝缘检测,主变压器网侧绕组(主变原边)对地绝缘要求:用 2 500 V 兆欧表测量,大于 100 MΩ。(11)测量主变压器冷态直流电阻。

83. SS4G 型机车互感器及一般变压器如何检修?

答:(1)擦拭高压瓷瓶,表面光洁,无裂纹漏油及放电痕迹。表面缺损面积小于 3 cm^{2}时,可涂快干绝缘漆处理,否则更换。(2)检查高压电流互感器瓷瓶顶盖应密封良好,不得有漏雨,导电杆装配紧固。(3)各部清洁,接线牢固,铁芯及安装螺栓不得松动。(4)接线端子应清洁紧固,绝缘良好,线号清晰齐全。(5)线圈无断路,外部绝缘无变色及破损。(6)高压电压互感器油位总体应在上刻线(+40 ℃)与最低刻线(−25 ℃及−30 ℃)之间,夏季油位根据环境温度调整在上刻线(+40 ℃)与中间刻线(+20 ℃)之间,冬季油位根据环境温度调整在中刻线(+20 ℃)与最低刻线(−25 ℃及−30 ℃)之间,检查蓝色吸湿剂是否变色,当吸湿剂 2/3 变成白色或淡红色时,应进行干燥处理或更换。(7)用 2 500 V 兆欧表测量一、二次线圈对地绝缘,应符合一次线圈不小于 1 000 MΩ,二次线圈不小于 500 MΩ 的要求。(8)高压电压互感器变压器油按规定进行化验。

84. 如何对 HXD1 型机车走行部故障监测子系统进行 C4 修?

答:(1)检查 AT1 插件外观良好,安装紧固。(2)检查电源复位开关动作可靠;车下传感器、数据前置处理器(接线盒)及线缆外观良好,安装紧固。(3)清洁子系统各插件、数据前置处理器(接线盒)、传感器、连接线,对数据前置处理器(接线盒)、传感器、连接线表面进行擦拭,清除污垢。(4)检查插件极性电容、电源模块不许有鼓包、漏液、开裂。(5)检查传感器引线和连接线不许有压痕、磨损、龟裂、折断,连接线套管轻微损坏重新包扎,损坏严重者更新;连接螺栓紧固状态及密封状态良好,传感器的受感部、安装螺纹和锥面、插头不许有损伤,状态不良者更换。总线的连接插头、插座及线缆不许有破损、松动,插针不许有弯曲、缩针、断针。(6)机车走行部故障监测子系统一各部件须安装牢靠,捆扎牢固,复合传感器锥面与安装座须密贴。

(7)检查自检过程和进入工作状态各指示灯显示正确,音视频显示终端【监控数据】【走行1】界面显示各测点温度信息和状态信息正常。

85. 如何对电空接触器进行检修?

答:(1)各部应清洁牢固,接线无松动,绝缘件不得有裂损及烧痕,触头压力弹簧无裂损及疲劳现象,外观检查良好。(2)接线紧固,灭弧角及触头上无烧痕及铜瘤。(3)检查各触头限度。(4)联锁接线紧固,接触良好,联锁胶木滑块不得松动、歪斜,作用良好。(5)灭弧罩不得有裂纹和严重缺损,壁厚不小于原形的1/2,并安装牢固。(6)灭弧线圈安装牢固,不得有短路、断路及裂纹。(7)风缸及管路不得泄漏,电空阀安装、接线牢固,线鼻子、线号齐全、清晰,外接电压抑制器清洁,无断线、元件脱焊、烧损。

86. 如何对 HXD_1 型机车高压绝缘检测子系统进行C4修?

答:(1)检查高压绝缘检测箱完整、紧固;检查面板上的显示屏及安全警示标签不许有破损;检查连接器及线缆外观良好,安装紧固件齐全、紧固。(2)清洁高压绝缘检测板卡。检查插件极性电容、电源模块不许有鼓包、漏液、开裂;检查电钥匙开关动作可靠。(3)检查自检过程和进入工作状态各指示灯显示正确。检查音视频显示终端【监控数据】【绝缘】界面显示"自检正常"。

87. 如何小修 SS_{4G} 型机车空调机及暖风机?

答:(1)各紧固件紧固,空调机安装牢固,不漏雨。(2)各部接线正确,无短路、断路现象。(3)检查"冷、热"选择开关、风量选择开关、温度控制器等开关位置正确、作用良好。(4)各阀安装位置正确、作用良好。(5)压缩机电机、冷凝风机电机、蒸发风机电机、暖风机工作正常、无异声。(6)接触器、电容器、继电器、熔断器、电空阀作用良好。(7)电器板接触元件无过热、烧损、开焊现象。(8)管道安装正确、牢固,无泄漏现象。(9)蒸发器、冷凝器、稳压器作用良好。(10)过滤网清洗。(11)暖风机接线良好,外罩完好无损,开关、指示灯显示正常,取暖效果良好。

88. 如何对 SS_{4G} 型机车仪表进行小修?

答:(1)各仪表显示正确,安装牢固,接线可靠,插头、插座安装良好。各仪表外壳、玻璃完整,刻度清晰,指针无弯曲、卡滞现象,照明良好。更换不良仪表。(2)检查司机室各风压表不超6个月,否则下车校验。(3)检查各种电表及其他风压表不超6个月,否则下车校验。(4)电压传感器、电流传感器清洁,安装牢固,作用良好。(5)制动缸压力传感器清洁,安装牢固,动作灵活可靠。(6)辅助空压机压力传感器、列车管压力传感器、均衡风缸压力传感器清洁,安装牢固,动作灵活可靠。(7)下车校验制动缸压力传感器。

89. 如何对 SS_{4G} 型机车电源柜进行小修?

答:(1)检查各紧固件和接线端子应无松动、无松线掉线现象。(2)线束、铜排和导线应清洁,不许有过热、烧损和绝缘老化现象;线号齐全,清晰正确。线芯断股不得超过原形的10%,单股线芯不许有裂损。铜排应平直光洁,不许有裂损;局部缺损不得超过原形的5%,表面镀层良好,连接处密贴。(3)电源变压器、电抗器必须表面清洁。外部绝缘不许有变色、裂损、过热现象;接线须正确、紧固,线号清晰,无线圈短路、断路现象;铁芯及安装螺钉紧固。(4)检查电压表和电流表,在无电状态下,电压表和电流表的指针均应在零位,如果不在零位,将指针调至零位。(5)自动开关不许有破损,动作灵活,通断作用可靠。否则更换。(6)检查刀开关:刀片与刀夹光洁,压力适当,转动自如,接触线长度应在80%以上,夹力正常。刀片缺损宽度不大于原形的1/3。手柄不得松动。(7)钮子开关动作灵活,作用良好,不许有裂损,否则必须更换。(8)插座及端子排应清洁、完整,不许有裂损、烧伤,导线压接良好,接线紧固;插座插接牢靠,定位作用良好。(9)检查电阻、电容,电阻不许有变形、裂损、短路、断路,接头应焊接牢固,不行有过热变色及严重剥离,否则必须更换。如接头处有轻微破损,允许用环氧树脂涂封处理。电容内部不许有短路、断路,绝缘良好,否则必须更换。接线应紧固。(10)外观检查各晶闸管应清洁,连线及固定状态良好。(11)110 V电源控制箱检查。各电路板、电子插件洁净,插接可靠。20芯插头簧片无断裂、过热现象。(12)用500 V兆欧表分别测量输入、输出回路对地绝缘电阻值应大于2 MΩ。(13)电源柜系统性能检查。用万用表分别插入相应的+48 V、+24 V、+15 V的测试插孔,测量其电压值均应在额定值的±5%范围内。

90. SS4G型机车电子控制柜如何进行小修?

答:(1)电路板清洁,印刷电路清晰,不得有过热、变色。金属箔无脱起基板现象,框架安装牢固,不得松动。插件上元件无过热变色,电容无鼓包。元件焊接牢固,光滑,不得有虚焊、开焊及短路。插头簧片无断裂,弹性良好,胶木件无裂损。电子板插座安装牢固无裂损,引出线焊接正确良好。打开护板,检查电子插件与插座插接良好,固定螺栓紧固。(2)检查各电子插件及冷却风扇信号灯显示正确。(3)线束整洁,线号齐全,不得有短路过热现象,与机体无碰磨。接线端子完好。(4)开盖检查清扫插件箱,背面连线无松脱、破损、互磨,清扫冷却风扇。(5)检查501电子板安装牢固,表面清洁,外接线牢固,无过热现象,线号齐全、标示清晰。各二极管、压敏电阻安装牢固,元件无过热、短路、断路。(6)检查甩单节装置安装牢固,接线无损伤,清洁良好。功能试验正常。(7)检查辅机保护装置安装牢固,清洁状况良好,接线无松动。装置功能良好。

91. 如何对SS4G型机车缓冲装置进行小修?

答:(1)楔铁不得缩入,后挡板不得脱出。(2)托板完好,螺栓紧固,防缓件齐全。(3)从板与从板座、从板与弹簧箱应密贴;弹簧箱后座板与板座之间不得有1 mm以上的贯通间隙。(4)弹簧箱底部四角若发生裂纹时,可以焊修,但其裂纹长度不得超过100 mm。底部四个角的凸台出现裂损,一处裂损底板未脱出箱体时可以焊修,两处裂损应更换弹簧箱。箱体口部裂纹不得焊修。(5)导框厚度不小于22 mm,可以预热堆焊修复。(6)弹簧箱底板不得窜出。

92. 如何对 SS_{4G} 型机车单元制动器进行小修?

答:(1)检查制动器箱体,应无裂损、变形,护罩滤网良好,检查孔盖齐全,安装牢固,螺杆防尘胶套无破损。(2)打开制动器侧门及观察孔,检查制动器可见销、套及防缓装置齐全完好。检查手轮止动器支架无变形、裂纹,拉环无变形,作用良好。拉出手轮止动器后,转动手轮应灵活。固定脱钩装置安装良好,防缓件齐全,棘钩处于开脱状态。(3)检查闸瓦托杆无变形、裂损,螺旋扭转弹簧无裂损,安装位置正确,扭转弹簧固定螺栓防缓件、平垫齐全、无松动。(4)检查闸瓦托无歪斜,闸瓦边缘不得超出轮对踏面外侧面,闸瓦厚度禁用限度 15 mm。(5)检查闸瓦安装正确,更换到限闸瓦,调整闸瓦间隙。(6)闸瓦与闸瓦托配合不得松旷,闸瓦松旷时整修闸瓦钎,保证闸瓦安装后牢固无松动,闸瓦瓦背与闸瓦托局部间隙符合要求,否则应更换闸瓦或修整闸瓦托。(7)及时给制动机构各杆、销、套、活动摩擦面注油,保证制动装置油润良好。(8)交车前应做制动、缓解试验,确认制动器性能良好,无卡滞,制动系统泄漏符合规定。

93. 如何对 SS_{4G} 型机车车体进行小修?

答:(1)外观检查无严重变形、破损,焊接处不得开裂。(2)表面局部脱漆应补漆处理。(3)上车梯子、扶手等完好。(4)车号、端标、段标志清楚。(5)走廊地板安装牢固无变形。(6)车体重联处橡胶完好,无裂损,过道走板完好。(7)后视镜面完好,动作灵活,管系无泄漏。

94. 如何对 SS_{4G} 型机车列车软管、总风软管及平均软管进行小修?

答:(1)外观检查软管无老化、变形、裂纹、鼓包、磨损;联接器状态良好,卡子胶皮齐全;折角塞门作用良好。检查各管塞门及软管金属部分油漆标识须清晰。(2)在定压下试验 3 min,应无泄漏。列车软管以 1 000 kPa、总风软管以 1 200 kPa、平均软管以 700 kPa 进行水压试验2 min,应无泄漏、局部鼓包现象,外径胀大量不超过 8 mm;总风软管外径胀大量不超过 2 mm。试验完毕拴挂检验牌。检验牌要求拴挂牢固,检验日期清晰,水压试验后有效期不超过 3 个月。

95. 如何对 SS_{4G} 型机车电子电源柜进行小修?

答:(1)电源柜 A、B 组转换开关作用良好。(2)各插件安装到位,螺栓紧固。(3)各单极自动开关和钮子开关位置正确。(4)蓄电池 667QS、666QS 和 668QS 闸刀接线紧固,作用良好,无放电痕迹,位置正确。(5)各插座接线紧固,电流表和电压表应完好、清洁,指示正确。(6)电子柜门密封良好。(7)电源柜平波电抗器及各接线无烧痕。

96. 应对 SS_{4G} 型机车电机重点检查哪些部位?

答:(1)应注意检查机体安装螺栓、轴承护板、轴承盖、磁极、外罩和接线是否紧固。(2)换向器表面应清洁光滑呈光亮的古铜色,不应有拉伤、烧损的痕迹。换向器焊接状态应良好,云母槽的深度符合规定。(3)电刷无过限、裂纹和缺损,接触良好,弹簧压力适当,刷握与刷架无松动。(4)电机各部应清洁,绝缘良好,线路完整,磁极气隙应均匀。(5)电机的通风装置良好,通风网无堵塞、破损,无异物。(6)检查带有传动皮带的电机时,应注意传动皮带无破损且紧松度适宜。

97. 如何对 HXD3C 型机车基础制动装置进行 C4 修?

答:(1)制动单元制动夹钳单元各部件不许有裂纹、变形、腐蚀及严重的污垢,制动闸片的最小厚度不小于 8 mm。(2)制动盘摩擦面不许有从内径贯穿到外径以及贯穿到散热筋片的穿透裂纹;不许使用带灼烧痕迹超过 1 cm^2 单个碎片、整个摩擦面上碎片总量超过 5 cm^2 的车轮制动盘。整块摩擦片的任意位置允许出现散射状细微龟裂。(3)制动盘摩擦面凹陷磨损不大于 2 mm,划痕深度不大于 1.5 mm,裂纹不允许超过相关规定。(4)制动闸片更换时,同一制动夹钳单元闸片厚度差不大于 2 mm。(5)制动缓解时,制动单元闸片与制动盘间隙两侧之和不大于 2~4 mm。

98. 如何对 HXD3D 型机车受电弓进行试验?

答:(1)将气囊及气路与容积相当的储气缸相连,并充以 400 kPa 的额定气压后关闭气源,10 min 后气缸中的气压下降不超过 5%。(2)在最小工作气压 375 kPa 下,弓头须能顺利上升至最大高度且无呆滞现象。(3)受电弓在工作高度 300~2 200 mm 范围内及额定工作气压下,受电弓的接触压力及接触压力差须符合规定。(4)在额定工作气压下,滑板从落弓位上升至1 400 mm,所需时间 6.4 s,滑板从 1 400 mm 下降到落弓位所需时间不大于 4 s,升弓时须平稳、不冲网,降弓时能迅速脱离接触网导线而后再缓慢落至止挡。(5)受电弓自动降弓系统密封良好,功能正常。(6)外露的铁质零件须进行除锈、涂漆处理。

99. 如何对 HXD1 型机车断路器进行耐压试验?

答:(1)将被测主断路器运放到指定隔离作业区,断开试验台圆形插头与真空断路器低压控制线圆形插座连接,断开空气管路连接。(2)连接测试仪器所需电缆。(3)所有作业人员撤离作用区,关闭隔离门。(4)使用 40 kV 工频电压进行主断路器耐压测试 ,在真空管两个高压连接端在分断状态下进行 40 kV、10 s 的工频耐电压试验,不许有击穿、闪络。如有冒烟、电火花、爬电等异常现象时必须立即按下急停开关,终止试验。(5)打开隔离门,进入作业区,使用放电棒对被测主断路器高压端放电,拆除升压变压器高压输出端与主断路器连线。

100. 如何对 HXD3D 型机车基础制动装置进行 C4 修?

答:(1)制动单元制动夹钳单元各部件不许有裂纹、变形、腐蚀及严重的污垢,制动闸片的最小厚度不小于 16 mm。(2)制动盘摩擦面不许有从内径贯穿到外径以及贯穿到散热筋片的穿透裂纹。整块摩擦片的任意位置允许出现散射状细微龟裂。(3)制动盘摩擦面凹陷磨损不大于 1 mm,划痕深度不大于 1 mm,裂纹不允许超过相关规定。(4)制动闸片更换时,同一制动夹钳单元闸片厚度差不大于 3 mm。(5)制动缓解时,制动单元闸片与制动盘间隙两侧之和不大于 2~4 mm。

S1　SS4 型机车牵引电动机组装后的检查与试验

1. 考场准备

要求考场内有一台与考试机型相一致的机车，且车下要有地沟，地沟上须设置渡板，便于对机车部件进行检查及检修，或考场内有一个与考试内容相一致的机车零部件，以及为检修该零部件所需的工作场地、检修试验台和检修工作台。考场环境整洁、明亮并设有隔离设施。

2. 材料工具准备

序　号	名　称	规　格	数　量	备　注
1	兆欧表	1 000 V	1	
2	双臂电桥		1	
3	微欧表		1	
4	红外线测温仪		1	
5	空转试验台		1	
6	钳工常用工具		1 套	
7	各种专用扳手		1 套	

3. 考核要求

(1)被认定人入场后，向裁判报告姓名及所参加的工种及等级，由裁判告知题目，当被认定人告知裁判可以开始时，由裁判员开始计时。

(2)考核时间为 20 min，操作时必须按规定佩戴安全防护用品。

(3)被认定人作业期间，裁判员可以根据作业情况向被认定人提问，以确认被认定人对工艺的熟悉情况和确认故障点是否有依据。

(4)考核过程中，被认定人出现毁坏部件或受伤情况时，终止考试，成绩为零。

(5)考试完毕后，由被认定人告知裁判员考试结束，由裁判员结束计时。

4. 考核评分

(1)考评人员 3 名以上。

(2)评分程序及规则：考评员根据考生操作情况对照计分标准在评分表上给予记录评分。

(3)算分方法：采用百分制，满分 100 分，60 分及以上为及格。

职业技能认定
电力机车钳工(高级技师)实作技能考核评分记录表

单位:__________ 姓名:__________ 准考证号:__________ 工种:__________ 级别:__________

试题名称:SS_4 型机车牵引电动机组装后的检查与试验

考核时间:20 min

操作开始时间: 时 分 操作结束时间: 时 分

项 目	考核内容及评分标准	扣分因素及扣分	得 分
操作程序(25 分)	1. 工序错乱扣 10 分		
	2. 工作中返工扣 15 分		
	3. 作业后未按要求恢复或清理作业场地扣 5 分		
作业质量(45 分)	1. 检修过程中,分解、组装顺序不对,每次扣 2 分		
	2. 检修过程中,对零部件清洗质量不合格,每件扣 2 分		
	3. 检修过程中,对零部件检查,漏检每项扣 1 分		
	4. 检修过程中,对零部件测量,漏测每项扣 2 分		
	5. 检修后检修质量不符合技术要求扣 45 分		
	6. 未填写检修记录或填写数据缺、漏、错项,每项扣 1 分		
工具使用(20 分)	1. 开工前未检查工、量具及设备,收工不整理,每件扣 2 分		
	2. 工、量具及设备使用不当,每次扣 2 分		
	3. 工、量具脱落,每次扣 2 分		
	4. 工具、设备损坏扣,每件扣 4 分		
作业安全(10 分)	1. 未按规定着装扣 2 分		
	2. 工作场地不整洁扣 2 分		
	3. 工件、工具摆放不整齐扣 2 分		
	4. 违章或违反安全事项,每次扣 4 分		
	5. 发生事故失格		
考核时间	1. 超过规定时间每超 1 min,扣 2 分		
	2. 超过规定时间 3 min 以上每分钟(不包括 3 min)扣 5 分		
	3. 超过规定时间 10 min 以上(不包括 10 min),停止考试		
合计(100 分)			

考评员签名: 认定人: 年 月 日

S2　SS4 型机车牵引通风机中修组装后的检查与试验

1. 考场准备

要求考场内有一台与考试机型相一致的机车，且车下要有地沟，地沟上须设置渡板，便于对机车部件进行检查及检修，或考场内有一个与考试内容相一致的机车零部件，以及为检修该零部件所需的工作场地、检修试验台和检修工作台。考场环境整洁、明亮并设有隔离设施。

2. 材料工具准备

序　号	名　称	规　格	数　量	备　注
1	铜锤		1	
2	兆欧表		1	
3	外径千分尺		1	
4	游标卡尺		1	
5	点温计		1	
6	钳工常用工具		1 套	
7	铜棒		1 根	

3. 考核要求

(1)被认定人入场后，向裁判报告姓名及所参加的工种及等级，由裁判告知题目，当被认定人告知裁判可以开始时，由裁判员开始计时。

(2)考核时间为 20 min，操作时必须按规定佩戴安全防护用品。

(3)被认定人作业期间，裁判员可以根据作业情况向被认定人提问，以确认被认定人对工艺的熟悉情况和确认故障点是否有依据。

(4)考核过程中，被认定人出现毁坏部件或受伤情况时，终止考试，成绩为零。

(5)考试完毕后，由被认定人告知裁判员考试结束，由裁判员结束计时。

4. 考核评分

(1)考评人员 3 名以上。

(2)评分程序及规则：考评员根据考生操作情况对照计分标准在评分表上给予记录评分。

(3)算分方法：采用百分制，满分 100 分，60 分及以上为及格。

职业技能认定
电力机车钳工(高级技师)实作技能考核评分记录表

单位:________ 姓名:________ 准考证号:________ 工种:________ 级别:________

试题名称:SS_4 型机车牵引通风机中修组装后的检查与试验

考核时间:20 min

操作开始时间: 时 分 操作结束时间: 时 分

项 目	考核内容及评分标准	扣分因素及扣分	得 分
操作程序(25分)	1. 工序错乱扣 10 分		
	2. 工作中返工扣 15 分		
	3. 作业后未按要求恢复或清理作业场地扣 5 分		
作业质量(45分)	1. 检修过程中,分解、组装顺序不对,每次扣 2 分		
	2. 检修过程中,对零部件清洗质量不合格,每件扣 2 分		
	3. 检修过程中,对零部件检查,漏检每项扣 1 分		
	4. 检修过程中,对零部件测量,漏测每项扣 2 分		
	5. 检修后检修质量不符合技术要求扣 45 分		
	6. 未填写检修记录或填写数据缺、漏、错项,每项扣 1 分		
工具使用(20分)	1. 开工前未检查工、量具及设备,收工不整理,每件扣 2 分		
	2. 工、量具及设备使用不当,每次扣 2 分		
	3. 工、量具脱落,每次扣 2 分		
	4. 工具、设备损坏扣,每件扣 4 分		
作业安全(10分)	1. 未按规定着装扣 2 分		
	2. 工作场地不整洁扣 2 分		
	3. 工件、工具摆放不整齐扣 2 分		
	4. 违章或违反安全事项,每次扣 4 分		
	5. 发生事故失格		
考核时间	1. 超过规定时间每超 1 min,扣 2 分		
	2. 超过规定时间 3 min 以上每分钟(不包括 3 min)扣 5 分		
	3. 超过规定时间 10 min 以上(不包括 10 min),停止考试		
合计(100分)			

考评员签名: 认定人: 年 月 日

S3　SS4型机车受电弓的试验

1. 考场准备

要求考场内有一台与考试机型相一致的机车，且车下要有地沟，地沟上须设置渡板，便于对机车部件进行检查及检修，或考场内有一个与考试内容相一致的机车零部件，以及为检修该零部件所需的工作场地、检修试验台和检修工作台。考场环境整洁、明亮并设有隔离设施。

2. 材料工具准备

序　号	名　称	规　格	数　量	备　注
1	油枪		1把	
2	扭矩扳手	15 N	1把	
3	扭矩扳手	60 N	1把	
4	高度尺	0～3 m	1个	
5	弹簧秤	100 N	1把	
6	钳工常用工具		1套	
7	秒表		1个	

3. 考核要求

(1)被认定人入场后，向裁判报告姓名及所参加的工种及等级，由裁判告知题目，当被认定人告知裁判可以开始时，由裁判员开始计时。

(2)考核时间为20 min，操作时必须按规定佩戴安全防护用品。

(3)被认定人作业期间，裁判员可以根据作业情况向被认定人提问，以确认被认定人对工艺的熟悉情况和确认故障点是否有依据。

(4)考核过程中，被认定人出现毁坏部件或受伤情况时，终止考试，成绩为零。

(5)考试完毕后，由被认定人告知裁判员考试结束，由裁判员结束计时。

4. 考核评分

(1)考评人员3名以上。

(2)评分程序及规则：考评员根据考生操作情况对照计分标准在评分表上给予记录评分。

(3)算分方法：采用百分制，满分100分，60分及以上为及格。

职业技能认定
电力机车钳工（高级技师）实作技能考核评分记录表

单位：________ 姓名：________ 准考证号：________ 工种：________ 级别：________

试题名称：SS_4型机车受电弓的试验

考核时间：20 min

操作开始时间：　时　分　　　　　操作结束时间：　时　分

项　目	考核内容及评分标准	扣分因素及扣分	得　分
操作程序（25分）	1. 工序错乱扣10分		
	2. 工作中返工扣15分		
	3. 作业后未按要求恢复或清理作业场地扣5分		
作业质量（45分）	1. 检修过程中，分解、组装顺序不对，每次扣2分		
	2. 检修过程中，对零部件清洗质量不合格，每件扣2分		
	3. 检修过程中，对零部件检查，漏检每项扣1分		
	4. 检修过程中，对零部件测量，漏测每项扣2分		
	5. 检修后检修质量不符合技术要求扣45分		
	6. 未填写检修记录或填写数据缺、漏、错项，每项扣1分		
工具使用（20分）	1. 开工前未检查工、量具及设备，收工不整理，每件扣2分		
	2. 工、量具及设备使用不当，每次扣2分		
	3. 工、量具脱落，每次扣2分		
	4. 工具、设备损坏扣，每件扣4分		
作业安全（10分）	1. 未按规定着装扣2分		
	2. 工作场地不整洁扣2分		
	3. 工件、工具摆放不整齐扣2分		
	4. 违章或违反安全事项，每次扣4分		
	5. 发生事故失格		
考核时间	1. 超过规定时间每超1 min，扣2分		
	2. 超过规定时间3 min以上每分钟（不包括3 min）扣5分		
	3. 超过规定时间10 min以上（不包括10 min），停止考试		
合计（100分）			

考评员签名：　　　　　　认定人：　　　　　　年　　月　　日

S4　HXD1 型机车受电弓 C4 修的试验

1. 考场准备

要求考场内有一台与考试机型相一致的机车，且车下要有地沟，地沟上须设置渡板，便于对机车部件进行检查及检修，或考场内有一个与考试内容相一致的机车零部件，以及为检修该零部件所需的工作场地、检修试验台和检修工作台。考场环境整洁、明亮并设有隔离设施。

2. 材料工具准备

序　号	名　称	规　格	数　量	备　注
1	油枪		1 把	
2	扭矩扳手	15 N	1 把	
3	扭矩扳手	60 N	1 把	
4	高度尺	0～3 m	1 个	
5	弹簧秤	100 N	1 把	
6	钳工常用工具		1 套	
7	秒表		1 个	

3. 考核要求

(1)被认定人入场后，向裁判报告姓名及所参加的工种及等级，由裁判告知题目，当被认定人告知裁判可以开始时，由裁判员开始计时。

(2)考核时间为 20 min，操作时必须按规定佩戴安全防护用品。

(3)被认定人作业期间，裁判员可以根据作业情况向被认定人提问，以确认被认定人对工艺的熟悉情况和确认故障点是否有依据。

(4)考核过程中，被认定人出现毁坏部件或受伤情况时，终止考试，成绩为零。

(5)考试完毕后，由被认定人告知裁判员考试结束，由裁判员结束计时。

4. 考核评分

(1)考评人员 3 名以上。

(2)评分程序及规则：考评员根据考生操作情况对照计分标准在评分表上给予记录评分。

(3)算分方法：采用百分制，满分 100 分，60 分及以上为及格。

职业技能认定
电力机车钳工(高级技师)实作技能考核评分记录表

单位:_________ 姓名:_________ 准考证号:_________ 工种:_________ 级别:_________

试题名称:HXD_1 型机车受电弓 C4 修的试验

考核时间:20 min

操作开始时间: 时 分 操作结束时间: 时 分

项 目	考核内容及评分标准	扣分因素及扣分	得 分
操作程序(25分)	1. 工序错乱扣 10 分		
	2. 工作中返工扣 15 分		
	3. 作业后未按要求恢复或清理作业场地扣 5 分		
作业质量(45分)	1. 检修过程中,分解、组装顺序不对,每次扣 2 分		
	2. 检修过程中,对零部件清洗质量不合格,每件扣 2 分		
	3. 检修过程中,对零部件检查,漏检每项扣 1 分		
	4. 检修过程中,对零部件测量,漏测每项扣 2 分		
	5. 检修后检修质量不符合技术要求扣 45 分		
	6. 未填写检修记录或填写数据缺、漏、错项,每项扣 1 分		
工具使用(20分)	1. 开工前未检查工、量具及设备,收工不整理,每件扣 2 分		
	2. 工、量具及设备使用不当,每次扣 2 分		
	3. 工、量具脱落,每次扣 2 分		
	4. 工具、设备损坏扣,每件扣 4 分		
作业安全(10分)	1. 未按规定着装扣 2 分		
	2. 工作场地不整洁扣 2 分		
	3. 工件、工具摆放不整齐扣 2 分		
	4. 违章或违反安全事项,每次扣 4 分		
	5. 发生事故失格		
考核时间	1. 超过规定时间每超 1 min,扣 2 分		
	2. 超过规定时间 3 min 以上每分钟(不包括 3 min)扣 5 分		
	3. 超过规定时间 10 min 以上(不包括 10 min),停止考试		
合计(100分)			

考评员签名: 认定人: 年 月 日

S5　HXD1 型机车防撞土挡装置的 C4 修

1. 考场准备

要求考场内有一台与考试机型相一致的机车，且车下要有地沟，地沟上须设置渡板，便于对机车部件进行检查及检修，或考场内有一个与考试内容相一致的机车零部件，以及为检修该零部件所需的工作场地、检修试验台和检修工作台。考场环境整洁、明亮并设有隔离设施。

2. 材料工具准备

序　号	名　称	规　格	数　量	备　注
1	克丝钳		1 把	
2	一字螺丝刀		1 把	
3	十字螺丝刀		1 把	
4	钢板尺		1 把	
5	梅花扳手		1 套	
6	叉口扳手		1 套	

3. 考核要求

(1)被认定人入场后，向裁判报告姓名及所参加的工种及等级，由裁判告知题目，当被认定人告知裁判可以开始时，由裁判员开始计时。

(2)考核时间为 20 min，操作时必须按规定佩戴安全防护用品。

(3)被认定人作业期间，裁判员可以根据作业情况向被认定人提问，以确认被认定人对工艺的熟悉情况和确认故障点是否有依据。

(4)考核过程中，被认定人出现毁坏部件或受伤情况时，终止考试，成绩为零。

(5)考试完毕后，由被认定人告知裁判员考试结束，由裁判员结束计时。

4. 考核评分

(1)考评人员 3 名以上。

(2)评分程序及规则：考评员根据考生操作情况对照计分标准在评分表上给予记录评分。

(3)算分方法：采用百分制，满分 100 分，60 分及以上为及格。

职业技能认定
电力机车钳工(高级技师)实作技能考核评分记录表

单位:_________ 姓名:_________ 准考证号:_________ 工种:_________ 级别:_________

试题名称:HXD_1 型机车防撞土挡装置的 C4 修

考核时间:20 min

操作开始时间: 时 分 操作结束时间: 时 分

项 目	考核内容及评分标准	扣分因素及扣分	得 分
操作程序(25 分)	1. 工序错乱扣 10 分		
	2. 工作中返工扣 15 分		
	3. 作业后未按要求恢复或清理作业场地扣 5 分		
作业质量(45 分)	1. 检修过程中,分解、组装顺序不对,每次扣 2 分		
	2. 检修过程中,对零部件清洗质量不合格,每件扣 2 分		
	3. 检修过程中,对零部件检查,漏检每项扣 1 分		
	4. 检修过程中,对零部件测量,漏测每项扣 2 分		
	5. 检修后检修质量不符合技术要求扣 45 分		
	6. 未填写检修记录或填写数据缺、漏、错项,每项扣 1 分		
工具使用(20 分)	1. 开工前未检查工、量具及设备,收工不整理,每件扣 2 分		
	2. 工、量具及设备使用不当,每次扣 2 分		
	3. 工、量具脱落,每次扣 2 分		
	4. 工具、设备损坏扣,每件扣 4 分		
作业安全(10 分)	1. 未按规定着装扣 2 分		
	2. 工作场地不整洁扣 2 分		
	3. 工件、工具摆放不整齐扣 2 分		
	4. 违章或违反安全事项,每次扣 4 分		
	5. 发生事故失格		
考核时间	1. 超过规定时间每超 1 min,扣 2 分		
	2. 超过规定时间 3 min 以上每分钟(不包括 3 min)扣 5 分		
	3. 超过规定时间 10 min 以上(不包括 10 min),停止考试		
合计(100 分)			

考评员签名: 认定人: 年 月 日

S6　HXD1型机车走行部故障监测子系统的C4修

1. 考场准备

要求考场内有一台与考试机型相一致的机车，且车下要有地沟，地沟上须设置渡板，便于对机车部件进行检查及检修，或考场内有一个与考试内容相一致的机车零部件，以及为检修该零部件所需的工作场地、检修试验台和检修工作台。考场环境整洁、明亮并设有隔离设施。

2. 材料工具准备

序　号	名　称	规　格	数　量	备　注
1	克丝钳		1把	
2	一字螺丝刀		1把	
3	十字螺丝刀		1把	
4	钢板尺		1把	
5	梅花扳手		1套	
6	叉口扳手		1套	

3. 考核要求

(1)被认定人入场后，向裁判报告姓名及所参加的工种及等级，由裁判告知题目，当被认定人告知裁判可以开始时，由裁判员开始计时。

(2)考核时间为20 min，操作时必须按规定佩戴安全防护用品。

(3)被认定人作业期间，裁判员可以根据作业情况向被认定人提问，以确认被认定人对工艺的熟悉情况和确认故障点是否有依据。

(4)考核过程中，被认定人出现毁坏部件或受伤情况时，终止考试，成绩为零。

(5)考试完毕后，由被认定人告知裁判员考试结束，由裁判员结束计时。

4. 考核评分

(1)考评人员3名以上。

(2)评分程序及规则：考评员根据考生操作情况对照计分标准在评分表上给予记录评分。

(3)算分方法：采用百分制，满分100分，60分及以上为及格。

职业技能认定
电力机车钳工(高级技师)实作技能考核评分记录表

单位:________ 姓名:________ 准考证号:________ 工种:________ 级别:________

试题名称:HXD_1 型机车走行部故障监测子系统的 C4 修

考核时间:20 min

操作开始时间: 时 分 操作结束时间: 时 分

项 目	考核内容及评分标准	扣分因素及扣分	得 分
操作程序(25分)	1. 工序错乱扣 10 分		
	2. 工作中返工扣 15 分		
	3. 作业后未按要求恢复或清理作业场地扣 5 分		
作业质量(45分)	1. 检修过程中,分解、组装顺序不对,每次扣 2 分		
	2. 检修过程中,对零部件清洗质量不合格,每件扣 2 分		
	3. 检修过程中,对零部件检查,漏检每项扣 1 分		
	4. 检修过程中,对零部件测量,漏测每项扣 2 分		
	5. 检修后检修质量不符合技术要求扣 45 分		
	6. 未填写检修记录或填写数据缺、漏、错项,每项扣 1 分		
工具使用(20分)	1. 开工前未检查工、量具及设备,收工不整理,每件扣 2 分		
	2. 工、量具及设备使用不当,每次扣 2 分		
	3. 工、量具脱落,每次扣 2 分		
	4. 工具、设备损坏扣,每件扣 4 分		
作业安全(10分)	1. 未按规定着装扣 2 分		
	2. 工作场地不整洁扣 2 分		
	3. 工件、工具摆放不整齐扣 2 分		
	4. 违章或违反安全事项,每次扣 4 分		
	5. 发生事故失格		
考核时间	1. 超过规定时间每超 1 min,扣 2 分		
	2. 超过规定时间 3 min 以上每分钟(不包括 3 min)扣 5 分		
	3. 超过规定时间 10 min 以上(不包括 10 min),停止考试		
合计(100分)			

考评员签名: 认定人: 年 月 日

S7　HXD1 型机车高压绝缘检测子系统的 C4 修

1. 考场准备

要求考场内有一台与考试机型相一致的机车，且车下要有地沟，地沟上须设置渡板，便于对机车部件进行检查及检修，或考场内有一个与考试内容相一致的机车零部件，以及为检修该零部件所需的工作场地、检修试验台和检修工作台。考场环境整洁、明亮并设有隔离设施。

2. 材料工具准备

序　号	名　称	规　格	数　量	备　注
1	克丝钳		1 把	
2	一字螺丝刀		1 把	
3	十字螺丝刀		1 把	
4	钢板尺		1 把	
5	梅花扳手		1 套	
6	叉口扳手		1 套	

3. 考核要求

(1)被认定人入场后，向裁判报告姓名及所参加的工种及等级，由裁判告知题目，当被认定人告知裁判可以开始时，由裁判员开始计时。

(2)考核时间为 20 min，操作时必须按规定佩戴安全防护用品。

(3)被认定人作业期间，裁判员可以根据作业情况向被认定人提问，以确认被认定人对工艺的熟悉情况和确认故障点是否有依据。

(4)考核过程中，被认定人出现毁坏部件或受伤情况时，终止考试，成绩为零。

(5)考试完毕后，由被认定人告知裁判员考试结束，由裁判员结束计时。

4. 考核评分

(1)考评人员 3 名以上。

(2)评分程序及规则：考评员根据考生操作情况对照计分标准在评分表上给予记录评分。

(3)算分方法：采用百分制，满分 100 分，60 分及以上为及格。

职业技能认定
电力机车钳工(高级技师)实作技能考核评分记录表

单位:________ 姓名:________ 准考证号:________ 工种:________ 级别:________

试题名称:HXD_1 型机车高压绝缘检测子系统的 C4 修

考核时间:20 min

操作开始时间: 时 分 操作结束时间: 时 分

项 目	考核内容及评分标准	扣分因素及扣分	得 分
操作程序(25 分)	1. 工序错乱扣 10 分		
	2. 工作中返工扣 15 分		
	3. 作业后未按要求恢复或清理作业场地扣 5 分		
作业质量(45 分)	1. 检修过程中,分解、组装顺序不对,每次扣 2 分		
	2. 检修过程中,对零部件清洗质量不合格,每件扣 2 分		
	3. 检修过程中,对零部件检查,漏检每项扣 1 分		
	4. 检修过程中,对零部件测量,漏测每项扣 2 分		
	5. 检修后检修质量不符合技术要求扣 45 分		
	6. 未填写检修记录或填写数据缺、漏、错项,每项扣 1 分		
工具使用(20 分)	1. 开工前未检查工、量具及设备,收工不整理,每件扣 2 分		
	2. 工、量具及设备使用不当,每次扣 2 分		
	3. 工、量具脱落,每次扣 2 分		
	4. 工具、设备损坏扣,每件扣 4 分		
作业安全(10 分)	1. 未按规定着装扣 2 分		
	2. 工作场地不整洁扣 2 分		
	3. 工件、工具摆放不整齐扣 2 分		
	4. 违章或违反安全事项,每次扣 4 分		
	5. 发生事故失格		
考核时间	1. 超过规定时间每超 1 min,扣 2 分		
	2. 超过规定时间 3 min 以上每分钟(不包括 3 min)扣 5 分		
	3. 超过规定时间 10 min 以上(不包括 10 min),停止考试		
合计(100 分)			

考评员签名: 认定人: 年 月 日

S8　SS4 型机车落成低压试验

1. 考场准备

要求考场内有一台与考试机型相一致的机车，且车下要有地沟，地沟上须设置渡板，便于对机车部件进行检查及检修，或考场内有一个与考试内容相一致的机车零部件，以及为检修该零部件所需的工作场地、检修试验台和检修工作台。考场环境整洁、明亮并设有隔离设施。

2. 材料工具准备

序　号	名　称	规　格	数　量	备　注
1	兆欧表	2 500 V	1个	
2	电工常用工具		1套	
3	钳工常用工具		1套	

3. 考核要求

(1)被认定人入场后，向裁判报告姓名及所参加的工种及等级，由裁判告知题目，当被认定人告知裁判可以开始时，由裁判员开始计时。

(2)考核时间为 20 min，操作时必须按规定佩戴安全防护用品。

(3)被认定人作业期间，裁判员可以根据作业情况向被认定人提问，以确认被认定人对工艺的熟悉情况和确认故障点是否有依据。

(4)考核过程中，被认定人出现毁坏部件或受伤情况时，终止考试，成绩为零。

(5)考试完毕后，由被认定人告知裁判员考试结束，由裁判员结束计时。

4. 考核评分

(1)考评人员 3 名以上。

(2)评分程序及规则：考评员根据考生操作情况对照计分标准在评分表上给予记录评分。

(3)算分方法：采用百分制，满分 100 分，60 分及以上为及格。

职业技能认定
电力机车钳工(高级技师)实作技能考核评分记录表

单位：________ 姓名：________ 准考证号：________ 工种：________ 级别：________

试题名称：SS_4型机车落成低压试验

考核时间：20 min

操作开始时间： 时 分 操作结束时间： 时 分

项 目	考核内容及评分标准	扣分因素及扣分	得 分
操作程序(25分)	1. 试验前未检查机车安全防护设施，每项扣2分		
	2. 试验程序错误，不会口述试验程序及要求，每次扣5分		
	3. 错呼机车状态，每次扣10分		
作业质量(45分)	1. 试验过程中，顺序不对，每次扣2分		
	2. 试验过程中，发生机车部件漏检，每件扣2分		
	3. 试验过程中，发生试验漏项每项扣2分		
	4. 试验过程中，发生机车部件漏测每项扣2分		
	5. 试验过程中，发生质量隐患扣45分		
	6. 试验后未填写记录或数据缺、漏、错项，每项扣1分		
工具使用(20分)	1. 开工前未检查场地，收工不整理场地，每次扣5分		
	2. 工具及设备使用不当，每次扣2分		
	3. 工具脱落，每次扣2分		
	4. 设备损坏扣，每件扣失格		
作业安全(10分)	1. 未按规定着装扣2分		
	2. 工作场地不整洁扣2分		
	3. 工件、工具摆放不整齐扣2分		
	4. 违章或违反安全事项，每次扣4分		
	5. 发生事故失格		
考核时间	1. 超过规定时间每超1 min，扣2分		
	2. 超过规定时间3 min以上每分钟(不包括3 min)扣5分		
	3. 超过规定时间10 min以上(不包括10 min)，停止考试		
合计(100分)			

考评员签名： 认定人： 年 月 日

S9　SS4 型机车落成高压试验

1. 考场准备

要求考场内有一台与考试机型相一致的机车，且车下要有地沟，地沟上须设置渡板，便于对机车部件进行检查及检修，或考场内有一个与考试内容相一致的机车零部件，以及为检修该零部件所需的工作场地、检修试验台和检修工作台。考场环境整洁、明亮并设有隔离设施。

2. 材料工具准备

序　号	名　称	规　格	数　量	备　注
1	兆欧表	2 500 V	1 个	
2	电工常用工具		1 套	
3	钳工常用工具		1 套	

3. 考核要求

(1)被认定人入场后，向裁判报告姓名及所参加的工种及等级，由裁判告知题目，当被认定人告知裁判可以开始时，由裁判员开始计时。

(2)考核时间为 20 min，操作时必须按规定佩戴安全防护用品。

(3)被认定人作业期间，裁判员可以根据作业情况向被认定人提问，以确认被认定人对工艺的熟悉情况和确认故障点是否有依据。

(4)考核过程中，被认定人出现毁坏部件或受伤情况时，终止考试，成绩为零。

(5)考试完毕后，由被认定人告知裁判员考试结束，由裁判员结束计时。

4. 考核评分

(1)考评人员 3 名以上。

(2)评分程序及规则：考评员根据考生操作情况对照计分标准在评分表上给予记录评分。

(3)算分方法：采用百分制，满分 100 分，60 分及以上为及格。

职业技能认定
电力机车钳工(高级技师)实作技能考核评分记录表

单位:__________ 姓名:__________ 准考证号:__________ 工种:__________ 级别:__________

试题名称:SS_4 型机车落成高压试验

考核时间:20 min

操作开始时间: 时 分 操作结束时间: 时 分

项 目	考核内容及评分标准	扣分因素及扣分	得 分
操作程序(25 分)	1. 试验前未检查机车安全防护设施,每项扣 2 分		
	2. 试验程序错误,不会口述试验程序及要求,每次扣 5 分		
	3. 错呼机车状态,每次扣 10 分		
作业质量(45 分)	1. 试验过程中,顺序不对,每次扣 2 分		
	2. 试验过程中,发生机车部件漏检,每件扣 2 分		
	3. 试验过程中,发生试验漏项每项扣 2 分		
	4. 试验过程中,发生机车部件漏测每项扣 2 分		
	5. 试验过程中,发生质量隐患扣 45 分		
	6. 试验后未填写记录或数据缺、漏、错项,每项扣 1 分		
工具使用(20 分)	1. 开工前未检查场地,收工不整理场地,每次扣 5 分		
	2. 工具及设备使用不当,每次扣 2 分		
	3. 工具脱落,每次扣 2 分		
	4. 设备损坏扣,每件扣失格		
作业安全(10 分)	1. 未按规定着装扣 2 分		
	2. 工作场地不整洁扣 2 分		
	3. 工件、工具摆放不整齐扣 2 分		
	4. 违章或违反安全事项,每次扣 4 分		
	5. 发生事故失格		
考核时间	1. 超过规定时间每超 1 min,扣 2 分		
	2. 超过规定时间 3 min 以上每分钟(不包括 3 min)扣 5 分		
	3. 超过规定时间 10 min 以上(不包括 10 min),停止考试		
合计(100 分)			

考评员签名: 认定人: 年 月 日

S10　SS4 型机车低压试验

1. 考场准备

要求考场内有一台与考试机型相一致的机车，且车下要有地沟，地沟上须设置渡板，便于对机车部件进行检查及检修，或考场内有一个与考试内容相一致的机车零部件，以及为检修该零部件所需的工作场地、检修试验台和检修工作台。考场环境整洁、明亮并设有隔离设施。

2. 材料工具准备

序　号	名　称	规　格	数　量	备　注
1	手电		1只	
2	电工常用工具		1套	
3	钳工常用工具		1套	

3. 考核要求

(1)被认定人入场后，向裁判报告姓名及所参加的工种及等级，由裁判告知题目，当被认定人告知裁判可以开始时，由裁判员开始计时。

(2)考核时间为 20 min，操作时必须按规定佩戴安全防护用品。

(3)被认定人作业期间，裁判员可以根据作业情况向被认定人提问，以确认被认定人对工艺的熟悉情况和确认故障点是否有依据。

(4)考核过程中，被认定人出现毁坏部件或受伤情况时，终止考试，成绩为零。

(5)考试完毕后，由被认定人告知裁判员考试结束，由裁判员结束计时。

4. 考核评分

(1)考评人员 3 名以上。

(2)评分程序及规则：考评员根据考生操作情况对照计分标准在评分表上给予记录评分。

(3)算分方法：采用百分制，满分 100 分，60 分及以上为及格。

职业技能认定
电力机车钳工(高级技师)实作技能考核评分记录表

单位:__________ 姓名:__________ 准考证号:__________ 工种:__________ 级别:__________

试题名称:SS_4 型机车低压试验

考核时间:20 min

操作开始时间: 时 分　　　　操作结束时间: 时 分

项 目	考核内容及评分标准	扣分因素及扣分	得 分
操作程序(25 分)	1. 试验前未检查机车安全防护设施,每项扣 2 分		
	2. 试验程序错误,不会口述试验程序及要求,每次扣 5 分		
	3. 错呼机车状态,每次扣 10 分		
作业质量(45 分)	1. 试验过程中,顺序不对,每次扣 2 分		
	2. 试验过程中,发生机车部件漏检,每件扣 2 分		
	3. 试验过程中,发生试验漏项每项扣 2 分		
	4. 试验过程中,发生机车部件漏测每项扣 2 分		
	5. 试验过程中,发生质量隐患扣 45 分		
	6. 试验后未填写记录或数据缺、漏、错项,每项扣 1 分		
工具使用(20 分)	1. 开工前未检查场地,收工不整理场地,每次扣 5 分		
	2. 工具及设备使用不当,每次扣 2 分		
	3. 工具脱落,每次扣 2 分		
	4. 设备损坏扣,每件扣失格		
作业安全(10 分)	1. 未按规定着装扣 2 分		
	2. 工作场地不整洁扣 2 分		
	3. 工件、工具摆放不整齐扣 2 分		
	4. 违章或违反安全事项,每次扣 4 分		
	5. 发生事故失格		
考核时间	1. 超过规定时间每超 1 min,扣 2 分		
	2. 超过规定时间 3 min 以上每分钟(不包括 3 min)扣 5 分		
	3. 超过规定时间 10 min 以上(不包括 10 min),停止考试		
合计(100 分)			

考评员签名:　　　　认定人:　　　　年 月 日

S11　SS4 型机车高压试验

1. 考场准备

要求考场内有一台与考试机型相一致的机车，且车下要有地沟，地沟上须设置渡板，便于对机车部件进行检查及检修，或考场内有一个与考试内容相一致的机车零部件，以及为检修该零部件所需的工作场地、检修试验台和检修工作台。考场环境整洁、明亮并设有隔离设施。

2. 材料工具准备

序　号	名　称	规　格	数　量	备　注
1	手电		1只	
2	电工常用工具		1套	
3	钳工常用工具		1套	

3. 考核要求

(1)被认定人入场后，向裁判报告姓名及所参加的工种及等级，由裁判告知题目，当被认定人告知裁判可以开始时，由裁判员开始计时。

(2)考核时间为 20 min，操作时必须按规定佩戴安全防护用品。

(3)被认定人作业期间，裁判员可以根据作业情况向被认定人提问，以确认被认定人对工艺的熟悉情况和确认故障点是否有依据。

(4)考核过程中，被认定人出现毁坏部件或受伤情况时，终止考试，成绩为零。

(5)考试完毕后，由被认定人告知裁判员考试结束，由裁判员结束计时。

4. 考核评分

(1)考评人员 3 名以上。

(2)评分程序及规则：考评员根据考生操作情况对照计分标准在评分表上给予记录评分。

(3)算分方法：采用百分制，满分 100 分，60 分及以上为及格。

职业技能认定
电力机车钳工(高级技师)实作技能考核评分记录表

单位:________ 姓名:________ 准考证号:________ 工种:________ 级别:________

试题名称:SS_4型机车高压试验

考核时间:20 min

操作开始时间: 时 分 操作结束时间: 时 分

项 目	考核内容及评分标准	扣分因素及扣分	得 分
操作程序(25分)	1. 试验前未检查机车安全防护设施,每项扣2分		
	2. 试验程序错误,不会口述试验程序及要求,每次扣5分		
	3. 错呼机车状态,每次扣10分		
作业质量(45分)	1. 试验过程中,顺序不对,每次扣2分		
	2. 试验过程中,发生机车部件漏检,每件扣2分		
	3. 试验过程中,发生试验漏项每项扣2分		
	4. 试验过程中,发生机车部件漏测每项扣2分		
	5. 试验过程中,发生质量隐患扣45分		
	6. 试验后未填写记录或数据缺、漏、错项,每项扣1分		
工具使用(20分)	1. 开工前未检查场地,收工不整理场地,每次扣5分		
	2. 工具及设备使用不当,每次扣2分		
	3. 工具脱落,每次扣2分		
	4. 设备损坏扣,每件扣失格		
作业安全(10分)	1. 未按规定着装扣2分		
	2. 工作场地不整洁扣2分		
	3. 工件、工具摆放不整齐扣2分		
	4. 违章或违反安全事项,每次扣4分		
	5. 发生事故失格		
考核时间	1. 超过规定时间每超1 min,扣2分		
	2. 超过规定时间3 min以上每分钟(不包括3 min)扣5分		
	3. 超过规定时间10 min以上(不包括10 min),停止考试		
合计(100分)			

考评员签名: 认定人: 年 月 日

S12　HXD1 型机车自检试验

1. 考场准备

要求考场内有一台与考试机型相一致的机车，且车下要有地沟，地沟上须设置渡板，便于对机车部件进行检查及检修，或考场内有一个与考试内容相一致的机车零部件，以及为检修该零部件所需的工作场地、检修试验台和检修工作台。考场环境整洁、明亮并设有隔离设施。

2. 材料工具准备

序　号	名　称	规　格	数　量	备　注
1	手电		1 只	
2	电工常用工具		1 套	
3	钳工常用工具		1 套	

3. 考核要求

(1)被认定人入场后，向裁判报告姓名及所参加的工种及等级，由裁判告知题目，当被认定人告知裁判可以开始时，由裁判员开始计时。

(2)考核时间为 20 min，操作时必须按规定佩戴安全防护用品。

(3)被认定人作业期间，裁判员可以根据作业情况向被认定人提问，以确认被认定人对工艺的熟悉情况和确认故障点是否有依据。

(4)考核过程中，被认定人出现毁坏部件或受伤情况时，终止考试，成绩为零。

(5)考试完毕后，由被认定人告知裁判员考试结束，由裁判员结束计时。

4. 考核评分

(1)考评人员 3 名以上。

(2)评分程序及规则：考评员根据考生操作情况对照计分标准在评分表上给予记录评分。

(3)算分方法：采用百分制，满分 100 分，60 分及以上为及格。

职业技能认定
电力机车钳工(高级技师)实作技能考核评分记录表

单位:__________ 姓名:__________ 准考证号:__________ 工种:__________ 级别:__________

试题名称:HXD_1型机车自检试验

考核时间:20 min

操作开始时间: 时   分   操作结束时间: 时   分

项　目	考核内容及评分标准	扣分因素及扣分	得　分
操作程序(25分)	1. 试验前未检查机车安全防护设施,每项扣2分		
	2. 试验程序错误,不会口述试验程序及要求,每次扣5分		
	3. 错呼机车状态,每次扣10分		
作业质量(45分)	1. 试验过程中,顺序不对,每次扣2分		
	2. 试验过程中,发生机车部件漏检,每件扣2分		
	3. 试验过程中,发生试验漏项每项扣2分		
	4. 试验过程中,发生机车部件漏测每项扣2分		
	5. 试验过程中,发生质量隐患扣45分		
	6. 试验后未填写记录或数据缺、漏、错项,每项扣1分		
工具使用(20分)	1. 开工前未检查场地,收工不整理场地,每次扣5分		
	2. 工具及设备使用不当,每次扣2分		
	3. 工具脱落,每次扣2分		
	4. 设备损坏扣,每件扣失格		
作业安全(10分)	1. 未按规定着装扣2分		
	2. 工作场地不整洁扣2分		
	3. 工件、工具摆放不整齐扣2分		
	4. 违章或违反安全事项,每次扣4分		
	5. 发生事故失格		
考核时间	1. 超过规定时间每超1 min,扣2分		
	2. 超过规定时间3 min以上每分钟(不包括3 min)扣5分		
	3. 超过规定时间10 min以上(不包括10 min),停止考试		
合计(100分)			

考评员签名: 认定人: 年　月　日

S13 HXD1型机车高压试验

1. 考场准备

要求考场内有一台与考试机型相一致的机车，且车下要有地沟，地沟上须设置渡板，便于对机车部件进行检查及检修，或考场内有一个与考试内容相一致的机车零部件，以及为检修该零部件所需的工作场地、检修试验台和检修工作台。考场环境整洁、明亮并设有隔离设施。

2. 材料工具准备

序 号	名 称	规 格	数 量	备 注
1	手电		1只	
2	电工常用工具		1套	
3	钳工常用工具		1套	

3. 考核要求

(1)被认定人入场后，向裁判报告姓名及所参加的工种及等级，由裁判告知题目，当被认定人告知裁判可以开始时，由裁判员开始计时。

(2)考核时间为 20 min，操作时必须按规定佩戴安全防护用品。

(3)被认定人作业期间，裁判员可以根据作业情况向被认定人提问，以确认被认定人对工艺的熟悉情况和确认故障点是否有依据。

(4)考核过程中，被认定人出现毁坏部件或受伤情况时，终止考试，成绩为零。

(5)考试完毕后，由被认定人告知裁判员考试结束，由裁判员结束计时。

4. 考核评分

(1)考评人员 3 名以上。

(2)评分程序及规则：考评员根据考生操作情况对照计分标准在评分表上给予记录评分。

(3)算分方法：采用百分制，满分 100 分，60 分及以上为及格。

职业技能认定
电力机车钳工(高级技师)实作技能考核评分记录表

单位:________ 姓名:________ 准考证号:________ 工种:________ 级别:________

试题名称:HXD_1 型机车高压试验

考核时间:20 min

操作开始时间: 时 分 操作结束时间: 时 分

项 目	考核内容及评分标准	扣分因素及扣分	得 分
操作程序(25分)	1. 试验前未检查机车安全防护设施,每项扣2分		
	2. 试验程序错误,不会口述试验程序及要求,每次扣5分		
	3. 错呼机车状态,每次扣10分		
作业质量(45分)	1. 试验过程中,顺序不对,每次扣2分		
	2. 试验过程中,发生机车部件漏检,每件扣2分		
	3. 试验过程中,发生试验漏项每项扣2分		
	4. 试验过程中,发生机车部件漏测每项扣2分		
	5. 试验过程中,发生质量隐患扣45分		
	6. 试验后未填写记录或数据缺、漏、错项,每项扣1分		
工具使用(20分)	1. 开工前未检查场地,收工不整理场地,每次扣5分		
	2. 工具及设备使用不当,每次扣2分		
	3. 工具脱落,每次扣2分		
	4. 设备损坏扣,每件扣失格		
作业安全(10分)	1. 未按规定着装扣2分		
	2. 工作场地不整洁扣2分		
	3. 工件、工具摆放不整齐扣2分		
	4. 违章或违反安全事项,每次扣4分		
	5. 发生事故失格		
考核时间	1. 超过规定时间每超1 min,扣2分		
	2. 超过规定时间3 min以上每分钟(不包括3 min)扣5分		
	3. 超过规定时间10 min以上(不包括10 min),停止考试		
合计(100分)			

考评员签名: 认定人: 年 月 日

S14　HXD2 型机车机能试验

1. 考场准备

要求考场内有一台与考试机型相一致的机车，且车下要有地沟，地沟上须设置渡板，便于对机车部件进行检查及检修，或考场内有一个与考试内容相一致的机车零部件，以及为检修该零部件所需的工作场地、检修试验台和检修工作台。考场环境整洁、明亮并设有隔离设施。

2. 材料工具准备

序　号	名　称	规　格	数　量	备　注
1	手电		1只	
2	电工常用工具		1套	
3	钳工常用工具		1套	

3. 考核要求

(1)被认定人入场后，向裁判报告姓名及所参加的工种及等级，由裁判告知题目，当被认定人告知裁判可以开始时，由裁判员开始计时。

(2)考核时间为 20 min，操作时必须按规定佩戴安全防护用品。

(3)被认定人作业期间，裁判员可以根据作业情况向被认定人提问，以确认被认定人对工艺的熟悉情况和确认故障点是否有依据。

(4)考核过程中，被认定人出现毁坏部件或受伤情况时，终止考试，成绩为零。

(5)考试完毕后，由被认定人告知裁判员考试结束，由裁判员结束计时。

4. 考核评分

(1)考评人员 3 名以上。

(2)评分程序及规则：考评员根据考生操作情况对照计分标准在评分表上给予记录评分。

(3)算分方法：采用百分制，满分 100 分，60 分及以上为及格。

职业技能认定
电力机车钳工(高级技师)实作技能考核评分记录表

单位:________ 姓名:________ 准考证号:________ 工种:________ 级别:________

试题名称:HXD_2 型机车机能试验

考核时间:20 min

操作开始时间: 时 分　　　　操作结束时间: 时 分

项　目	考核内容及评分标准	扣分因素及扣分	得　分
操作程序(25分)	1. 试验前未检查机车安全防护设施,每项扣2分		
	2. 试验程序错误,不会口述试验程序及要求,每次扣5分		
	3. 错呼机车状态,每次扣10分		
作业质量(45分)	1. 试验过程中,顺序不对,每次扣2分		
	2. 试验过程中,发生机车部件漏检,每件扣2分		
	3. 试验过程中,发生试验漏项每项扣2分		
	4. 试验过程中,发生机车部件漏测每项扣2分		
	5. 试验过程中,发生质量隐患扣45分		
	6. 试验后未填写记录或数据缺、漏、错项,每项扣1分		
工具使用(20分)	1. 开工前未检查场地,收工不整理场地,每次扣5分		
	2. 工具及设备使用不当,每次扣2分		
	3. 工具脱落,每次扣2分		
	4. 设备损坏扣,每件扣失格		
作业安全(10分)	1. 未按规定着装扣2分		
	2. 工作场地不整洁扣2分		
	3. 工件、工具摆放不整齐扣2分		
	4. 违章或违反安全事项,每次扣4分		
	5. 发生事故失格		
考核时间	1. 超过规定时间每超1 min,扣2分		
	2. 超过规定时间3 min以上每分钟(不包括3 min)扣5分		
	3. 超过规定时间10 min以上(不包括10 min),停止考试		
合计(100分)			

考评员签名:　　　　认定人:　　　　年　月　日

S15　HXD3型机车低压试验

1. 考场准备

要求考场内有一台与考试机型相一致的机车，且车下要有地沟，地沟上须设置渡板，便于对机车部件进行检查及检修，或考场内有一个与考试内容相一致的机车零部件，以及为检修该零部件所需的工作场地、检修试验台和检修工作台。考场环境整洁、明亮并设有隔离设施。

2. 材料工具准备

序　号	名　称	规　格	数　量	备　注
1	手电		1只	
2	电工常用工具		1套	
3	钳工常用工具		1套	

3. 考核要求

(1)被认定人入场后，向裁判报告姓名及所参加的工种及等级，由裁判告知题目，当被认定人告知裁判可以开始时，由裁判员开始计时。

(2)考核时间为20 min，操作时必须按规定佩戴安全防护用品。

(3)被认定人作业期间，裁判员可以根据作业情况向被认定人提问，以确认被认定人对工艺的熟悉情况和确认故障点是否有依据。

(4)考核过程中，被认定人出现毁坏部件或受伤情况时，终止考试，成绩为零。

(5)考试完毕后，由被认定人告知裁判员考试结束，由裁判员结束计时。

4. 考核评分

(1)考评人员3名以上。

(2)评分程序及规则：考评员根据考生操作情况对照计分标准在评分表上给予记录评分。

(3)算分方法：采用百分制，满分100分，60分及以上为及格。

职业技能认定
电力机车钳工(高级技师)实作技能考核评分记录表

单位:_________ 姓名:_________ 准考证号:_________ 工种:_________ 级别:_________

试题名称:HXD_3型机车低压试验

考核时间:20 min

操作开始时间:　　时　　分　　　　操作结束时间:　　时　　分

项　目	考核内容及评分标准	扣分因素及扣分	得　分
操作程序(25分)	1. 试验前未检查机车安全防护设施,每项扣2分		
	2. 试验程序错误,不会口述试验程序及要求,每次扣5分		
	3. 错呼机车状态,每次扣10分		
作业质量(45分)	1. 试验过程中,顺序不对,每次扣2分		
	2. 试验过程中,发生机车部件漏检,每件扣2分		
	3. 试验过程中,发生试验漏项每项扣2分		
	4. 试验过程中,发生机车部件漏测每项扣2分		
	5. 试验过程中,发生质量隐患扣45分		
	6. 试验后未填写记录或数据缺、漏、错项,每项扣1分		
工具使用(20分)	1. 开工前未检查场地,收工不整理场地,每次扣5分		
	2. 工具及设备使用不当,每次扣2分		
	3. 工具脱落,每次扣2分		
	4. 设备损坏扣,每件扣失格		
作业安全(10分)	1. 未按规定着装扣2分		
	2. 工作场地不整洁扣2分		
	3. 工件、工具摆放不整齐扣2分		
	4. 违章或违反安全事项,每次扣4分		
	5. 发生事故失格		
考核时间	1. 超过规定时间每超1 min,扣2分		
	2. 超过规定时间3 min以上每分钟(不包括3 min)扣5分		
	3. 超过规定时间10 min以上(不包括10 min),停止考试		
合计(100分)			

考评员签名:　　　　　　　　认定人:　　　　　　　　年　　月　　日

S16　HXD3 型机车高压试验

1. 考场准备

要求考场内有一台与考试机型相一致的机车，且车下要有地沟，地沟上须设置渡板，便于对机车部件进行检查及检修，或考场内有一个与考试内容相一致的机车零部件，以及为检修该零部件所需的工作场地、检修试验台和检修工作台。考场环境整洁、明亮并设有隔离设施。

2. 材料工具准备

序　号	名　称	规　格	数　量	备　注
1	手电		1 只	
2	电工常用工具		1 套	
3	钳工常用工具		1 套	

3. 考核要求

(1)被认定人入场后，向裁判报告姓名及所参加的工种及等级，由裁判告知题目，当被认定人告知裁判可以开始时，由裁判员开始计时。

(2)考核时间为 20 min，操作时必须按规定佩戴安全防护用品。

(3)被认定人作业期间，裁判员可以根据作业情况向被认定人提问，以确认被认定人对工艺的熟悉情况和确认故障点是否有依据。

(4)考核过程中，被认定人出现毁坏部件或受伤情况时，终止考试，成绩为零。

(5)考试完毕后，由被认定人告知裁判员考试结束，由裁判员结束计时。

4. 考核评分

(1)考评人员 3 名以上。

(2)评分程序及规则：考评员根据考生操作情况对照计分标准在评分表上给予记录评分。

(3)算分方法：采用百分制，满分 100 分，60 分及以上为及格。

职业技能认定
电力机车钳工(高级技师)实作技能考核评分记录表

单位:________ 姓名:________ 准考证号:________ 工种:________ 级别:________

试题名称:HXD_3 型机车高压试验

考核时间:20 min

操作开始时间: 时 分　　　　操作结束时间: 时 分

项　目	考核内容及评分标准	扣分因素及扣分	得　分
操作程序(25分)	1. 试验前未检查机车安全防护设施,每项扣2分		
	2. 试验程序错误,不会口述试验程序及要求,每次扣5分		
	3. 错呼机车状态,每次扣10分		
作业质量(45分)	1. 试验过程中,顺序不对,每次扣2分		
	2. 试验过程中,发生机车部件漏检,每件扣2分		
	3. 试验过程中,发生试验漏项每项扣2分		
	4. 试验过程中,发生机车部件漏测每项扣2分		
	5. 试验过程中,发生质量隐患扣45分		
	6. 试验后未填写记录或数据缺、漏、错项,每项扣1分		
工具使用(20分)	1. 开工前未检查场地,收工不整理场地,每次扣5分		
	2. 工具及设备使用不当,每次扣2分		
	3. 工具脱落,每次扣2分		
	4. 设备损坏扣,每件扣失格		
作业安全(10分)	1. 未按规定着装扣2分		
	2. 工作场地不整洁扣2分		
	3. 工件、工具摆放不整齐扣2分		
	4. 违章或违反安全事项,每次扣4分		
	5. 发生事故失格		
考核时间	1. 超过规定时间每超1 min,扣2分		
	2. 超过规定时间3 min以上每分钟(不包括3 min)扣5分		
	3. 超过规定时间10 min以上(不包括10 min),停止考试		
合计(100分)			

考评员签名:　　　　认定人:　　　　年　月　日

S17　SS4 型机车落成正线试运

1. 考场准备

要求考场内有一台与考试机型相一致的机车，且车下要有地沟，地沟上须设置渡板，便于对机车部件进行检查及检修，或考场内有一个与考试内容相一致的机车零部件，以及为检修该零部件所需的工作场地、检修试验台和检修工作台。考场环境整洁、明亮并设有隔离设施。

2. 材料工具准备

序　号	名　称	规　格	数　量	备　注
1	手电		1 只	
2	电工常用工具		1 套	
3	钳工常用工具		1 套	

3. 考核要求

(1)被认定人入场后，向裁判报告姓名及所参加的工种及等级，由裁判告知题目，当被认定人告知裁判可以开始时，由裁判员开始计时。

(2)考核时间为 20 min，操作时必须按规定佩戴安全防护用品。

(3)被认定人作业期间，裁判员可以根据作业情况向被认定人提问，以确认被认定人对工艺的熟悉情况和确认故障点是否有依据。

(4)考核过程中，被认定人出现毁坏部件或受伤情况时，终止考试，成绩为零。

(5)考试完毕后，由被认定人告知裁判员考试结束，由裁判员结束计时。

4. 考核评分

(1)考评人员 3 名以上。

(2)评分程序及规则：考评员根据考生操作情况对照计分标准在评分表上给予记录评分。

(3)算分方法：采用百分制，满分 100 分，60 分及以上为及格。

职业技能认定
电力机车钳工(高级技师)实作技能考核评分记录表

单位:________ 姓名:________ 准考证号:________ 工种:________ 级别:________

试题名称:SS_4 型机车落成正线试运

考核时间:20 min

操作开始时间:　　时　　分　　　　　　　　操作结束时间:　　时　　分

项　目	考核内容及评分标准	扣分因素及扣分	得　分
操作程序(25分)	1. 试验前未检查机车安全防护设施,每项扣2分		
	2. 试验程序错误,不会口述试验程序及要求,每次扣5分		
	3. 错呼机车状态,每次扣10分		
作业质量(45分)	1. 试验过程中,顺序不对,每次扣2分		
	2. 试验过程中,发生机车部件漏检,每件扣2分		
	3. 试验过程中,发生试验漏项每项扣2分		
	4. 试验过程中,发生机车部件漏测每项扣2分		
	5. 试验过程中,发生质量隐患扣45分		
	6. 试验后未填写记录或数据缺、漏、错项,每项扣1分		
工具使用(20分)	1. 开工前未检查场地,收工不整理场地,每次扣5分		
	2. 工具及设备使用不当,每次扣2分		
	3. 工具脱落,每次扣2分		
	4. 设备损坏扣,每件扣失格		
作业安全(10分)	1. 未按规定着装扣2分		
	2. 工作场地不整洁扣2分		
	3. 工件、工具摆放不整齐扣2分		
	4. 违章或违反安全事项,每次扣4分		
	5. 发生事故失格		
考核时间	1. 超过规定时间每超1 min,扣2分		
	2. 超过规定时间3 min以上每分钟(不包括3 min)扣5分		
	3. 超过规定时间10 min以上(不包括10 min),停止考试		
合计(100分)			

考评员签名:　　　　　　　　　　认定人:　　　　　　　　　　年　　月　　日

S19　HXD3D 型机车 C4 修时受电弓试验

1. 考场准备

要求考场内有一台与考试机型相一致的机车，且车下要有地沟，地沟上须设置渡板，便于对机车部件进行检查及检修，或考场内有一个与考试内容相一致的机车零部件，以及为检修该零部件所需的工作场地、检修试验台和检修工作台。考场环境整洁、明亮并设有隔离设施。

2. 材料工具准备

序　号	名　称	规　格	数　量	备　注
1	油枪		1 把	
2	扭矩扳手	15 N	1 把	
3	扭矩扳手	60 N	1 把	
4	撬棍		1 根	
5	高度尺	0～3 m	1 个	
6	弹簧秤	100 N	1 把	
7	钳工常用工具		1 套	
8	秒表		1 个	
9	铜棒		1 根	

3. 考核要求

(1)被认定人入场后，向裁判报告姓名及所参加的工种及等级，由裁判告知题目，当被认定人告知裁判可以开始时，由裁判员开始计时。

(2)考核时间为 20 min，操作时必须按规定佩戴安全防护用品。

(3)被认定人作业期间，裁判员可以根据作业情况向被认定人提问，以确认被认定人对工艺的熟悉情况和确认故障点是否有依据。

(4)考核过程中，被认定人出现毁坏部件或受伤情况时，终止考试，成绩为零。

(5)考试完毕后，由被认定人告知裁判员考试结束，由裁判员结束计时。

4. 考核评分

(1)考评人员 3 名以上。

(2)评分程序及规则：考评员根据考生操作情况对照计分标准在评分表上给予记录评分。

(3)算分方法：采用百分制，满分 100 分，60 分及以上为及格。

职业技能认定
电力机车钳工（高级技师）实作技能考核评分记录表

单位：________ 姓名：________ 准考证号：________ 工种：________ 级别：________

试题名称：HXD3D 型机车 C4 修时受电弓试验

考核时间：20 min

操作开始时间： 时 分 操作结束时间： 时 分

<table>
<tr><th>项 目</th><th>考核内容及评分标准</th><th>扣分因素及扣分</th><th>得 分</th></tr>
<tr><td rowspan="3">操作程序（25 分）</td><td>1. 工序错乱扣 10 分</td><td rowspan="3"></td><td rowspan="3"></td></tr>
<tr><td>2. 工作中返工扣 15 分</td></tr>
<tr><td>3. 作业后未按要求恢复或清理作业场地扣 5 分</td></tr>
<tr><td rowspan="6">作业质量（45 分）</td><td>1. 检修过程中，分解、组装顺序不对，每次扣 2 分</td><td rowspan="6"></td><td rowspan="6"></td></tr>
<tr><td>2. 检修过程中，对零部件清洗质量不合格，每件扣 2 分</td></tr>
<tr><td>3. 检修过程中，对零部件检查，漏检每项扣 1 分</td></tr>
<tr><td>4. 检修过程中，对零部件测量，漏测每项扣 2 分</td></tr>
<tr><td>5. 检修后检修质量不符合技术要求扣 45 分</td></tr>
<tr><td>6. 未填写检修记录或填写数据缺、漏、错项，每项扣 1 分</td></tr>
<tr><td rowspan="4">工具使用（20 分）</td><td>1. 开工前未检查工、量具及设备，收工不整理，每件扣 2 分</td><td rowspan="4"></td><td rowspan="4"></td></tr>
<tr><td>2. 工、量具及设备使用不当，每次扣 2 分</td></tr>
<tr><td>3. 工、量具脱落，每次扣 2 分</td></tr>
<tr><td>4. 工具、设备损坏扣，每件扣 4 分</td></tr>
<tr><td rowspan="5">作业安全（10 分）</td><td>1. 未按规定着装扣 2 分</td><td rowspan="5"></td><td rowspan="5"></td></tr>
<tr><td>2. 工作场地不整洁扣 2 分</td></tr>
<tr><td>3. 工件、工具摆放不整齐扣 2 分</td></tr>
<tr><td>4. 违章或违反安全事项，每次扣 4 分</td></tr>
<tr><td>5. 发生事故失格</td></tr>
<tr><td rowspan="3">考核时间</td><td>1. 超过规定时间每超 1 min，扣 2 分</td><td rowspan="3"></td><td rowspan="3"></td></tr>
<tr><td>2. 超过规定时间 3 min 以上每分钟（不包括 3 min）扣 5 分</td></tr>
<tr><td>3. 超过规定时间 10 min 以上（不包括 10 min），停止考试</td></tr>
<tr><td>合计（100 分）</td><td></td><td></td><td></td></tr>
</table>

考评员签名： 认定人： 年 月 日

S20　HXD3D 型机车列车供电柜控制箱 C4 修的性能检测

1. 考场准备

要求考场内有一台与考试机型相一致的机车，且车下要有地沟，地沟上须设置渡板，便于对机车部件进行检查及检修，或考场内有一个与考试内容相一致的机车零部件，以及为检修该零部件所需的工作场地、检修试验台和检修工作台。考场环境整洁、明亮并设有隔离设施。

2. 材料工具准备

序　号	名　称	规　格	数　量	备　注
1	手电		1只	
2	电工常用工具		1套	
3	钳工常用工具		1套	
4	兆欧表	500 V	1台	
5	兆欧表	2 500 V	1台	

3. 考核要求

(1)被认定人入场后，向裁判报告姓名及所参加的工种及等级，由裁判告知题目，当被认定人告知裁判可以开始时，由裁判员开始计时。

(2)考核时间为 20 min，操作时必须按规定佩戴安全防护用品。

(3)被认定人作业期间，裁判员可以根据作业情况向被认定人提问，以确认被认定人对工艺的熟悉情况和确认故障点是否有依据。

(4)考核过程中，被认定人出现毁坏部件或受伤情况时，终止考试，成绩为零。

(5)考试完毕后，由被认定人告知裁判员考试结束，由裁判员结束计时。

4. 考核评分

(1)考评人员 3 名以上。

(2)评分程序及规则：考评员根据考生操作情况对照计分标准在评分表上给予记录评分。

(3)算分方法：采用百分制，满分 100 分，60 分及以上为及格。

职业技能认定
电力机车钳工(高级技师)实作技能考核评分记录表

单位:_________ 姓名:_________ 准考证号:_________ 工种:_________ 级别:_________

试题名称:HXD_{3D}型机车列车供电柜控制箱C4修的性能检测

考核时间:20 min

操作开始时间:　　时　　分　　　　操作结束时间:　　时　　分

项　目	考核内容及评分标准	扣分因素及扣分	得　分
操作程序(25分)	1. 工序错乱扣10分		
	2. 工作中返工扣15分		
	3. 作业后未按要求恢复或清理作业场地扣5分		
作业质量(45分)	1. 检修过程中,分解、组装顺序不对,每次扣2分		
	2. 检修过程中,对零部件清洗质量不合格,每件扣2分		
	3. 检修过程中,对零部件检查,漏检每项扣1分		
	4. 检修过程中,对零部件测量,漏测每项扣2分		
	5. 检修后检修质量不符合技术要求扣45分		
	6. 未填写检修记录或填写数据缺、漏、错项,每项扣1分		
工具使用(20分)	1. 开工前未检查工、量具及设备,收工不整理,每件扣2分		
	2. 工、量具及设备使用不当,每次扣2分		
	3. 工、量具脱落,每次扣2分		
	4. 工具、设备损坏扣,每件扣4分		
作业安全(10分)	1. 未按规定着装扣2分		
	2. 工作场地不整洁扣2分		
	3. 工件、工具摆放不整齐扣2分		
	4. 违章或违反安全事项,每次扣4分		
	5. 发生事故失格		
考核时间	1. 超过规定时间每超1 min,扣2分		
	2. 超过规定时间3 min以上每分钟(不包括3 min)扣5分		
	3. 超过规定时间10 min以上(不包括10 min),停止考试		
合计(100分)			

考评员签名:　　　　　　　　认定人:　　　　　　　　年　　月　　日

S21　HXD3D 型机车 C4 修时辅助电动机及机组试验

1. 考场准备

要求考场内有一台与考试机型相一致的机车，且车下要有地沟，地沟上须设置渡板，便于对机车部件进行检查及检修，或考场内有一个与考试内容相一致的机车零部件，以及为检修该零部件所需的工作场地、检修试验台和检修工作台。考场环境整洁、明亮并设有隔离设施。

2. 材料工具准备

序　号	名　称	规　格	数　量	备　注
1	兆欧表		1个	
2	红外线测温仪		1个	
3	空转试验台		1个	
4	钳工常用工具		1套	
5	电工常用工具		1套	

3. 考核要求

(1)被认定人入场后，向裁判报告姓名及所参加的工种及等级，由裁判告知题目，当被认定人告知裁判可以开始时，由裁判员开始计时。

(2)考核时间为 20 min，操作时必须按规定佩戴安全防护用品。

(3)被认定人作业期间，裁判员可以根据作业情况向被认定人提问，以确认被认定人对工艺的熟悉情况和确认故障点是否有依据。

(4)考核过程中，被认定人出现毁坏部件或受伤情况时，终止考试，成绩为零。

(5)考试完毕后，由被认定人告知裁判员考试结束，由裁判员结束计时。

4. 考核评分

(1)考评人员 3 名以上。

(2)评分程序及规则：考评员根据考生操作情况对照计分标准在评分表上给予记录评分。

(3)算分方法：采用百分制，满分 100 分，60 分及以上为及格。

职业技能认定
电力机车钳工(高级技师)实作技能考核评分记录表

单位:__________ 姓名:__________ 准考证号:__________ 工种:__________ 级别:__________

试题名称:HXD_{3D}型机车 C4 修时辅助电动机及机组试验

考核时间:20 min

操作开始时间: 时 分 操作结束时间: 时 分

项　目	考核内容及评分标准	扣分因素及扣分	得　分
操作程序(25 分)	1. 工序错乱扣 10 分		
	2. 工作中返工扣 15 分		
	3. 作业后未按要求恢复或清理作业场地扣 5 分		
作业质量(45 分)	1. 检修过程中,分解、组装顺序不对,每次扣 2 分		
	2. 检修过程中,对零部件清洗质量不合格,每件扣 2 分		
	3. 检修过程中,对零部件检查,漏检每项扣 1 分		
	4. 检修过程中,对零部件测量,漏测每项扣 2 分		
	5. 检修后检修质量不符合技术要求扣 45 分		
	6. 未填写检修记录或填写数据缺、漏、错项,每项扣 1 分		
工具使用(20 分)	1. 开工前未检查工、量具及设备,收工不整理,每件扣 2 分		
	2. 工、量具及设备使用不当,每次扣 2 分		
	3. 工、量具脱落,每次扣 2 分		
	4. 工具、设备损坏扣,每件扣 4 分		
作业安全(10 分)	1. 未按规定着装扣 2 分		
	2. 工作场地不整洁扣 2 分		
	3. 工件、工具摆放不整齐扣 2 分		
	4. 违章或违反安全事项,每次扣 4 分		
	5. 发生事故失格		
考核时间	1. 超过规定时间每超 1 min,扣 2 分		
	2. 超过规定时间 3 min 以上每分钟(不包括 3 min)扣 5 分		
	3. 超过规定时间 10 min 以上(不包括 10 min),停止考试		
合计(100 分)			

考评员签名: 认定人: 年 月 日